公共租赁住房退出机制研究

李进涛　著

科学出版社

北　京

内 容 简 介

公共租赁住房有序退出是涉及公共租赁住房公平分配的关键环节，对促进公共租赁住房在住房困难群体间流通，解决其住房问题具有重要意义。本书按照“提出问题—分析问题—治理问题”思路构建研究框架，遵循“退出决策—退出意愿—退出阻滞—退出治理”主线，对公共租赁住房退出问题进行理论分析和实证研究。

本书可为住房政策和房地产管理研究人员、公共租赁住房运营管理从业人员，以及相关专业的研究生提供借鉴和参考。

图书在版编目(CIP)数据

公共租赁住房退出机制研究/李进涛著. —北京：科学出版社，2020.1
ISBN 978-7-03-062735-3

Ⅰ.①公… Ⅱ.①李… Ⅲ.①租房-社会保障制度-研究-中国 Ⅳ.①D632.1

中国版本图书馆 CIP 数据核字（2019）第 232960 号

责任编辑：纪 兴 李 莎 / 责任校对：王万红
责任印制：吕春珉 / 封面设计：东方人华平面设计部

科学出版社出版
北京东黄城根北街 16 号
邮政编码：100717
http://www.sciencep.com
三河市骏杰印刷有限公司 印刷
科学出版社发行 各地新华书店经销
*
2020 年 1 月第 一 版 开本：B5（720×1000）
2020 年 1 月第一次印刷 印张：12
字数：232 000

定价：98.00 元
（如有印装质量问题，我社负责调换〈骏杰〉）
销售部电话 010-62136230 编辑部电话 010-62138978-2046

前　　言

经过 30 多年的住房制度改革，我国逐步建立起完善的住房保障体系，住房保障方式进一步优化。特别是从 2010 年国家加快发展公共租赁住房以来，在经历大规模公共租赁住房建设之后，住房困难家庭的居住条件得到明显改善，居住环境得到显著提升，促进了社会和谐稳定。从 2014 年起，全国各地公共租赁住房和廉租住房正式并轨运行，公共租赁住房规模快速扩大，如何公平、有效地分配是住房保障工作的重中之重。然而，自 2011 年以来，在北京、上海、吉林、湖北等省市陆续开展的大规模保障性住房核查、清退行动中，保障性住房“退出难”（主要是廉租住房）逐步显露出来。2012 年起，国家审计署对全国包括公共租赁住房、廉租住房等城镇保障性安居工程的建设和分配等工作开展了持续审计，发现一些不再符合条件的公共租赁住房租户未按规定及时退出。公共租赁住房“退出难”的出现，扰乱了公共租赁住房的分配秩序，须尽快拿出切实、有效的办法，妥善处理公共租赁住房“退出难”问题。探索租户退出意愿影响因素、剖析租户退出决策行为、揭示租户退出影响机理，对促进解决公共租赁住房退出问题具有重要的理论和现实意义。

本书主要内容包括 8 章。第 1 章介绍公共租赁住房相关概念界定、住房保障制度取得的效果、国内外公共住房退出研究、研究对象和研究思路；第 2 章在武汉市、北京市公共租赁住房租户退出意愿与退出实践调查基础上，归纳公共租赁住房“退出难”的表征，并借鉴前景理论，从租户退出决策行为过程分析公共租赁住房“退出难”的生成机理；第 3 章借鉴计划行为理论，运用来自武汉市的调查数据，采用有序 Logistic 模型探索租户退出意愿的影响因素；第 4 章在对北京市多个公共租赁住房邻里居民开展问卷调查的基础上，采用结构方程模型探索公共租赁住房租户居住满意度感知、私人住房市场感知对租户退出阻滞的影响；第 5 章分析并实证邻里依附效用对公共租赁住房租户退出的阻滞效应；第 6 章模拟租赁交易成本对公共租赁住房租户退出的阻滞效应；第 7 章在有限理性框架下，运用演化博弈理论分析公共租赁住房退出过程中政府监管部门和租户之间的均衡策略演化过程；第 8 章梳理国外公共住房退出管理的实践经验，结合理论分析和实证研究结论，从退出前、退出环节两个阶段提出治理公共租赁住房退出问题的对策建议。

本书内容具有以下特点：一是实地调查获取研究数据。公共租赁住房退出是一项复杂的租户家庭迁移过程，在租户退出决策、退出意愿、退出阻滞等环节，个人及家庭特征、住房配置、运行满意程度、退出政策认知、私人住房市场特征等影响租户决策、行为选择的相关变量，必须通过实地调查获取。目前国内对保障性住房退出的研究，绝大部分采用定性和规范分析方法。本书实地调查了武汉市、北京市多个公共租赁住房小区，获取研究所需的第一手数据，为归纳公共租赁住房退出意愿、退出阻滞的表征，探求“退出难”影响机理提供了基础性资料。二是理论分析与实证研究相结合。借鉴计划行为理论、前景理论分析公共租赁住房租户退出的意愿及决策过程，构建影响租户退出阻滞的定量分析模型。此外还选择邻里依附、交易成本等重要因素，分析其对租户退出的阻滞效应并进行模拟仿真，做到理论分析与实证研究相结合。

本书是在国家社会科学基金项目“保障性住房‘退出难’的诱因、生成及治理研究”（项目编号：13BGL148）的研究成果基础上整理而成。在项目研究过程中，作者指导的硕士研究生李白云、皇甫雪芹、万美佳、赵珊等开展了大量的问卷设计和调研工作，在此予以感谢。

在研究与写作过程中，作者参阅了大量的国内外文献，收集了不同国家与地区公共住房退出的政策和相关研究报告等资料，力求对公共租赁住房租户退出意愿、退出决策、退出阻滞等形成更加准确、客观的判断，为治理公共租赁住房退出问题提供借鉴和参考。公共租赁住房退出问题既是住房问题，又是社会问题，较为复杂，限于作者的理论水平和实践经验，书中不妥之处，敬请各位专家、同行批评指正。

李进涛

2019年2月于武汉

目　　录

第 1 章　绪　　论

1.1　相关概念界定

1.1.1　公共住房

公共住房（public housing）一般专指由国家（联邦）、省或市政府拥有完全产权的房屋单位。与公共住房类似的术语还有社会住房（social housing）、可支付住房（affordable housing）、社区住房（community housing）等，因其权属由国家（联邦）、地方或非营利机构拥有而存在不同的称呼。其中，社会住房是指受公共资金资助或由资本、营运基金支持的非营利性和合作性住房。在有的国家或地区，社会住房与可支付住房常常交替使用（Irwin，2004），而在有的国家和地区，上述 4 个术语有不同的含义、分配目标及准则（Select Committee on Social，Public and Affordable Housing，2014）。即使同一术语在不同的国家其定义也非完全一致（Czischke and Pittini，2007）。虽然以上各类住房存在名称和含义上的差异，但都具有政策导向性、非营利性、租金（价格）低廉等基本特征。

1.1.2　保障性住房

保障性住房是指政府为中低收入住房困难家庭所提供的限定标准、限定价格或租金的住房。我国的保障性住房政策是在改革中逐步探索和发展的，保障性住房类型一般由经济适用住房、廉租住房、限价房、棚改房、公共租赁住房等构成。

1994 年，我国开始建设经济适用住房，以中低收入家庭、住房困难户为供应对象。经济适用住房是政府提供政策优惠，限定套型面积和销售价格，按照合理标准建设，面向城市低收入住房困难家庭供应，具有保障性质的政策性住房。其中，城市低收入住房困难家庭，是指城市和县人民政府所在地镇的范围内，家庭收入、住房状况等符合市、县人民政府规定条件的家庭。

2007 年，国务院发布了《关于解决城市低收入家庭住房困难的若干意见》（国发〔2007〕24 号），要求加快建立健全以廉租住房制度为重点的住房保障体系。意见还提出，要加快集中成片棚户区的改造，即棚改房建设。其中，廉租住房是指政府以租金补贴或实物配租的方式，向符合城镇居民最低生活保障标准且住房困难的家庭提供社会保障性质的住房。廉租住房的分配形式以租金补贴为主，实物配租和租金减免为辅。

在“十一五”期间，我国以廉租住房、经济适用住房等为主要形式的住房保障制度初步形成。从2011年起，我国进入保障性住房快速建设时期，保障形式包括廉租住房、公共租赁住房、政策性产权房和各类棚户区改造安置房等，同时结合租金补贴。

1.1.3 公共租赁住房

随着廉租住房、经济适用住房建设和棚户区改造力度的逐步加大，城市低收入家庭的住房条件得到较大改善。但是，由于有的地区住房保障政策覆盖范围比较小，部分大中城市商品住房价格较高、上涨过快、可供出租的小户型住房供应不足等原因，一些中等偏下收入住房困难家庭无力通过市场租赁或购买住房的问题比较突出。同时，随着城镇化快速推进，新职工的阶段性住房支付能力不足矛盾日益显现，外来务工人员居住条件也亟须改善。2010年，国务院先后发布《关于坚决遏制部分城市房价过快上涨的通知》（国发〔2010〕10 号）和《关于促进房地产市场平稳健康发展的通知》（国办发〔2010〕4号）等文件，明确要求各地加快发展和大幅度增加公共租赁住房供应，以逐步解决中等偏下收入家庭的住房困难问题。因此，住房和城乡建设部联合其他六部委颁布了《关于加快发展公共租赁住房的指导意见》（建保〔2010〕87 号）规定，公共租赁住房供应对象主要是城市中等偏下收入住房困难家庭，要求各地区、各部门要统一思想，提高认识，精心组织，加大投入，积极稳妥地推进公共租赁住房建设。

2013年，住房和城乡建设部、财务部、国家发展和改革委员会印发《关于公共租赁住房和廉租住房并轨运行的通知》（国发〔2013〕20号）要求，从2014年起，各地公共租赁住房和廉租住房并轨运行，统称为公共租赁住房。经过“十二五”规划建设，我国基本形成住房保障体系，从集中批量建设转变为少建保障性住房、盘活存量商品房资源，以货币补贴为主的多元化保障模式。

从我国保障性住房政策演变和发展历程看，保障性住房的表现形式多样化，包括出售、出租类等，其特点与国外的公共住房有许多相似之处。从我国目前的保障性租赁住房形式看，主要是公共租赁住房。考虑到在以往媒体报道中，保障性住房“退出难”主要是指廉租住房的退出问题，而保障性住房“退出难”实际上是公共租赁住房“退出难”，因此，为便于顺利开展研究工作，将研究对象中的住房形式界定为公共租赁住房。本书中，除各章节中涉及的文献引用外，其他均采用公共租赁住房一词。

1.2 住房保障制度取得显著效果

1）住房保障体系逐步完善，保障方式进一步优化

1994～2007 年，我国住房保障制度逐步发展，基本形成了以经济适用住房、廉租住房和住房公积金等制度为主体的住房保障制度。2007 年 8 月，国务院发布《关于解决城市低收入家庭住房困难的若干意见》，指出要按照全面建设小康社会和构建社会主义和谐社会的目标要求，把解决城市（包括县城，下同）低收入家庭住房困难作为维护群众利益的重要工作和住房制度改革的重要内容，作为政府公共服务的一项重要职责，加快建立健全以廉租住房制度为重点、多渠道解决城市低收入家庭住房困难的政策体系。要求以城市低收入家庭为对象，进一步建立健全城市廉租住房制度，改进和规范经济适用住房制度，加大棚户区、旧住宅区改造力度，力争到“十一五”期末，使低收入家庭住房条件得到明显改善，农民工等其他城市住房困难群体的居住条件得到逐步改善。该文件的出台，将解决城市低收入家庭住房困难列为政府公共服务的一项重要职责，为解决“住有所居”重大民生问题提供了强有力的制度保证。

2008 年 12 月，国务院办公厅发布《关于促进房地产市场健康发展的若干意见》（国办发〔2008〕131 号），文件是在国际金融危机，国内实施扩内需、保增长的经济刺激政策的背景下提出的。文件提出，除了通过加大廉租住房建设力度、实施城市棚户区（危旧房、筒子楼）改造、增加经济适用住房供给，解决城市中低收入住房困难家庭的住房问题外，还要加快实施国有林区、垦区、中西部地区中央下放地方煤矿的棚户区和采煤沉陷区民房搬迁维修改造工程，解决棚户区住房困难家庭的住房问题。文件还制定了 2009～2011 年保障性住房建设工作目标和政策措施，并强调 2009 年是加快保障性住房建设的关键一年。在政府出台的应对国际金融危机的“一揽子计划”中，其中 9000 亿元投资用于保障性住房建设，保障性住房建设被推向空前的高度。以上政策和措施，起到了逐步完善住房保障体系的作用。

早在 2007 年，深圳、广州和厦门等城市开始尝试小规模建设公共租赁住房项目，并初步取得了一些效果（Yang and Chen，2014）。随着国家内需刺激政策效果显现，房地产市场回升、房价过快上涨的局面再次出现。为改善房地产市场调控、稳定市场预期，国务院、国务院办公厅及各部委在 2010～2011 年陆续发布了一系列文件，强调要增加保障性住房的有效供给。其中，2010 年 6 月，住房和城乡建设部联合其他六部委发布了《关于加快发展公共租赁住房的指导意见》，对加

快发展公共租赁住房的重要意义、基本原则、租赁管理、房源筹集、政策支持、监督管理等提出指导意见，明确公共租赁住房面向城镇中低收入住房困难家庭、新就业无房职工和在城镇稳定就业的外来务工人员出租。至此，由廉租房、经济适用住房和公共租赁住房组成的住房保障体系基本形成。截至2012年年底，全国72.97%的市、县建立公共租赁住房制度。

2011～2014年，在中央及地方积极支持保障性住房建设的同时，棚户区改造加速也被提上议事日程。2013年，国务院发布《关于加快棚户区改造工作的意见》（国发〔2013〕25号），确定2013～2017年改造各类棚户区1000万户的目标。棚户区改造工作取得了显著进展，截至2014年年底，全国改造各类棚户区住房2080万套，居民住房条件明显改善。

2013年12月，住房和城乡建设部、财政部、国家发展和改革委员会联合发布《关于公共租赁住房和廉租住房并轨运行的通知》，提出从2014年起，各地公共租赁住房和廉租住房将并轨运行，此前已经列入廉租住房建设计划的项目继续建设，建成后全部纳入公共租赁住房进行管理。还要求各地整合原有的管理资源，建立统一的申请受理渠道、审核准入程序，方便群众申请，提高工作效率。各地要根据房源情况，综合考虑保障对象的住房困难、收入水平、申请顺序、保障需求等因素，合理确定轮候排序的规则。

2017年3月，国务院印发《“十三五”推进基本公共服务均等化规划》（国发〔2017〕9号），提出为满足基本公共服务均等化要求，国家进一步调整、健全基本住房保障制度，加大保障性安居工程建设力度，加快解决城镇居民基本住房问题和农村困难群众住房安全问题，更好地保障住有所居。除了公共租赁住房领域外，还将重点落实城镇棚户区住房改造及农村危房改造，惠及更多的城乡居民。其中，2016年新建（含购买、长期租赁）公共租赁住房计划停止执行后，以往年度的公共租赁住房建设计划仍会继续执行，仍会有大量新建公共租赁住房竣工投入使用，并且公共租赁住房保障方式发生变化，要实行实物保障与租赁补贴并举，推进公共租赁住房货币化。保障性安居工程的建设重点转向棚户区改造，“十三五”期间将围绕实现约1亿人居住的城镇棚户区、城中村和危房改造目标，实施棚户区改造行动计划和城镇旧房改造工程，基本完成城镇棚户区和危房改造任务。将棚户区改造与城市更新、产业转型升级更好地结合起来，加快推进集中成片棚户区和城中村改造，有序推进旧住宅小区综合整治、危旧住房和非成套住房改造，棚户区改造政策覆盖全国重点镇。“十三五”期间要累计开工棚户区住房改造2000万套。其中，2016年全国棚户区改造实际开工606万套，完成投资1.48万亿元；2017年再完成棚户区住房改造600万套。对于农村危房改造，要求合理确定农村危房改造补助对象和标准，优先帮助住房最危险、经济最贫困农户解决最基本的住房安全问题。加快推进贫困地区危房改造，按照精准扶贫、精准脱贫要求，重点解决建档立卡贫困户、低保户、农村分散供养特困人员、贫困残疾人家庭的基本住房安全问题。

上述保障性住房政策和举措的出台与实施，表明当前保障性安居工程的重点是棚户区改造及农村危旧房改造，公共租赁住房仍然是发展方向之一，在保障方式上要实现实物保障向租赁补贴转变，住房保障面更广，惠及更多的城乡居民，意味着我国住房保障方式日趋成熟、住房保障均等化格局初步显现。

2）住房困难家庭居住条件得到明显改善

近年来，中央加大资金补助和信贷支持力度，有力地推进了公共租赁住房建设。“十二五”期间，全国累计开工建设公共租赁住房（含廉租住房）1359 万套，基本建成 1086 万套。截至 2016 年年底，已有 1126 万户家庭住进了公共租赁住房，城镇低保、低收入家庭基本实现了应保尽保，还解决了大量城镇中等偏下收入住房困难家庭、新就业无房职工、在城镇稳定就业的外来务工人员和进城落户农民的住房问题。住房保障覆盖的范围不断扩大，住房困难家庭居住条件有了很大改善，居住环境也得到显著改善，促进了社会和谐稳定。

3）住房供应结构不断优化

近几年，保障性安居工程新开工住房目标每年保持在 600 万套以上，基本完成目标保持在 500 万套以上，实际开工及完成情况均显著地高于年度目标（表 1-1）。从保障性住房竣工面积看，占到当年度城镇住房竣工面积的 20%以上；从住房户型看，保证性安居工程住房增加了城镇中小户型房源的有效供应。保障性安居工程建设使住房供应结构不断优化，推动多层次住房供应体系的形成，对调控房地产市场、抑制房价过快上涨起到有效支持的作用。

表 1-1　保障性安居工程开工、完成情况

年份	开工住房/万套	占年度目标比例/%	基本完成住房/万套	占年度目标比例/%	竣工面积占城镇住房竣工面积比例/%
2012	768.83	105.88	590.20	118.04	30.28
2013	673.74	105.43	589.33	124.86	27.71
2014	745.05	102.2	551.46	112.02	27.79
2015	797.20	105.85	715.89	146.71	21.48
2016	606.09	100.89	658.58	175.76	—
2017	609.34	101.48	604.18	183.97	—

4）建设资金快速增长

公共财政投入的持续增加及各地项目融资，保障性安居工程建设资金快速增长，保障性住房建设进入快车道。2012～2016 年，中央及地方财政为保障性安居工程安排了 28 636.25 亿元的建设资金，并逐年保持稳定增长，见表 1-2。同时，项目单位通过银行贷款、发行企业债券等方式筹集资金 53 936.6 亿元建设资金，是中央及地方财政投入的 1.92 倍。

表 1-2 保障性安居工程建设资金来源

年份	中央及地方财政资金/亿元	增长率/%	项目单位筹集资金/亿元	增长率/%
2012	4 128.74	—	4 667.67	—
2013	4 722.92	14.39	5 646.86	20.98
2014	5 601.55	18.60	10 631.77	88.28
2015	6 633.29	18.42	13 725.35	29.10
2016	7 549.75	13.82	20 264.95	47.65

5）促进经济平稳快速发展

现阶段，保障性住房建设日益成为国家“保民生、扩内需、调结构”策略的重要抓手，对调整产业结构、促进经济增长起到举足轻重的作用。保障性住房是典型的民生工程，能改善人民居住条件，保障基本居住权益。随着保障性住房大规模建设，其住房总量的增加有利于调整住房供应结构，实现结构优化。保障性住房建设还拉动了房屋建筑和市政基础设施上下游相关产业的投资，对拉动消费、扩大就业、促进经济平稳健康发展发挥积极作用。此外，人们居住环境的改善，有利于形成对未来发展的良性预期，刺激消费，促进经济增长。

1.3 公共租赁住房租户退出问题

2012 年 7 月，国务院印发的《国家基本公共服务体系“十二五”规划》（国发〔2012〕29 号）强调，“十二五”期间将重点发展公共租赁住房，逐步使其成为保障性住房的主体，逐步实现与廉租住房统筹建设、并轨运行。并且，随着新型城镇化建设的推进，落户城市的部分农村人口也将纳入住房保障体系和救助范围。2017 年 3 月，国务院发布的《“十三五”推进基本公共服务均等化规划》更进一步明确，要健全基本住房保障制度，公共租赁住房仍然是发展方向之一。可以预见，公共租赁住房规模将快速扩大，保障方式将呈现多元化格局，如何公平、有效地分配是住房保障工作的重中之重。然而，自 2011 年以来，在北京、上海、吉林、湖北等省市陆续开展的大规模保障性住房核查、清退行动中，保障性住房“退出难”逐步显露出来。

在历年城镇保障性安居工程跟踪审计中均发现，由于受保障家庭未及时申报家庭经济状况变动情况、多部门联动机制未有效运行、住房管理部门未定期审核等原因，有大量家庭收入、住房等条件发生变化不再符合保障资格的租户家庭，未按规定及时退出，仍享有保障性住房及住房租赁补贴。例如，媒体报道，2014～2017年，某市核查应退出公共租赁住房312套，实际退出247套，退出率不足80%，65套公共租赁住房租户家庭迟迟无法退出，其中23户公共租赁住房租户家庭被诉至法院（童华岗和吴同品，2017）。

公共租赁住房有序退出是涉及保障性住房公平分配的关键环节，对促进公共租赁住房在住房困难群体间流通，解决其住房问题具有重要意义。我国公共租赁住房制度还处于探索阶段，政策制定和实施尚存在不完善之处，运营过程中出现“退出难”的尴尬状况，不利于有限的公共租赁住房资源被公平、高效地利用，阻碍了公共租赁住房可持续发展。若等到“退出难”严重时再来修正，必然会积重难返。因此，必须尽快拿出切实、有效的办法，妥善处理公共租赁住房“退出难”问题。

1.4 国内外公共住房退出研究

1.4.1 国外公共住房退出研究

1. 公共住房退出影响因素

1）居民社会经济特征

大量丰富的国外研究文献从公共住房居民的社会经济特征角度探索其对公共住房的影响。研究显示，人口、年龄、性别、家庭结构、种族、收入水平、人力资本等家庭社会经济特征对退出公共住房产生了显著的影响（Wong et al.，1997；Bahchieva and Hosier，2001）。年轻人、男性往往能更迅速地退出住房救助项目（Hungerford，1996），而老年人家庭离开公共住房的概率显著低于年轻人家庭（Verma，2003；Lubell et al.，2003），户主为残障人士的家庭也不易从公共住房中搬出（Hungerford，1996；Ambrose，2005；Olsen et al.，2005）。从性别上看，Dockery等（2008a）发现女性较男性难以从公共住房中退出，这一结论也得到Hungerford（1996）的支持。从家庭成员结构看，单亲家庭、单身人士往往在公共住房中居留的时间比夫妇两口之家要长久一些（Whelan，2009），并且随着户主年龄增长而离开公共住房的概率呈下降趋势（Dockery et al.，2008b）。类似地，带小孩的黑人单身母亲居留的时间也比较长（Hungerford，1996）。虽然基本经济状况是家庭决策继续居住或迁出公共住房的显著性因素（Ambrose，2005），但研究结果显示，收入水平对公共住房退出的影响并不一致。一般认为，收入较高及还有投资收益的家庭更容易退出住房救助项目（Bahchieva and Hosier，2001；Ambrose，2005；

Susin，1999）。但 Epple 等（2011）发现，家庭收入对租户退出公共住房救助项目的影响不显著。Seelig 等（2008）也指出，收入相对较高的家庭很少有可能退出公共住房，因而租户家庭收入水平与公共住房退出之间的关系比预想的要复杂得多。同家庭收入类似，人力资本也是影响公共住房退出的积极促进因素，受教育程度高、工作技能高的群体较其他群体更容易进入劳动力市场，更容易较早地退出社会救助项目（Shroder，2002），与退出住房救助之间存在正相关关系（Hungerford，1996），符合受教育程度与福利退出呈正相关的观点（Fitzgerald，1995）。此外，研究还显示，家庭生命周期、工作经验在住房救助退出决策中同样扮演着重要的角色（Dockery et al.，2008b；Freeman，2005）。

2）居住持续时间

公共住房租户的居住持续时间因国家、样本区域、研究时间段等差异表现出不同的特征。研究发现，不同国家、地区的受助家庭在公共住房中居住持续时间也不尽相同。例如，Freeman（2005）运用美国住房及城市发展署（Department of Housing and Urban Development，HUD）的统计数据发现，多数住房救助项目在 5 年内就可结束，大部分在 10 年内也可结束。Bahchieva 和 Hosier（2001）发现，纽约公共住房退出率在 10 年左右达到峰值。Lubell 等（2003）同样用 HUD 的数据发现，典型的公共住房租期要持续 4.7 年，平均时长在 3.2～8.4 年（其中，有小孩的非老年人、非残疾人家庭最短，而老年人家庭居住持续时间最长），35%～40%的家庭租期要超过 7 年。Thompson（2007）采用不同于 Lubell 等的方法估算，选取退出住房救助项目的家庭为样本，比较受助家庭接受不同住房计划救助的居住持续时间，得到类似的结果。而 Kucheva（2009）的实证结果却显示，美国公共住房租户居住持续时间长短不一，中位数为 21 个月。在对不同国家的研究中发现，公共住房租期也不尽相同。例如，对澳大利亚公共住房的研究结果显示，西澳大利亚州典型的承租期分别是大约 3 年（单身或单亲家庭）和 2.3 年（夫妇两口之家），有相当数量的家庭（30%～35%）的承租期超过 5 年（Dockery et al.，2008b）。

一些研究发现，人口特征、教育背景及劳动力市场状况对居住持续时间起着重要的作用（Chen，2006；Cortes et al.，2008）。但也有研究发现，人口、教育、就业、健康、精神状况等因素对居住持续时间的影响并不显著（Weinreb et al.，2010）。优先得到住房配置和获得住房救助越多的家庭居住持续时间越长，而收入较高的就业租户居住持续时间则短得多（Dockery et al.，2008）。公共住房租金的正向变化会对租期产生负面影响，租金高的区域租赁期更短（Deng et al.，2003）。

居住持续时间对公共住房退出的影响有两种代表性的观点。第一种是居住持续时间对退出有负面影响。随着居住持续时间增加，迁出公共住房的可能性显著下降，到达一定年限（6～7 年）后，几乎没有退出的可能性（Dockery et al.，2008b），其重要原因是这些住户对公共住房产生了较强的“福利锁”效应（Wood et al.，2007c）。更进一步地，随着时间的延长，退出低收入邻里的概率呈现出快速下降的特点（Frenette et al.，2004）。另一种观点是，居住持续时间与退出无关。例如，在美国，部分公共住房项目退出率与居住持续时间无关（Hungerford，1996）。针对挪威的住房救助研究显示，退出的概率与接受补贴的时间长短没有关系（Nordvik and Åhrén，2005）。在瑞典，随着受救助时间的增长，受助人退出住房补贴的比例并未下降（Chen，2006）。

3）就业

公共住房的福利性质对退出产生利弊兼占的影响，主要体现在就业方面。理论上认为，住房救助会给受助人的工作带来积极的影响。首先，受助人的住房更加稳定、安全，能使他们更加有效地寻找就业机会（Wood et al.，2007a），对就业状况会产生积极的影响（Van Ryzin et al.，2003）。其次，住房救助可以帮助失业人群增加就业机会（Fletcher et al.，2008）。最后，住房救助可以弥补受助人用于照顾家庭成员及通勤等与工作相关的开支，使工作得以保持（Verma and Hendra，2003）。

然而，在实践中，实证结果与理论的吻合度较差，仅有少数研究支持公共住房对就业的积极影响（Dockery et al.，2008a），但缺乏确凿证据佐证该观点（Wiesel et al.，2014）。更多的实证研究显示，公共住房对租户就业产生负面影响。对英国社会住房深入调研发现，理论上低于市场水平的社会住房租金应该能提升工作积极性，但居住在社会住房中的租户无业的比例比较高，远高于那些同样处于不利环境但未居住社会住房的居民（Hills，2007）。针对澳大利亚公共住房租户的研究发现，租户有工作的比例远低于私人住房租户的比例（Wood et al.，2009；Hulse and Randolph，2005）。公共住房因其收入资格要求也抑制人们工作的努力程度（Wood et al.，2007b）。类似地，美国芝加哥的住房券降低了身体健康的成年人参与就业的程度，没有证据支持特定住房机制能提升工作的假设（Jacob and Ludwig，2012）。从实践看，公共住房恶化了租户的就业前景，进入公共住房影响其就业参与（Wood et al.，2009），从而降低其退出公共住房的可能性（Dujardin and Goffette-Nagot，2009）。

也有观点认为，缺乏有效证据支持搬进救助性住房后将降低受助人的就业率、收入（Newman et al.，2009），住房救助也很少独立地影响受助人的就业（Feeny et al.，2012）。

4）公共住房退出的障碍

研究显示，有相当部分的租户是有很大的潜力退出公共住房，迁入非救助性住房，但现实中客观存在的个人、家庭及外部障碍制约了租户从公共住房中退出。

（1）个人或家庭障碍。个人、家庭客观存在的障碍与实现经济独立有着密切的内在联系。公共住房租户不得不面临的个人、家庭障碍制约其从事有偿工作，增加了对公共住房的依赖。这些障碍包括不良的健康状况、需要照顾的家人、不稳定的家庭及缺乏工作技能（Rowley and Ong，2009）。一般情况下，住房受助人较其他人更易罹患心理健康疾病，难以获得稳定的工作。在女性群体中，有小孩的女性因为照顾孩子或其他家庭成员，无法完成连续的工作，使她们难以在经济上独立。例如，2007 年澳大利亚一项家庭、收入和劳动力调查显示，在工作适龄女性中，57%的人要照看孩子，29%的人因为自己或家庭成员的原因在工作时间上没有保障。经历过家庭暴力或虐待，家庭成员吸毒或酗酒的女性容易因为压力大而导致焦虑和抑郁的发生，在搬进公共住房后，也难以获得稳定、长期的工作，实现经济独立（Hulse and Saugeres，2008）。受缺乏学校教育影响，公共住房租户中缺乏工作技能的也较为常见，导致其经济获利能力也不足（Kelly et al.，2005）。

（2）私人住房市场。租户从公共住房退出反映其经济状况已得到改善，但并不一定意味着就能够维系市场住房租约，因此获得可替代住房对住房救助退出起决定性作用（Freeman，2005），并且租户从公共住房转向私人住房市场也能获得更大的个人选择范围（Stone et al.，2013）。然而，私人住房市场较高的租金、弱化的权属保障、苛刻的信用记录要求等使退出者面临极大的挑战，还不如住在公共住房里（Popkin et al.，2004；Wiesel et al.，2013；Hulse and Milligan，2014）。例如，有研究显示，当市场租金上涨时，从公共住房中迁出的家庭数量会显著减少（Whelan，2009）。

（3）地区经济状况。一个地区整体经济状况对公共住房居住持续时间长短起着重要的决定性作用。在经济繁荣地区，工作机会多，穷人容易找到工作或获得高收入，有助于摆脱贫困。因此，强劲的地区经济有助于缩短公共住房居住持续时间（Freeman，2005）。

（4）其他障碍。研究还发现，低收入租户工作地点与住址较远（交通不便）（Hulse and Randolph，2005），容易受到就业歧视，工作不稳定也是其退出公共住房的障碍（Goujard，2010）。另外，可替代住房区域住房狭小、犯罪率高也阻碍了租户搬出公共住房（Bahchieva and Hosier，2001）。

5）福利依赖与贫困文化

住房研究者很早就认识到福利和住房之间存在着密不可分的关系（Arthurson 和 Jacobs，2004）。公共住房作为一种福利制度，容易滋生依赖文化（Greenhalgh and Moss，2009），租户因此而失去工作动力。目前，依赖已成为租户中的一种普遍现象（Freeman，2005），备受人们的谴责（Kucheva，2009）。公共住房中的福利依赖现象也引起一些国家政府部门和学者的关注（Greenhalgh and Moss，2009；Dwelly and Cowans，2006；Arthurson and Jacobs，2004；Fitzpatrick and Pawson，2014）。

公共住房的资格准则及配给容易导致福利固化（Yelowitz，2001），福利依赖现象在轮候、入住阶段表现很突出。在轮候阶段，为了将收入保持在住房资格线水平以下，许多申请人被“锁定”在未就业状态，其目的就是为了确保不失去住房资格（Yelowitz，2001；Wood et al.，2007c）。对西澳大利亚州符合公共住房资格的家庭进行跟踪调查，发现工作家庭比例下降，显现出明显的“福利锁”效应（Dockery et al.，2008a）。在入住阶段，公共住房供给强化福利依赖，限制了社会流动（Dwelly and Cowans，2006；Arthurson and Jacobs，2004；Robinson，2013）。美国、英国、澳大利亚等发达国家的住房实践显示，公共住房促进了租户的福利依赖。租户因要求按收入的固定比例支付住房租金而不愿意谋求增加收入，因为如果其努力增加收入，则意味着要迁出公共住房，到私人住房市场中寻找居所（Freeman，1998）。随着居住持续时间延长，退出公共住房的可能性显著降低（Carpentier，2009）。

贫困文化为阐释住房福利依赖现象提供了新的视角。在某种情况下，政府提供公共住房直接或间接地将租户置于社会排斥和不利的地位（Murie，1997）。被社会排斥的租户会逐步失去自信（Einerhand et al.，2001），阻止其向前发展，及时行乐、犯罪、依赖救助的思想进一步滋生、发展，人力资本受福利依赖增强而弱化，从而使其不得不面对长期贫困（Lewis，1968）。在公共住房领域，租户越是努力工作，意味着越要支付更高的租金，因此，公共住房项目实际上是在奖励不工作的人，助长了依赖阶层的发展。由于无法摆脱贫困状态，租户居住持续时间特别长，迁出将变得更加困难（Freeman，1998）。

6）住房欺诈

欺诈是指取得利益优势并造成隐性或显性损失的行为，是社会现象中的突出问题（Levi et al.，2007）。英国新工党认为，住房补贴易引发欺诈行为（Carr and Cowan，2015）。

早在 1994 年的一份福利欺诈报告中指出，英国住房福利欺诈者占申请者的 6.3%（Doig et al.，2001）。2011 年，北爱尔兰住房福利中的欺诈使纳税人多支付了 280 万英镑（Goodwin，2012）。在 2013～2014 财经年度，英国住房补贴中因欺诈带来的损失高达 14 亿英镑，占全部住房补贴的 5.86%，有逐年扩大的趋势（NAO，2014）。从表现形式上看，住房福利欺诈呈现出多样化的特点。例如，提供虚假申请信息、遗弃或空置不动产、转租他人、不当继承、非法转让等（Northern Ireland Audit Office，2013）。

住房福利欺诈实质上是不具备资格的居民非法地享有有限的公共住房资源而不退出，与具有资格者争夺日益短缺的住房资源，造成显著的社会成本，给无家可归者及居住在临时居所的居民带来很大的困难，对社会的稳定也存在不利影响（Northern Ireland Audit Office，2013）。因此，1997 年，英国建立福利欺诈稽查员制度，其中包括对住房津贴、房屋税补贴等住房福利进行稽查（Button，2011）。为应对日益增加的租赁欺诈行为，2009年英国提出了一些有效的方法来预防、识别和处理租赁欺诈行为（DCLG，2009）。

2. 公共住房退出决策模型

1）理性选择模型

理性选择模型假定个人是根据偏好来采取行动的，其选择能带给自己最大的满足感。享有福利的持续时间受到福利项目特点、外部机会、劳动力市场状况及个人异质性的影响。微观经济学理论认为，公共住房是一种实物福利，其需求取决于私人住房市场上可支付住房的供给（Rothenberg et al.，1991）。如果低收入者无需住房补贴就能买得起合适的住房，其公共住房居住持续时间会比较短。如果非补贴住房价格非常昂贵，且自身获利能力较差及（或）缺少可支付住房，无法负担私人住房市场的租户将长期依赖于公共住房（Hungerford，1996）。因此，理性选择模型根据效用最大化原理来决策是否退出公共住房（Whelan，2009），与该模型相关的因素是住房救助变化的重要决定因素（Hungerford，1996）。

2）预期模型

预期模型强调人们对在给定情况下获得满意结果的控制，侧重于个人的经验。一个人经历成功会获得信心，遭遇失败则会失去信心。公共住房租户进行退出决策时，更多地受到未来收入变动的影响，而不是当前的财务状况（Chen，2006）。如果认为搬出公共住房后风险很大，大多数租户希望永久性居住在公共住房里（Wiesel et al.，2013），特别是经历了失败的租户更有可能出现依赖现象。

3）文化模型

相比之下，文化模型主张，当一个人在较长一段时间内仅获得最低收入时容易表现出反社会行为，其价值观、态度和期望均在社会主流之外，属于社会边缘人群（Carpentier，2009）。当周围情况发生变化后，仍在很长的时间内不采取行动，踟蹰不前，因而低收入背景的租户居住持续时间特别长，随着时间渐长，退出将变得更加困难（Freeman，1998）。

以上3种模型从不同的视角解释了公共住房退出决策行为，其中理性选择模型强调选择与刺激，预期模型突出信任与控制，而文化模型则要求价值与文化并重。相对而言，前两个模型能更好地解释福利动态的变化（Bane and David，1994）。

3. 公共住房退出阻滞治理

退出阻滞为公共住房创造了不公平的运行环境，住房困难群体的需要得不到满足，出现住房“错配”，使公共住房陷入不可持续的境地，阻碍了政策目标实现，必须予以治理。

1）改变租赁策略

租赁政策必须更具灵活性，确保稀缺的公共资源能针对最需要的群体（DCLG，2010）。在租金方面，针对过低的租金会增强租户对公共住房的依赖（Whelan，2009），可以制定科学合理的租金政策，以减少租户对公共住房的长期依赖。实践中，英国采用了住房津贴支持下的成本租金，澳大利亚建立起与租户收入关联的折扣市场租金体系。在租期方面，自2005年，英国、澳大利亚和新西兰等国的管理部门对新租户开始推行固定期公共住房租约（Fitzpatrick and Pawson，2014），设法限制租户居住持续时间。但也有学者认为，管理部门引入固定期租约虽然能提高住房周转率，但同时也将对租户的社会和经济福利产生很大的风险，影响到邻里福祉，削弱社会凝聚力（Robinson and Walshaw，2014）。此外，对承租私人住房的前公共住房租户给予财务和租赁上的支持，鼓励其退出公共住房，如西澳大利亚州的租赁路径计划（Rental Pathways Scheme，RPS）（Fitzpatrick and Pawson，2014）。

2）提高居民收入

在某种程度上，公共住房会增加租户的依赖，同时也限制了租户的经济独立，因此应该促进租户提高收入，使其能够搬离公共住房，促进公共住房准入退出形成良性循环（Whelan，2009）。对于常见的公共住房租户学历较低的状况，较高水平的教育和培训是公共住房租户提高自身能力、获得工作的重要途径（Hulse and Saugeres，2008）。例如，早在1990年，美国住房与城市发展署要求地方住房部门开发并实施家庭自足计划（Family Self-Sufficiency Program），通过提供教育、社会服务、培训等来增加家庭收入，使租户家庭不再需要公共住房或其他公共救助（Freeman，2005）。同时，还要改善当地经济状况，增加就业机会，实施"福利到工作"（welfare to work）推进就业（Freeman，1998）。

3）推进住房自有政策

租户对自有住房有着强烈的偏好，可以采取支持低收入租户住房自有的政策。例如，采取共享产权、社区主导的住房模式、社区土地信托等措施提高住房自有率，减少对公共住房的需要（Pinnegar et al.，2009；Moore and Mullins，2013）。

4）增加可替代性住房

增加可替代性住房供应，提高私人住房市场的稳定保障，使之成为激励租户退出公共住房政策的一个中心组成部分（Hulse and Milligan，2014）。改善居住环境并调整租金，让私人住房成为租户长期、稳定的选择（Robinson and Walshaw，2014）。

5）警惕住房福利依赖和欺诈

住房政策应瞄准那些容易产生长期依赖的租户（Freeman，1998），及时识别潜在非法租赁行为（Northern Ireland Audit Office，2013）。例如，住房管理和维修人员在巡访租户时很容易发现是否存在非法租赁行为，邻居也是重要的信息来源。还可以实施动态审计，进行主动预防性甄别，核对政府部门间登记信息是否匹配，要求租户提供个人信用记录等。

1.4.2 国内研究现状

租赁性公共住房在中国实践时间不长（Yang and Chen，2014），“退出难”问题仅在近几年才开始凸显，研究成果并不丰富，国内学者较多地关注保障性住房退出不畅的原因剖析及对策措施方面。方永恒和张瑞（2013）指出，我国保障性住房退出机制存在信息不对称、监管主体模糊、奖惩机制缺乏等问题，并从个人信用档案、多部门联审机制、退出管理机构、完善立法等方面提出对策。陈俊华和吴莹（2012）提出采取奖惩并举的公共租赁住房退出机制，以经济手段和法律手段打击滥用公共资源者。高波（2012）指出，宜从定期公示、退出情形和逾期惩罚等方面完善保障性住房退出机制。魏丽艳（2012）提出，要从退出范围、退出程序及动态监管等方面健全保障性住房的退出机制。黄俊峰（2013）认为，完善保障性住房退出应实施动态监控、建立个人信用体系、加快立法等措施。刘祖云和吴开泽（2014）归纳了住房保障准入与退出的香港模式，认为香港住房保障部门在住户跟踪与退出、信息公开与共享及违规惩罚等方面的做法或经验值得借鉴。毛小平和陆佳婕（2017）指出，退出管理是否科学关系到公共租赁住房的有效流转与公平善用，借鉴香港公屋管理经验，公共租赁住房退出管理应夯实退出管理的基础，健全动态监管与审查纠错机制，构建科学化、人性化的退出方式，还应培育社会化组织，实现多元监督。

还有学者构建进化博弈模型分析了保障性住房退出机理，并从该视角提出治理路径，认为科学合理的激励退出机制可以有效地解决保障性住房退出难问题。艾建国等（2012）通过建立进化博弈模型对退出机制进行均衡分析，设计了有效退出选择模型，认为合理制定奖惩金额以增加拖延退出的成本是实现保障性住房有效退出的关键。陈险峰和刘友平（2012）从博弈视角提出应采取自愿退出、强制退出和激励退出相结合的方式创新我国公共租赁住房的退出机制。张津君和韩美贵（2013）认为，廉租住房市场中普遍存在租户隐瞒家庭收入、不主动腾退住房现象，与廉租住房退出机制的不完善密切相关。针对此问题，在理性经济人假设下，构建了政府与租户之间的完全信息静态博弈模型，发现影响二者行为选择的关键因素在于租户选择不同策略时的收益，指出引入奖励机制能有效规避租户不良行为，降低政府监管成本。邓宏乾和王昱博（2015）在有限理性框架下，运用进化博弈模型，分析租赁型保障性住房的退出机理，认为建立科学合理的激励退出机制可以有效地解决租赁型保障性住房退出难问题。

有少数学者从租户个体特征及政策认知方面定量地研究了公共租赁住房退出意愿的影响因素。潘雨红等（2015）对重庆市公共租赁住房租户的腾退意愿进行问卷调查，应用二项 Logistic 模型对调查数据进行回归分析，研究发现弹性的租金政策和激励政策是影响租户腾退意愿的关键因素，建议公共租赁住房管理部门在公共租赁住房退出机制的设计和管理过程中，必须充分考虑承租人的心理预期和意愿，从完善租金制度、惩戒违规行为、建立激励机制等方面入手，促进退出程序的公正有序开展，以确保公共租赁住房运营机制的可持续发展。

1.4.3 国内外研究的特点

国外公共住房实践历史长，公共住房退出问题已在发达国家中普遍发生，国外学者已对此开展了较为深入的研究。而我国保障性住房退出问题近几年才引起国内学者的关注。

（1）国外公共住房退出领域的研究呈现多学科性特点。国外学者从微观经济学、社会学、心理学、行为科学、政治学等多个学科审视了公共住房退出问题，研究了公共住房退出的影响因素、决策机制及治理路径等。

（2）国外公共住房退出研究结果呈现多样化特点，缺乏一致性结论。国外学者在研究时间、国家或地区、样本获取途径等方面存在差异，其研究结论分歧很大。例如，在租户个体社会经济特征对公共住房退出的影响方面，有些因素的影响出现了截然相反的结论，因此国外学者提出的治理手段也不尽相同。

（3）国外公共住房退出的研究方法呈现多元性和综合性特点。国外学者采用微观经济分析、计量经济模型、访谈、问卷调查等多种研究方法探索公共住房退出问题。

（4）国内学者对公共住房退出的研究比较有限，缺乏从微观经济学视角定量地探索影响公共住房退出的因素，缺乏从心理学、行为科学等角度来解释租户退出公共住房的决策机理及行为逻辑。不难看出，国内研究局限的存在使得廉租住房、公共租赁住房“退出难”的发生机理与影响规律尚不明确，出台的治理措施缺乏微观基础，“退出难”治理效果不佳。

公共住房退出问题是一个复杂的社会、经济问题。由于世界各国之间体制、国情存在很大差异，住房制度及政策也不相同。国外公共住房退出研究成果并不一定适用于我国，公共租赁住房退出问题必须在我国特定的背景下通过实证调查予以解决。但国外公共住房退出研究的视角、内容、方法等可以为我国公共租赁住房退出研究提供借鉴。

1.5 研究对象和研究思路

1.5.1 研究对象

选择武汉市、北京市为调研区域，以这两个城市的部分公共租赁住房小区的租户为对象，从租户个人及家庭特征、对公共租赁住房配置及运行的满意程度、对公共租赁住房退出政策执行认知、私人住房市场特征、居住满意程度、影响租户决策的认知选择等方面设计并开展问卷调查，获取第一手数据，归纳公共租赁住房退出意愿、退出阻滞的表征，探索公共租赁住房“退出难”影响因素及边际效应，为治理公共租赁住房“退出难”提供方法论基础。

1.5.2 研究思路

正确处理公共租赁住房“退出难”，离不开对“退出难”基本现象、生成机理的认识，离不开对“退出难”影响因素的识别及其边际效应的科学揭示。本书遵循“提出问题—分析问题—治理问题”的思路进行。

首先，在国家审计署历年城镇保障性安居工程建设管理审计报告、武汉市和北京市公共租赁住房租户退出意愿调查、北京市公共租赁住房退出环节统计等基础上，归纳公共租赁住房退出问题的表征及其消极效应。然后，遵循“退出决策—退出意愿—退出阻滞—退出治理”脉络，在理论分析的基础上，梳理公共租赁住房“退出难”的生成机理及租户退出意愿、退出阻滞的影响因素，从实证层面探索公共租赁住房“退出难”的影响因素及其边际效应，并从邻里依附、交易成本等角度，分析其对公共租赁住房退出的阻滞效应，从公共租赁住房退出各利益相关方的博弈策略选择演化结果，寻求治理“退出难”的方法论基础。最后，在理论与实证分析的基础上，借鉴国外主要国家在公共住房的退出管理方法，构建我国公共租赁住房“退出难”的治理路径。

第2章 公共租赁住房“退出难”表征与生成机理

随着各城市公共租赁住房的大量兴建，以及廉租住房与公共租赁住房并轨运行，我国已经建成了相当规模的公共租赁住房并投入使用。从各城市第一批公共租赁住房投入使用算起，有的即将完成第一轮租赁期，有的已经历两轮或以上的租赁期。公共租赁住房租赁到期后，有的公共租赁住房小区已经暴露出租户退出问题，一些不再符合保障资格的租户以各种理由拒绝退出公共租赁住房，即“退出难”，给公共租赁住房小区的运营管理带来不便。本章从保障性住房退出管理统计数据、公共租赁住房租户退出意愿、公共租赁住房租户实践表征等方面进行梳理、调查，试图揭示公共租赁住房“退出难”的表征及其不利效应。

2.1 公共租赁住房退出调查

公共租赁住房退出调查从3个方面展开。首先，梳理历年国家审计署对全国城镇保障性安居工程建设管理审计报告，概要性描述保障性住房退出问题的表现。其次，通过对武汉市4个公共租赁住房小区租户退出意愿的调查，从租户角度归纳租户退出意愿的特征。最后，根据北京市多个公共租赁住房小区租户实际退出的调查数据，从退出实践层面揭示公共租赁住房租户退出阻滞的表征。试图从全国保障性住房退出问题、租户退出意愿和租户退出实践等方面开展调查，为进一步归纳保障性住房退出阻滞的表征，分析保障性住房退出阻滞的消极效应，提出治理退出阻滞的措施提供现实依据。

2.1.1 国家审计署审计情况

保障性安居工程是保障人民群众住房需求的重大民生工程和发展工程，是推动新型城镇化建设、拉动投资消费的重要举措，工程建设周期长、资金总量大，且具有较强的政策延续性。为能够更好地发挥审计的建设性作用，国家审计署连续几年对保障性安居工程开展了审计工作。

2011年11月至2012年3月，国家审计署对河北、内蒙古、重庆等18个省、自治区和直辖市2011年城镇保障性安居工程建设管理情况进行了审计。自2012年起，国家审计署扩大审计范围，对全国包括廉租住房、公共租赁住房、经济适用住房、限价商品住房和各类棚户区改造等城镇保障性安居工程的投资、建设、分配、后续管理及相关政策执行情况进行审计。2015年起，农村危房改造也纳入了审计范围。审计结果显示，全国各地积极推进安居工程及配套基础设施建设，取得了显著的经济效益和社会效益。例如，住房保障体系不断健全、保障性住房有效供应明显增加、棚改及配套基础设施建设有序推进，对调结构、惠民生、防风险发挥了积极作用。但是，在审计过程中，也发现了一些资金筹集和管理、项目建设管理、住房资源配置和后续管理等问题。其中，涉及保障性住房分配、补贴、退出等方面的问题主要表现如下。

1）资格审查不严导致违规享受保障性住房

审计发现，一些地区在保障性住房分配审核方面存在不严格现象。由于我国保障性住房租户家庭收入、住房等社会经济信息平台尚未建立，与住房管理有关的管理部门联审、联动机制未有效运行，具体经办机构审核把关不严等原因，导致一些不符合保障性住房分配资格条件的家庭以虚假信息通过审核，违规享有保障性住房、租赁补贴。历年审计出存在不符合保障条件租户享有住房的情况见表2-1。

表2-1　不符合保障条件的住房分配情况

年份	不符合保障条件的家庭/万户	违规享有住房/万套	违规领取补贴/万元
2012	10.84	3.89	15 300
2013	4.75	1.93	5 036
2014	2.06	1.02	2 191
2015	—	—	—
2016	2.96	1.57	2 245
2017	3.68	2.66	8 639

注：国家审计署报告中未公布2015年数据。

表2-1的数据显示，在第一次保障性安居工程建设与管理审计中，提供虚假信息违规申请保障性住房、补贴的家庭规模比较大。随着审计力度加大，以及调查、处理和整改，违规申请住房、补贴的家庭数量有所减少。一方面，说明保障性安居工程审计起到了应有的效果；另一方面，也说明违规申请的现象仍然存在。

2）重复享受保障性住房租赁补贴

审计还发现，同样是由于审核机制不严格，一些租户重复享有保障性住房，重复领取租赁补贴。例如，2013年的审计报告显示，2012年有1.13万户家庭重复享有保障性住房实物分配2975套，重复领取住房租赁补贴2137.55万元。

3）不再符合条件的保障对象未按规定及时退出

一方面，受保障对象动态管理机制不健全影响，客观上造成一些受保障家庭在收入、住房等经济状况发生变化，超出资格标准后仍通过审核；另一方面，一些地区的审核人员在审核把关时不够严格，未严格执行审核程序，也导致违规分配问题依然存在，还有部分租户在租约到期后不按规定搬出保障性住房。不再符合保障条件的租户未退出情况见表 2-2。

表 2-2　不再符合保障条件的租户未退出情况

年份	不再符合保障条件的家庭/万户	违规享有住房/万套	违规领取补贴/万元
2014	2.34	1.53	1421
2015	5.89	3.77	6046
2016	3.36	2.63	1197
2017	3.53	2.75	1384

4）违规利用保障性住房

审计结果报告显示，保障性住房使用不规范，部分住房被违规改变使用用途。除有些项目建设单位违规出售保障性住房外，一些单位、个人违规将保障性住房挪作他用，如用于经营、办公、转借、出租、拆迁周转等。审计出违规利用保障性住房的情况见表 2-3。

表 2-3　违规利用保障性住房情况

年份	2012	2013	2014	2015	2016
套数/套	18 300	26 500	5 895	6 544	5 949

2.1.2　武汉市公共租赁住房退出意愿调查

自武汉市不断加大廉租住房、经济适用住房等保障性住房的建设力度以来，城市低收入住房困难家庭的住房条件得到明显改善。然而，部分城市中等偏下收入住房困难家庭，既不符合经济适用住房、廉租住房的保障条件，又无力通过市场租赁或者购买住房；同时，新就业职工阶段性住房支付能力不足的矛盾凸显，外来务工人员居住条件也亟须改善。2011 年 5 月，武汉市人民政府发布《关于加快发展公共租赁住房的意见》（武政办〔2011〕79 号），提出要加快发展公共租赁住房，完善住房供应体系，调整保障性住房供应结构，满足城市中等偏下收入家庭、部分新就业职工和外来务工人员的基本住房需求。2013 年 5 月，武汉市住房保障工作领导小组办公室发布全市开展公共租赁住房资格申请工作的通告，同年 6 月起正式启动公共租赁住房资格申请工作。自此，武汉住房保障体系从产权式转为以公共租赁住房为主的租赁式保障。截至 2015 年年初，武汉市陆续启动中心城区政府类公共租赁住房项目建设，公布的公共租赁住房项目有 23 个，共计房源 23 550 套。

1. 调查方案

1）调查对象

2014 年 6 月至 2016 年 7 月，作者组织了三次关于武汉市公共租赁住房租户退出意愿的调查。考虑到开展问卷调查时，建成并投入使用的公共租赁住房小区不多，因此选择投入使用较早的小区作为调查对象，包括江岸区惠民居公共租赁住房小区、洪山区南湖新城家园和马湖丰华苑公共租赁住房小区及青山区青和居公共租赁住房小区。

（1）江岸区惠民居。惠民居公共租赁住房小区位于江岸区后湖建设渠路与幸福一路交汇处，于 2013 年 6 月达到交付入住条件，是武汉市首个交付使用的公共租赁住房小区。小区占地面积 11.35 万 m^2，由 4 栋 25 层、2 栋 30 层公寓楼及配套幼儿园组成，周边有较完善的学校、超市、公交站等配套设施。惠民居共有 2145 套公共租赁住房，12 种个性化户型，户型面积 50～62m^2（以建筑面积算）住房 881 套，占总套数的 41%；户型面积 39～48m^2 住房 1264 套，占总套数的 59%。开发商完成装修，配备有橱柜、抽油烟机、热水器等。月租金为 14～15 元/m^2，月物业费为 1.4 元/m^2。

（2）洪山区南湖新城家园和马湖丰华苑。南湖村与马湖村公共租赁住房是武汉市首批试点公共租赁住房，由政府财政出资租赁南湖村、马湖村村民的拆迁还建房，经过装修后作为公共租赁住房出租给城镇低收入群体，于 2012 年 3 月 5 日开始入住。其中，南湖村公共租赁住房项目位于南湖村周家湾的“南湖新城家园”园区，有 3 栋楼用于公共租赁住房，共计 530 套，户型为一室一厅，独立厨卫。

马湖村公共租赁住房项目位于南湖大道以北的“丰华苑”园区，用于公共租赁住房的一栋为 28 层，其中符合公共租赁住房标准的房源约 250 套，户型为一室一厅，独立厨卫，面积约 65m^2，该小区环境比较整洁干净，基础设施较为完善。2012 年武汉市住房保障和房屋管理局批复公共租赁住房市场租金标准，南湖新城家园 530 套公共租赁住房月租金为 11.13 元/m^2，马湖丰华苑 413 套公共租赁住房月租金为 10.73 元/m^2。

（3）青山区青和居。青和居公共租赁住房小区位于武汉市青山区和平大道建设十一路，房源共计 5235 套，其中面向城市住房困难家庭和新就业职工的房源有 4137 套，其余 1098 套房源作为大学生创业公寓另行安排。项目共 19 栋房屋，均为高层建筑，最小户型建筑面积 32.05m^2，最大户型建筑面积 59.69m^2。周边配套设施有学校（幼儿园）、超市（无大型超市）、菜市场、公交站等。经物价部门核定，该小区月租金为 12 元/m^2，月物业费为 1.43 元/m^2，运营机构为武汉致力保障性住房运营管理有限公司。

上述 4 个公共租赁住房小区建成后，由有选房意向的公共租赁住房申请人到项目公告指定地点登记，各公共租赁住房管理部门按照“优先配租对象－普通城镇住房困难家庭对象－普通新就业职工对象”的顺序，依次摇号确定选房顺序。申请人到项目现场了解房源租赁及选房有关情况，选房后由区公共租赁住房管理部门将结果在政务网站等媒体上公示，发放配租确认通知书。最后，公共租赁住房申请人按照配租确认通知书在指定的时间与运营机构签订《公共租赁住房租赁合同》，办理入住手续。各小区租户登记日期见表 2-4。

表 2-4　公共租赁住房租户登记日期

项目所在区	项目名称	开始登记日期	登记结束日期	房源总套数
洪山区	南湖新城家园	2011.11.01	2011.11.10	530
洪山区	马湖丰华苑	2011.11.01	2011.11.10	413
江岸区	惠民居	2013.09.25	2013.09.29	2145
青山区	青和居	2015.07.08	2015.07.15	4179

2）调查内容

自 2014 年 6 月起，作者针对上述 4 个公共租赁住房小区先后开展了三次调查（调查问卷分别见附录一、附录二和附录三），虽然调查侧重点有所不同，但每次均包含了关于公共租赁住房租户退出意愿的调查。各次调查主题与内容见表 2-5。

表 2-5　调查主题与内容

调查时间	调查小区	调查主题	调查内容	是否含退出意愿调查
2014 年 6 月	惠民居	公共租赁住房配置效率调查	对公共租赁住房分配、管理的基本看法、总体评价及被访租户基本特征	是
2015 年 6 月	惠民居 南湖新城家园 马湖丰华苑	公共租赁住房配置与退出问题调查	被访租户基本特征、公共租赁住房居住感受及公共租赁住房退出认知	是
2016 年 7 月	青和居	公共租赁住房居住满意度调查	被访租户基本信息、房屋居住、租金、物业管理、社区环境满意度及整体满意度	是

3）调查方法

开展的三次调查采用了随机抽样与入户访谈相结合的方式进行。调查人员进入被调查小区后，随机选取租户对象，向其介绍、解释调查内容，由被访租户填写问卷。采取入户调查形式，调查人员进入租户家中，实地查看租户居住情况，并与租户面对面交流，收集租户的看法和意见。

2. 数据调查

正式调查前，以结构式问卷为主，按调查主题设计好调查问卷，先在小区内进行小范围试调查，并征询公共租赁住房管理部门工作人员、研究专家等的意见，修改完善调查问卷。对由研究生、本科生组成的调查人员进行必要的调查培训后，正式开展调查。调查人员以小区随机截访、入户深度访谈等方式，调查被访租户对公共租赁住房分配、运营管理、居住感受、退出认知等方面的看法和评价。

3 次调查问卷分别设计了多个问题，根据问卷调查的原则和要求，确定了调查问卷的合理份数。3 次调查共发放问卷 1400 余份，回收 1300 余份，问卷发放与回收情况见表 2-6。其中，第二次调查中，南湖新城家园和马湖丰华苑两个小区毗邻，样本数量少且较为接近，将两个小区的调查数据合并处理，简称为南湖小区。经过统计检验，各次调查问卷的份数和调查数据具有良好的可信性和有效性，能满足数据统计分析的要求。

表 2-6　调查问卷发放与回收情况

调查时间	调查小区	发放问卷	回收问卷	有效问卷	回收率/%	有效率/%
2014 年 6 月	惠民居	150	132	120	88.00	80.00
2015 年 6 月	惠民居	410	385	333	93.90	81.22
	南湖小区	160	141	128	88.13	80.00
2016 年 7 月	青和居	700	661	642	94.43	91.71
小计		1420	1319	1223	92.89	86.13

3. 租户社会人口特征

根据各次问卷调查得到的有效问卷，整理被访租户的社会人口特征描述性统计，见表 2-7～表 2-9。

表 2-7　社会人口特征描述性统计（惠民居）

变量		样本数	比例/%
租户性别	男	64	53.33
	女	56	46.67
租户年龄	18 岁及以下	0	0.00
	19～30 岁	23	19.17
	31～40 岁	21	17.50
	41～50 岁	16	13.33
	51～60 岁	35	29.17
	61 岁及以上	25	20.83

续表

变量		样本数	比例/%
受教育程度	初中及以下	40	33.33
	高中/中专/技校	46	38.34
	本科/大专	34	28.33
	硕士及以上	0	0.00
职业性质	政府或事业单位职工	9	7.50
	国有企业职工	25	20.83
	私有企业职工	23	19.17
	个体经营者	12	10.00
	下岗失业或待业	19	15.83
	退休人员	32	26.67
家庭人均月收入	1000 元及以下	3	2.50
	1001～2000 元	61	50.84
	2001～3000 元	42	35
	3001～5000 元	11	9.16
	5001 元及以上	3	2.50

表 2-8　社会人口特征描述性统计（南湖小区和惠民居）

变量		南湖小区	惠民居	合计
		样本数（比例/%）=128（27.77）	样本数（比例/%）=333（72.23）	样本数（比例/%）=461（100）
租户性别	男	45（35.16）	123（36.94）	168（36.44）
	女	83（64.84）	210（63.06）	293（63.56）
租户年龄	18 岁及以下	3（2.34）	2（0.60）	5（1.09）
	19～30 岁	24（18.75）	30（9.01）	54（11.71）
	31～40 岁	16（12.50）	22（6.61）	38（8.24）
	41～50 岁	18（14.06）	39（11.71）	57（12.37）
	51～60 岁	30（23.44）	96（28.83）	126（27.33）
	61 岁及以上	37（28.91）	144（43.24）	181（39.26）
受教育程度	初中及以下	54（42.19）	181（54.35）	235（50.98）
	高中/中专/技校	47（36.72）	93（27.93）	140（30.37）
	本科/大专	24（18.75）	56（16.82）	80（17.35）
	硕士及以上	3（2.34）	3（0.90）	6（1.30）
职业性质	企事业单位职工	49（38.28）	68（20.42）	117（25.38）
	自由职业者	24（18.75）	28（8.41）	52（11.28）
	无业	25（19.53）	38（11.41）	63（13.67）
	离退休人员	30（23.44）	199（59.76）	229（49.67）

续表

变量		南湖小区	惠民居	合计
		样本数（比例/%）=128（27.77）	样本数（比例/%）=333（72.23）	样本数（比例/%）=461（100）
家庭人均月收入	1000 元及以下	0（0.00）	8（2.40）	8（1.74）
	1001～2000 元	34（26.56）	91（27.33）	125（27.11）
	2001～3000 元	47（36.72）	145（43.54）	192（41.65）
	3001～4000 元	24（18.75）	58（17.42）	82（17.79）
	4001 元及以上	23（17.97）	31（9.31）	54（11.71）
家庭人口数	1 人	19（14.84）	64（19.22）	83（18.01）
	2 人	39（30.47）	169（50.75）	208（45.12）
	3 人	41（32.03）	76（22.82）	117（25.38）
	4 人	14（10.94）	17（5.11）	31（6.72）
	5 人及以上	15（11.72）	7（2.10）	22（4.77）

表 2-9　社会人口特征描述性统计（青和居）

变量		样本数	比例/%
租户性别	男	326	50.78
	女	316	49.22
租户年龄	18 岁及以下	5	0.78
	19～30 岁	99	15.42
	31～40 岁	52	8.10
	41～50 岁	88	13.71
	51～60 岁	125	19.47
	61 岁及以上	273	42.52
受教育程度	初中及以下	343	53.42
	高中/中专/技校	192	29.91
	本科/大专	100	15.58
	硕士及以上	7	1.09
职业性质	企事业单位职工	26	4.05
	灵活就业人员	145	22.59
	失业	137	21.34
	离退休人员	334	52.02
家庭人均月收入	1000 元及以下	32	4.98
	1001～2000 元	153	23.84
	2001～3000 元	212	33.02
	3001～4000 元	124	19.31
	4001 元及以上	121	18.85

续表

变量		样本数	比例/%
家庭人口数	1 人	212	33.02
	2 人	301	46.88
	3 人	105	16.36
	4 人	17	2.65
	5 人及以上	7	1.09

1）租户性别

第一次调查（惠民居）中被访租户男性占 53.33%，第二次调查（南湖小区和惠民居）中男性占 36.44%，第三次调查（青和居）中男性占 50.78%。从三次调查情况看，除第二次调查男性所占比重稍低外，其他两次调查中受访租户男女比例相当。从三次调查获得的 1223 份有效问卷中，男女比例分别为 45.63%、54.37%。

2）租户年龄

三次调查中，租户年龄在 40 岁及以下的比例分别为 36.67%、21.04%、24.30%，大多数受访租户年龄在 41 岁及以上，比例分别为 63.33%、78.96%、75.70%，受访租户多以中老年群体为主。

3）受教育程度

受访租户受教育程度多为高中及以下学历，三次调查中占样本总数的比例分别为 71.67%、81.35%、83.33%，说明受访租户的受教育程度不高。

4）职业性质

受访租户中，下岗失业或待业、离退休人员所占比例比较大，三次调查中这类群体所占比例分别为 42.50%、63.34%、73.36%，有稳定工作或灵活就业者所占比例偏低。

5）家庭人均月收入

三次调查中，受访租户家庭人均月收入多集中在 3000 元及以下，所占比例分别为 88.34%、70.50%、61.84%。收入超过 3000 元的，仅在青和居小区中所占比例稍高些，占 38.16%。

6）家庭人口数

后两次调查结果显示，被调查租户家庭人口以 2 人为主（第一次调查未涉及家庭人口选题），分别占 45.12%、46.88%，其次是 3 人，分别占 25.38%、16.36%。

从上述受访租户社会人口特征描述性统计可以看出，公共租赁住房租户以中老年群体为主，受教育程度多为高中及以下，高学历租户比例低；大多数受访租户处于下岗或待业、离退休状态；家庭人均月收入水平不高，多集中在 3000 元及以下，属于收入困难群体；受访租户家庭规模多为两口或三口之家。

4. 租户退出意愿

1）惠民居小区租户退出意愿

在对惠民居公共租赁住房小区进行第一次问卷调查时，对租户退出公共租赁住房的意愿设置了 5 个选项，具体选项及回答频数见表 2-10。从表中可以发现，调查对象中有 10.00%的租户愿意在达到退租标准后退出公共租赁住房，22.50%的租户愿意在提供优惠退出条件时退出，合计 32.50%的租户表示愿意退出公共租赁住房，25.00%的租户持模糊的退出态度，而 41.67%的租户明确表示即使达到退租标准也不愿意退出。从退出意愿的年龄分布看，年长租户选择不退出的比例要明显高于年轻租户的比例。

表 2-10　惠民居小区租户退出意愿（第一次调查）

退出意愿	40 岁及以下		40 岁以上		小计	
	样本数	比例/%	样本数	比例/%	样本数	比例/%
收入达到退租标准我也不想退	8	6.67	42	35.00	50	41.67
其他想法	1	0.83	0	0.00	1	0.83
到时再说	12	10.00	18	15.00	30	25.00
提供优惠条件时我就退	16	13.33	11	9.17	27	22.50
收入达到退租标准我就退	8	6.67	4	3.33	12	10.00
合计	45	37.50	75	62.50	120	100.00

2）惠民居和南湖小区租户退出意愿

开展第二次调查时，直接在问卷中设置租户退出意愿的问题“对于达到了公共租赁住房退出的条件，您是否愿意退出”，回答项包括 5 个选择，即非常不愿意、不愿意、中立、愿意、非常愿意。惠民居、南湖两个小区租户的回答情况见表 2-11、表 2-12。从表 2-11 可以发现，惠民居小区受访租户中愿意、非常愿意退出的比例分别为 10.51%、28.83%，不愿意、非常不愿意退出的比例分别为 5.71%、32.13%，态度中立的为 22.82%。从退出意愿上看，第一次调查中有退出愿意者的比例为 32.50%，第二次调查中有退出愿意者的比例为 39.34%，两次调查中有愿意退出者的比例并没有发生较大的变化。从不愿意退出者的年龄看，两次调查的结果都显示，年长租户不愿意退出公共租赁住房的比例要高于年轻租户所占的比例。

表 2-11　惠民居小区租户退出意愿（第二次调查）

退出意愿	40 岁及以下		40 岁以上		小计	
	样本数	比例/%	样本数	比例/%	样本数	比例/%
非常不愿意	8	2.40	99	29.73	107	32.13
不愿意	1	0.30	18	5.41	19	5.71

续表

退出意愿	40 岁及以下		40 岁以上		小计	
	样本数	比例/%	样本数	比例/%	样本数	比例/%
中立	13	3.90	63	18.92	76	22.82
愿意	12	3.60	23	6.91	35	10.51
非常愿意	20	6.01	76	22.82	96	28.83
合计	54	16.21	279	83.79	333	100.00

从表 2-12 可以看出，南湖小区受访租户中愿意、非常愿意退出的比例分别为 32.82%、17.19%，不愿意、非常不愿意退出的比例分别为 9.37%、16.40%，态度中立的为 24.22%。与惠民居小区的调查结果相比，除态度中立者所占比例较为接近外，其他选项所占比例差别较大。从退出意愿的年龄分布看，愿意、不愿意退出的比例中，年长租户所占的比例均高于年轻租户所占的比例。

表 2-12　南湖小区租户退出意愿（第二次调查）

退出意愿	40 岁及以下		40 岁以上		小计	
	样本数	比例/%	样本数	比例/%	样本数	比例/%
非常不愿意	2	1.56	19	14.84	21	16.40
不愿意	2	1.56	10	7.81	12	9.37
中立	16	12.50	15	11.72	31	24.22
愿意	17	13.28	25	19.54	42	32.82
非常愿意	6	4.69	16	12.50	22	17.19
合计	43	33.59	85	66.41	128	100.00

3）青和居

在青和居公共租赁住房小区的调查中，针对租户退出意愿的题目设置了 4 个选项，即当退不退、到时候再说、有条件退出、当退则退，依次梯度反映租户的退出意愿。租户的回答情况见表 2-13。从表中可以发现，青和居小区受访租户中明确表示不愿意退出（“当退不退”）的比例为 71.34%，显著高于前两次其他小区的调查；持模糊态度的（“到时候再说”）为 14.80%；有条件退出、当退则退的比例分别为 2.96%、10.90%。从退出意愿的年龄分布看，年长租户持明确不退出态度及模糊态度的比例也显著高于年轻租户所占的比例。

表 2-13　青和居小区租户退出意愿（第三次调查）

退出意愿	40 岁及以下		40 岁以上		小计	
	样本数	比例/%	样本数	比例/%	样本数	比例/%
当退不退	79	12.30	379	59.04	458	71.34
到时候再说	27	4.21	68	10.59	95	14.80

续表

退出意愿	40 岁及以下		40 岁以上		小计	
	样本数	比例/%	样本数	比例/%	样本数	比例/%
有条件退出	12	1.87	7	1.09	19	2.96
当退则退	38	5.92	32	4.98	70	10.90
合计	156	24.30	486	75.70	642	100.00

2.1.3 北京市公共租赁住房退出意愿及退出环节调查

北京市是国内较早实行公共租赁住房保障方式的城市之一。2009 年 8 月，北京市住房城乡建设委颁布了《北京市公共租赁住房管理办法（试行）》。同年，9 个公共租赁住房项目开工建设。2010 年，11 个公共租赁住房项目开工建设。2011 年 6 月，通过财政注资组建了北京市保障性住房建设投资中心，主要承担北京市保障性住房投融资、建设收购和运营管理等基本使命。2011 年 10 月，首批公共租赁住房项目面向社会启动配租。2011 年以来，逐步实现了廉租住房与公共租赁住房并轨运行，实现了“三个统一，一个不变”，即房源分配统一、租金标准统一、退出管理统一和承租家庭租金不变。2009 年至 2017 年 5 月，北京市累计开工建设和筹集公共租赁住房 20 万套，累计分配 14.68 万套。

1. 租户退出意愿调查

1）调查对象

2017 年 3 月，调查小组组织了关于北京市公共租赁住房租户退出意愿与阻滞的调查。选择投入使用时间在 2～5 年的代表性小区作为调查对象，分别是远洋 • 沁山水、燕保 • 京原家园、文龙家园等公共租赁住房小区。

远洋 • 沁山水公共租赁住房小区位于玉泉路与莲石东路交叉路口的西北角，总建筑面积近 4 万 m^2，建筑层数 12～24 层。公共租赁住房数量为 550 套，其中，一居 339 套，主力户型套内建筑面积约 35m^2，二居 211 套，主力户型套内建筑面积约 52m^2。2012 年 1 月中旬，海淀区首批符合条件的家庭经公开摇号，入住该小区，成为北京市首批公共租赁住房承租家庭。

燕保 • 京原家园公共租赁住房小区位于石景山区鲁谷街道京源路 7 号，紧邻西五环、莲石东路衙门口桥，地理位置优越，交通便利。小区内配套设施较齐全。项目总用地面积 54 092m^2，其中建设用地 49 655m^2，总建筑面积 155 592m^2，共有 8 栋住宅楼。2013 年 2 月，租户入住使用。

文龙家园公共租赁住房小区位于北京市海淀区清河小营西小口，交通便利，小区内及周边配套设施完善。小区内公共租赁住房有 5 栋，每栋有 21 层，共有房源 1391 套，设计有 5 种户型，建筑面积 50～62m^2。

2）调查内容

本次调查主要是针对公共租赁住房退出阻滞开展的问卷调查（见附录四）。调查内容除受访租户个人社会经济信息外，还包括影响公共租赁住房退出决策的小区软硬件设施等影响因素，私人住房市场租赁时遇到的障碍因素，以及决策时对家庭成员就业、上学等方面的考虑因素。问卷中还设置了租户达到退租标准后的退出意愿调查项目。

3）调查方法

调查采用随机抽样与租户访谈相结合的方式进行。调查人员进入小区后，随机选取租户对象，由受访租户填写问卷。同时，调查人员与租户面对面交流，收集他们的看法和意见。

4）数据调查

问卷设计以结构式问卷为主，并征询公共租赁住房管理部门工作人员、研究专家等意见。正式调查时，调查人员以小区随机截访、访谈等方式，调查受访租户对问卷涉及问题的看法和评价。本次调查在 3 个小区共发放问卷 412 份，回收问卷 380 份，有效问卷 357 份，其中，远洋·沁山水公共租赁住房小区回收有效问卷 37 份，燕保·京原家园小区回收有效问卷 188 份，文龙家园小区回收有效问卷 132 份。

5）租户社会人口特征

根据问卷调查得到的有效问卷，整理受访租户的社会人口特征描述性统计，见表 2-14。

表 2-14　社会人口特征描述性统计

变量		远洋·沁山水	燕保·京原家园	文龙家园	合计
		样本数（比例/%）=37（10.36）	样本数（比例/%）=188（52.66）	样本数（比例/%）=132（36.98）	样本数（比例/%）=357（100）
租户性别	男	16（43.24）	82（43.62）	57（43.18）	155（43.42）
	女	21（56.76）	106（56.38）	75（56.82）	202（56.58）
租户年龄	17 岁及以下	0（0）	0（0）	0（0）	0（0）
	18～30 岁	0（0）	3（1.60）	5（3.79）	8（2.24）
	31～40 岁	7（18.92）	23（12.23）	16（12.12）	46（12.89）
	41～50 岁	5（13.51）	29（15.43）	15（11.36）	49（13.73）
	51～60 岁	18（48.65）	71（37.77）	52（39.40）	141（39.49）
	61 岁及以上	7（18.92）	62（32.97）	44（33.33）	113（31.65）
受教育程度	初中及以下	8（21.62）	69（36.70）	37（28.03）	114（31.93）
	高中/中专/技校	16（43.24）	84（44.68）	67（50.76）	167（46.78）
	本科/大专	13（35.14）	34（18.09）	28（21.21）	75（21.01）
	硕士及以上	0（0）	1（0.53）	0（0）	1（0.28）

续表

变量		远洋·沁山水	燕保·京原家园	文龙家园	合计
		样本数（比例/%）=37（10.36）	样本数（比例/%）=188（52.66）	样本数（比例/%）=132（36.98）	样本数（比例/%）=357（100）
职业性质	企事业单位职工	6（16.21）	51（27.13）	30（22.73）	87（24.37）
	自由职业者	7（18.92）	14（7.45）	11（8.33）	32（8.96）
	无业	11（29.73）	55（29.25）	42（31.82）	108（30.25）
	离退休人员	13（35.14）	68（36.17）	49（37.12）	130（36.42）
家庭人均月收入	1000 元及以下	0（0）	4（2.13）	0（0）	4（1.12）
	1001～2000 元	5（13.51）	8（4.26）	1（0.76）	14（3.92）
	2001～3000 元	8（21.62）	37（19.68）	21（15.91）	66（18.49）
	3001～4000 元	11（29.73）	66（35.11）	46（34.85）	123（34.45）
	4001 元及以上	13（35.14）	73（38.82）	64（48.48）	150（42.02）
家庭人口数	1 人	10（27.03）	21（11.17）	14（10.61）	45（12.61）
	2 人	14（37.83）	80（42.55）	57（43.18）	151（42.30）
	3 人	8（21.62）	54（28.72）	47（35.60）	109（30.53）
	4 人	3（8.11）	23（12.23）	13（9.85）	39（10.92）
	5 人及以上	2（5.41）	10（5.32）	1（0.76）	13（3.64）
居住时长 t（年）	$t\leqslant 2$	2（5.41）	7（3.72）	117（88.64）	126（35.29）
	$2<t\leqslant 4$	12（32.43）	114（60.64）	15（11.36）	141（39.50）
	$4<t\leqslant 6$	22（59.46）	67（35.64）	0（0.00）	89（24.93）
	$t>6$	1（2.70）	0（0.00）	0（0.00）	1（0.28）

从上述受访租户社会人口特征描述性统计可以看出，公共租赁住房租户与武汉市类似，以中老年群体为主；受教育程度多为高中及以下，3 个小区本科及以上高学历租户比例为 21.29%；大多数受访租户处于无业、离退休状态；家庭人均月收入水平虽集中在 4001 元及以上，高于武汉市的水平，但相对于北京市的平均收入水平，仍属于收入困难群体；受访租户家庭规模多为两口或三口之家。居住时长因 3 个小区投入运营时间不同而存在显著差异，投入运营时间较长的小区，租户居住时间也要长一些。

6）租户退出意愿描述

调查时，在问卷中设置了租户退出意愿的问题“租赁期满后若超出入住标准，您是否自愿腾退公共租赁住房？”，回答项包括 5 个选择，即非常不愿意、不太愿意、一般、较为愿意、非常愿意。3 个小区租户的回答情况见表 2-15～表 2-17。从表 2-15 可以看出，远洋·沁山水小区受访租户中较为愿意、非常愿意退出的比例分别为 27.03%、10.82%，不太愿意、非常不愿意退出的比例分别为 32.42%、21.62%，不太愿意退出的比例比较高。从退出意愿的年龄分布看，不太愿意退出的比例中，年长者所占的比例高于年轻者所占的比例。

表 2-15　远洋·沁山水小区租户退出意愿

退出意愿	40 岁及以下		40 岁以上		小计	
	样本数	比例/%	样本数	比例/%	样本数	比例/%
非常不愿意	0	0	8	21.62	8	21.62
不太愿意	1	2.70	11	29.72	12	32.42
一般	1	2.70	2	5.41	3	8.11
较为愿意	3	8.11	7	18.92	10	27.03
非常愿意	2	5.41	2	5.41	4	10.82
合计	7	18.92	30	81.08	37	100.00

表 2-16 中，燕保·京原家园小区受访对象中较为愿意、非常愿意退出的比例分别为 12.76%、3.73%，不太愿意、非常不愿意退出的比例分别为 52.66%、21.81%，不太愿意退出的受访对象比例非常高，且不愿退出的比例高于远洋·沁山水小区。从退出意愿的年龄分布上看，不太愿意退出的比例中，年长者所占的比例高于年轻者所占的比例。

表 2-16　燕保·京原家园小区租户退出意愿

退出意愿	40 岁及以下		40 岁以上		小计	
	样本数	比例/%	样本数	比例/%	样本数	比例/%
非常不愿意	1	0.53	40	21.28	41	21.81
不太愿意	4	2.13	95	50.53	99	52.66
一般	4	2.13	13	6.91	17	9.04
较为愿意	13	6.91	11	5.85	24	12.76
非常愿意	4	2.13	3	1.60	7	3.73
合计	26	13.83	162	86.17	188	100.00

表 2-17 中，文龙家园小区受访对象中较为愿意、非常愿意退出的比例分别为 16.67%、1.52%，不太愿意、非常不愿意退出的比例分别为 53.02%、18.94%，不太愿意退出者比例高。从退出意愿的年龄分布上看，愿意退出的比例中，年长租户所占的比例高于年轻租户所占的比例。

表 2-17　文龙家园小区租户退出意愿

退出意愿	40 岁及以下		40 岁以上		小计	
	样本数	比例/%	样本数	比例/%	样本数	比例/%
非常不愿意	1	0.76	24	18.18	25	18.94
不太愿意	3	2.27	67	50.75	70	53.02
一般	3	2.27	10	7.58	13	9.85
较为愿意	13	9.85	9	6.82	22	16.67
非常愿意	1	0.76	1	0.76	2	1.52
合计	21	15.91	111	84.09	132	100.00

从 3 个公共租赁住房小区的调查数据看，租户不愿意退出的比例非常高，愿意退出的比例较低，持一般态度的比例较少。相对于年轻租户，年长租户更不愿意退出公共租赁住房。

7）租户退出障碍调查

为进一步了解租户退出意愿不高的原因，在问卷中还设置了其他题目，以了解影响租户退出决策的主、客观因素。研究显示，在公共租赁住房租户中，有一些租户是有较大潜力退出，进入私人住房市场的，然而在现实中因个人或家庭原因、私人住房市场等因素制约了租户从公共租赁住房中迁出（Rowley and Ong，2009；Freeman，2005；Whelan，2009）。因此，在问卷中设置了与此两类因素相关的问题，以调查这些因素是否会影响租户的退出意愿。

问卷中，对个人或家庭原因、私人住房市场因素分别设置了 3 个、5 个问题。用利克特量表反映这些因素对租户退出决策时的影响，其中，“5”表示影响很大，“4”表示影响较大，“3”表示影响一般，“2”表示影响不大，“1”表示无影响。调查结果显示，租户退出时考虑的因素中，个人或家庭原因导致租户不愿意退出的影响不大；在私人住房市场因素中，找房耗时耗力、搬迁成本等对租户退出决策的影响不大（表 2-18）。对租户退出决策时影响很大的因素从高到低排列依次为住房租金高（96.36%）、可供选择的房源少（35.57%）、中介费用与纠纷困扰（34.17%）。如果将影响很大、较大选项的比例合并计算，排序仍保持不变。因此，租金、房源、中介与纠纷等因素是租户退出决策时考虑的重点，在一定程度上制约了租户退出公共租赁住房，从而诱发“退出难”的发生。

表 2-18　租户退出时的考虑因素

因素		影响/%				
		1	2	3	4	5
个人或家庭	个人工作就业	45.11	30.53	6.44	12.32	5.60
	子女上学或就业	41.46	27.45	5.60	16.81	8.68
	照顾家人（老人、小孩或病人）	38.37	28.85	4.48	15.13	13.17
私人住房市场	找房过程耗时耗力	29.41	27.17	6.72	17.09	19.61
	租房中介费用与纠纷困扰	1.96	4.48	11.76	47.63	34.17
	当前市场住房租金过高	1.12	0.56	0.56	1.40	96.36
	搬迁花费总成本较大	3.92	20.17	42.58	25.49	7.84
	可供选择的房源数量较少	1.40	3.64	12.89	46.50	35.57

2. 租户退出环节调查

近年来，北京市公共租赁住房建设规模保持了稳步增长，配置规模也逐步扩大，除了城镇低保家庭外，还解决了大量中等偏下收入住房困难家庭、新就业职工及稳定就业的外来务工人员的住房问题。自 2012 年 1 月首个公共租赁住房小区投入使用以来，一些公共租赁住房小区达到第一轮租赁期满，还有一些小区已满两轮租赁期。租金拖欠、租赁合同续签、不符资格家庭退出等问题逐渐显现出来，影响了公共租赁住房运营的可持续性。

根据北京市保障性住房建设投资中心统计，截至 2017 年 1 月，该中心运营管理的 9 个公共租赁住房小区有 5276 套住房合同到期。其中，有 4362 套住房租户续签了租赁合同或签订了补充协议，继续承租公共租赁住房，278 套住房租户虽通过资格复审但未续签合同，而 491 套住房租户（占 9.31%）没有通过资格复审未能续签合同。租赁合同到期后续签情况见表 2-19。

表 2-19　租赁合同到期后续签情况

城区	复核通过未续签/户						复核不通过未续签/户					
	困难家庭	恶意欠租	失联	维修问题	退租	小计	资格终止	未提交材料	变更中	失联	退租	小计
东城区	79	25	6	4	9	123	15	85	43	2	58	203
西城区	16	4	0	0	13	33	7	10	1	1	35	54
朝阳区	3	1	0	0	1	5	3	2	0	0	1	6
海淀区	9	12	0	0	1	22	5	13	1	0	40	59
丰台区	18	4	0	1	10	33	17	16	3	0	22	58
石景山区	20	11	0	0	26	57	3	4	4	2	79	92
通州区	2	3	0	0	0	5	1	0	10	2	6	19
合计	147	60	6	5	60	278	51	130	62	7	241	491
比例/%	52.88	21.58	2.16	1.80	21.58	100	10.39	26.47	12.63	1.43	49.08	100

从统计数据可以看出，在租赁合同到期租户中，有 82.68%的租户未能实现经济状况好转，不能从公共租赁住房中退出。在 491 户未能通过资格复审的租户家庭中，只有 241 户家庭（占应退家庭的 49.08%）按合同约定退出公共租赁住房，有超过一半以上不再具备资格条件的家庭没有实现从公共租赁住房退出。在当退未退的租户家庭中，由于收入或资产超标、未提交材料、拖欠租金、处于失联状态等原因未能退出公共租赁住房，形成事实上的"退出难"。

从通过资格复审的租户看，虽然这部分租户仍具备承租资格，但因各种原因未能顺利续签承租合同，如恶意拖欠租金、处于失联状态等，按承租要求，未能续签合同的租户也属于清退的对象，同样形成了退出阻滞。

2.2 公共租赁住房“退出难”表征

根据 2.1 节退出意愿问卷调查及退出实践统计数据的结果，从退出意愿及退出实践两方面分析公共租赁住房退出阻滞的特点。

2.2.1 公共租赁住房退出意愿

1）受访租户中不愿意退出公共租赁住房的比例较高

在武汉、北京调查的 7 个小区中，除少数小区受访租户不愿意（包括“非常不愿意”和“不愿意”或“不太愿意”）退出公共租赁住房的比例较低。例如，武汉市惠民居（第二次调查）、南湖小区（第二次调查）的受访租户中不愿意退出的比例分别为 37.84%、25.77%，其他 5 个调查小区有超过半数以上的受访租户表示不愿意退出公共租赁住房。租户退出意愿低意味着公共租赁住房管理部门在清退不再符合条件的租户时存在退出障碍。

2）中老年租户退出意愿低

按照年龄统计租户的退出意愿，发现中老年租户不愿意退出公共租赁住房的比例明显地高于年轻租户。公共租赁住房小区大多为新建小区，具有较完善的公共设施、人性化的日常服务和管理，租户生活便利，居住满意度较高，因此退出公共租赁住房的意愿较低。一项针对香港老年人居住满意度的研究发现，随着年龄的增长，人们对住房的满意度是增加的，良好的公共住房居住环境和长久的生活时间使老年人对当前的住房具有较高的满意度，大多不愿搬迁（Hui et al.，2014）。

3）公共租赁住房小区硬件、软件设施对租户退出意愿产生影响

在对不同小区的调查中发现，虽然受访租户样本中的性别、年龄比例相当，但受访租户持有愿意或不愿意退出的态度所占的比例是不一样的。例如，惠民居是武汉市第一个公共租赁住房小区，受访租户愿意退出的比例为 39.34%，南湖小区有 50.01%的受访租户愿意退出，而青和居是新建小区，仅 13.86%的受访租户表示愿意退出。在北京，远洋·沁山水公共租赁住房小区投入使用时间较长，存在设施设备老化、管理服务滞后现象，有 37.85%的租户表示较为愿意或非常愿意退出；而燕保·京原家园、文龙家园两个公共租赁住房小区投入使用时间较短，分别有 16.49%、18.19%的受访租户表示较为愿意或非常愿意退出。可以看出，租户退出意愿也与公共租赁住房小区的硬件和软件设施有关。

4）私人住房市场高门槛降低了租户的退出意愿

在租户退出时考虑的因素中，个人或家庭原因对租户不愿意退出的影响不大。

但在私人住房市场因素中，住房租金高、可供选择的房源少、中介费用与纠纷困扰等因素对租户退出决策产生了很大的阻碍作用，降低了租户的退出意愿，在一定程度上诱发“退出难”的发生。而住房搜寻过程中耗费的时间和精力、搬迁成本等则对租户退出决策的影响不大。

2.2.2　公共租赁住房退出环节

从北京市保障性住房建设投资中心运营管理的公共租赁住房小区看，在租赁期满后，大多数租户通过资格复审后，仍继续承租公共租赁住房，而未能通过资格复审的租户仅占到合同到期租户的 9.31%。在资格复审未通过的租户中，有 49.08%的租户按照合同约定腾退公共租赁住房，但仍有超过半数的租户因各种原因不能顺利地从所住的公共租赁住房中退出。

1）失联不退出

统计发现，有少部分租户由于工作单位发生变化、较长时间闲置公共租赁住房等原因与公共租赁住房管理部门失去联络，租户与管理部门之间信息沟通不畅，未按规定期限向管理部门提交相关材料，无法正常办理退出手续。甚至有个别租户将公共租赁住房转租给他人以谋取利益。租户本人不闻不问，一方面，使新的租户上当受骗，违规向原租户支付租金；另一方面，租户本人失联，管理部门想收回住房也非易事。

2）客观障碍不退出

按照公共租赁住房管理办法，租户达到退出标准后要迁出，但有些租户收入或资产超标后仍然不愿意搬出公共租赁住房。例如，受私人住房市场高门槛限制，租户经济状况虽然已经得到改善，收入超出公共租赁住房资格标准，但仍难以维系私人住房市场的租约。还有租户若退出公共租赁住房，在工作、子女教育、照顾家人等方面存在诸多不便，也难以从公共租赁住房中退出。

3）主观恶意不退出

租户因收入或资产超标未能通过资格复审，理应退出公共租赁住房，管理部门也以书面形式通知租户按期腾退，但有些租户对此置之不理，经再三提醒仍恶意拖沓不办理相关手续，拒不退出。还有部分租户经资格复审应退出的，但存在拖欠租金行为，难以顺利办理退出手续。

2.3　公共租赁住房退出阻滞的效应

随着我国公共租赁住房建设规模的不断增加，其覆盖范围也不断扩大，更多的住房困难群体得到住房制度改革带来的实惠，实现了“居有所住”。然而，公共租赁住房“退出难”的客观存在，破坏了公共租赁住房制度的效率与公平，给租户、管理企业、政策等带来消极影响，不利于公共租赁住房制度的可持续发展。

2.3.1 租户层面

1）从众效应

部分租户拒绝退出公共租赁住房的举动可能会引起其他租户的关注，引发不退出公共租赁住房的从众行为。当租户考虑不退出者的判断时，理性的租户也可能会表现出从众行为。虽然就租户个人而言，不退出选择有可能是理性的，但因此而产生的从众行为却是非理性的。

2）欺诈行为

当租户不退出行为客观存在时，有些租户可能会采取欺诈行为以获得继续居住的资格。例如，租户弄虚作假，隐瞒家庭成员关系、工作状况、家庭收入、住房及资产等情况，提供虚假信息以供资格复查，违规获得继续居住的资格。

3）依赖心理

公共租赁住房对国家、地区、家庭甚至个人而言都是一项具有重要意义的资产，它是福利安全网络中的重要组成部分，为社会中大多数弱势群体提供帮助。公共租赁住房可以为租户提供安全和稳定的住所，有助于租户克服诸多不利，为自己和家人创造美好生活，创建繁荣、健康的社区（Thornhill，2010）。但美国、英国、澳大利亚等发达国家的住房实践显示，公共住房容易滋生住房福利依赖（Robinson，2013）。不退出公共租赁住房或长期住在公共租赁住房中，容易使租户对公共租赁住房产生过度依赖，滋生惰性，满足于当前的居住、工作状况，不再能够改善自身的经济状况。调查问卷的结果表明，大多数受访租户表示愿意住在公共租赁住房里，普遍认为私人住房市场门槛高制约了他们从公共租赁住房中退出，搬出公共租赁住房会给他们的工作、生活会带来很大的影响。实际退出环节的统计数据也显示，公共租赁住房出租率低，同时也存在“退出难”的现象。退出意愿不强烈、退出率低、“退出难”等现象客观存在，一些租户势必会长久地居住在公共租赁住房中，不谋求改善自身的社会经济状况，从而产生对公共租赁住房的依赖。

2.3.2 管理企业层面

1）租金收支失衡

按照公共租赁住房管理规定，公共租赁住房租金收入专项用于偿还公共租赁住房贷款本息及公共租赁住房的维护、管理等。租户不从公共租赁住房中退出，或恶意拖欠租金，会使公共租赁住房管理企业租金收缴偏低，造成租金收支不平衡，影响公共租赁住房项目日常运营和管理。

2）管理成本上升

当公共租赁住房租户不退出行为发生时，管理部门势必会安排并投入人力、财力等，开展资格核查、退租通告、说服教育等工作，甚至通过法院诉讼途径强制退出，以上各环节的工作都会增加公共租赁住房管理部门的管理成本，降低管理效率。

3）公共租赁住房项目审计压力

近几年，国家审计署连续开展了城镇保障性安居工程审计，其中就涉及保障性住房分配管理的合规性问题。连续审计均发现存在保障性住房退出机制不健全，不再符合保障条件的租户没有按规定及时退出现象。如果公共租赁住房租户未能按照租赁合同约定适时退出，公共租赁住房管理企业作为直接责任单位，难以通过上级部门的审计，必然会受到问责处理，并承担整改责任。

2.3.3　政策层面

1）影响政策效率与公平

公共租赁住房“退出难”现象的存在，一方面，浪费了公共资源，意味着政府在转移支付上的高额支出；另一方面，大量急需住房的轮候家庭因房源不足而得不到保障。由于租户浪费公共资源的主观行为，以及存在房源紧张的客观现实，严重地扰乱了公共租赁住房政策的效率与公平，使公共租赁住房政策目标难以实现。

2）影响政策公信力

公共租赁住房政策是社会保障政策中的重要组成部分，令公众瞩目。如果公共租赁住房管理部门在住房配置过程执规不严，或执行中存在偏差、不到位的情况，使退出阻滞问题越演越烈，容易形成“退出难”顽疾。政府制定的政策在实际执行过程的执行效果直接影响政策的作用与效能，决定政府的权威与合法性（谢庆奎和陶庆，2007）。因此，公共租赁住房租户“退出难”情形的发生，容易引发公众对政策执行力、政府公信力的质疑，造成政府信任危机。

2.4　公共租赁住房“退出难”生成机理

2.4.1　前景理论

长期以来，在不确定性情况下个人行为决策占主导地位的是于 1944 年提出的期望效用理论，个人选择行为存在期望效用函数，由每种状态下的效用和状态概率决定。然而，期望效用理论基于理性选择假定，暗示决策个体的行为具有同质性，忽略了真实世界普遍存在的事物之间的差异性和不同条件下认识的差异性。行为经济学研究显示，决策个体之间存在差异性，并非完全理性，是有限理性的（Camerer，2006）。

受 Markowitz 的观点（效用随财富的变化出现，而不是随财富的各种状态出现）启发，Kahneman 和 Tversky（1979）经过一系列实验，提出了前景理论。前景理论认为，人们在面对风险时，不再是理性的经济人，而是有限理性的，并且存在损失厌恶。前景理论揭示，人们对收益和损失的评估具有不同的性质，收益的效用是凹函数，损失则是凸函数（图 2-1）。损失和收益函数并不对称，在参照点处函数斜率发生突变，表示人们对亏损的反应比对同等数量盈余的反应要强烈得多，即损失厌恶。在前景理论中，决策权重不同于客观概率，决策者经常会对低概率过度加权；决策权重具有次确定性，决策者对于风险性事件的决策权重之和小于 1。

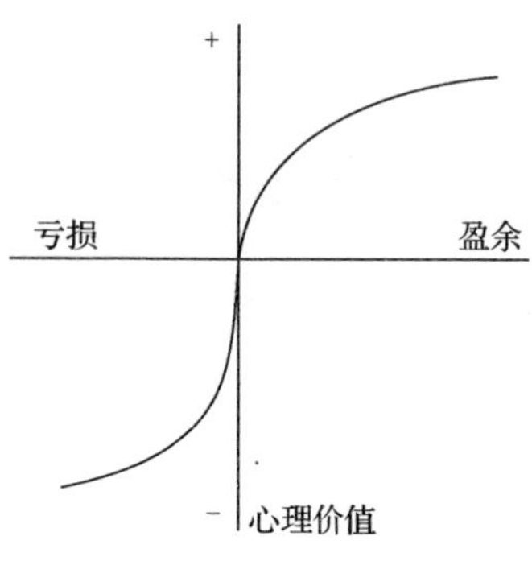

图 2-1　前景理论中的效用函数

2.4.2　公共租赁住房退出决策过程

日常生活中人们做出的每个重要选择都具有一定的不确定性，既有损失的风险也有获利的可能。公共租赁住房退出决策也同样如此，具有不确定性。前景理论将不确定性情况下个人行为选择决策分为编辑和评估两个阶段。

1）编辑阶段

在编辑阶段，行为主体采集和处理信息，对显现前景进行分析，获得初步认知，以便于下一阶段评估。

在前景理论中，效用与财富状态的变化有关，因此首先要确定财富变化的参考状态，即参照点。一般地，参考点可能是行为主体期待的结果，但最常见的参照点是目前的财产或福利水平。高于参照点的结果就是所得，低于参照点的结果就是损失。对于公共租赁住房退出决策者，其参照点是居住在公共租赁住房中的生活状态、家庭财富状态保持稳定。

许多决策问题都以维持现状和选择替代项的形式出现（Kahneman and Tversky，1984）。当公共租赁住房租户面临退出决策时，选择结果有两种，即退出与不退出。不退出意味着生活状态不会发生变化，即在支付了居住和非居住成本后，家庭剩余收入不会发生变化。对于退出，生活状态的变化又有两种情形，一种是生活水平持平或高于现状；另一种是低于当前的生活水平。退出决策后租户的家庭剩余收入的几种情形可被视为前景。

假设公共租赁住房租户的家庭收入为 DI，住房租金为 R，非居住成本为 NH，公共租赁住房的租金补贴或其他福利为 B，则退出前，其家庭剩余收入 RI 可以表示为

$$RI_1 = DI_1 - R_1 - NH_1 + B$$

退出后，不再享有租金补贴或其他福利，家庭剩余收入为

$$RI_2 = DI_2 - R_2 - NH_2$$

对于退出后的三种情形，可以分别定义为：

情形 1，退出后生活水平高于或持平于现状，此时，假设非居住成本 NH 保持不变，则有 $NH_1 = NH_2$， $DI_2 > DI_1$， $R_2 > R_1$， 且 $RI_2 \geqslant RI_1$；

情形 2，退出后生活水平低于现状，此时有 $RI_2 < RI_1$；

情形 3，选择不退出，生活水平保持不变。

2）评价阶段

当编辑阶段完成，行为主体会评价每个被编辑过的前景，并且假定会选择具有最高价值的前景。根据前景理论，被编辑的前景可以用尺度 v 和 π 表示。第一个尺度 v 分配给每一个结果 x 的数值 $v(x)$，即效用函数，表达前景结果的主观价值。第二个尺度 π 与每个前景的概率 p 相联系，即决策权重函数，在前景的总价值上体现 p 的影响。

根据价值函数，当行为主体对盈亏进行直接比较或权衡时，对亏损的反应比对盈余的反应要强烈得多，即损失厌恶。公共租赁住房租户在退出决策时，对于情形 1，相比于参照点，属于盈余；对于情形 2 则属于损失。情形 1 下，对于公共租赁住房租户而言，增加家庭收入具有较高的不确定性，退出决策者是厌恶风险的，倾向于风险规避，选择继续持有公共租赁住房（情形 3）。尽管退出后家庭收入增长（收益增加）能够改善其生活水平，然而情形 2 下收入不能支付家庭居住、非居住成本所带来的损失，会使退出决策者的生活遭受重大影响，因此，不再能够以低于市场水平的租金获得住房，以及不再享有公共租赁住房带来的其他福利，对决策者而言是一项极大的损失。在此情境下，决策者避免损失的动机和获得收益的动机强度并不对称，对损失的反应比对收益的反应要强烈得多，此时退出决策者会极力地回避损失的发生，其决策行为是风险回避，选择继续居住在公共租赁住房中（情形 3）。

在前景理论中，每个前景结果的值都与一个决策权重相乘，其中决策权重的确定来自前景之间的选择，但决策权重不是概率，并不遵从概率公理。研究显示，行为主体经常会对低概率事件过度加权，即主观上高估小概率事件。近几年，许多城市纷纷出台公共租赁住房退出管理的办法，从退出条件、程序和权利保障等

方面做出较详尽的规定，以收入核查、按市场标准缴纳租金、退出公示等途径加大公共租赁住房退出的清查力度。例如，2014 年 7 月，国家审计署发布的审计公告显示，10.84 万户不符合保障条件的租户家庭违规享受实物分配和租赁补贴，另有 1.13 万户家庭重复享受实物分配和租赁补贴。自审计署公告发布后，全国各地陆续开展了公共租赁住房分配违规行为专项整治工作。可见，当保障对象不再符合住房保障条件而被清退出公共租赁住房的概率越来越大。然而，对于退出决策者，客观存在的大概率事件转变为主观的小概率事件，不退出公共租赁住房且不会被清理的小概率事件被过度加权，导致退出的决策权重小于不退出的决策权重，进而选择不退出，仍滞留在公共租赁住房中。

许多公共租赁住房“退出难”的案例表明，在公共租赁住房退出决策者心中，继续滞留在公共租赁住房中是确定性事件，而退出则具有一定的风险性。Kahneman 和 Tversky（1984）观察到，决策权重函数具有次确定性，决策主体对于风险性事件的决策权重之和小于确定性事件的决策权重。在决策者心中，继续滞留在公共租赁住房中带来的收益是实实在在的确定事件，而退出公共租赁住房将面临福利损失、市场租金、收入等问题，属于风险性事件，退出的决策权重小于不退出的决策权重，使得决策者不愿意退出公共租赁住房。

2.4.3　公共租赁住房退出决策情境

在公共租赁住房退出决策过程中，退出决策者的个人主观选择行为，除了受到其个人因素的影响外，还受到社会因素的作用，强化决策者对面临的不确定性的考量。

1. 个人因素

1）从众心理

在现实生活中，人们往往采取群体性思维模式，周围人的行为容易影响决策者的反应，于是决策者也决定以类似的方式采取行动。虽然，公共租赁住房退出机制进一步完善，但“退出难”现象仍普遍存在。当周围住房保障对象存在当退不退，甚至以隐瞒收入、财务状况骗租的现象时，公共租赁住房退出决策者也会采取类似的做法，选择继续居住在公共租赁住房里。

2）依赖心理

公共租赁住房是社会福利安全网络中的重要组成部分，为住房困难群体提供帮助，同时也滋生了依赖文化。住房受助者中，许多是来自经济效益不好的国有企业、集体企业职工，受原来计划经济及福利分配制度影响，认为公共租赁住房仍是一种无期限的福利安排，产生依赖性心理。并且，保障对象中 40 岁及以上租户居多，存在人生基本定型、再努力也徒劳等自弃心理，放弃自我努力，安心居住在公共租赁住房中。

3）人力资本

社会结构转型研究表明，随着产业向知识化、信息化发展，人力资本对个人就业的作用越来越重要，不仅体现在就业机会上，还体现在职业声望和收入水平上。在住房保障对象中，许多租户年龄大、受教育程度和职称或技术级别不高，在社会知识要求和职业结构变化的情况下，人力资本不足，且提升渠道不畅，只能从事技能要求不高的工作，难以获得较高且稳定的收入回报。因此，退出决策者认为，人力资本不足使他们获得稳定高收入的可能性不大，存在较高风险，从而在退出决策上选择不退出。

2. 社会因素

1）就业歧视及就业空间不足

在就业市场上，用人单位对应聘人员的年龄、学历歧视客观存在，是保障对象提高就业层次及收入的障碍之一。住房保障群体存在年龄大、学历低，虽不乏职业技能水平突出者，但用人单位认为保障对象个人能力弱而不愿聘用，导致其就业受挫。加之庞大的高校毕业生群体、农民工群体与保障对象在就业上存在竞争，保障对象紧张的就业空间变得更为狭窄。就业受挫及空间不足，保障对象的自信遭受打击，再就业、谋求更高收入的积极性下降，产生消极心理。

2）公共租赁住房管理不力

近几年，我国公共租赁住房建设快速推进，但各地出于政绩考核的考量，存在"重建设、轻管理"的缺陷，制度建设并未跟上。在分配、运营方面存在薄弱环节，管理政策不完善，出现了保障对象骗租住房或骗取租赁补贴，住房管理部门工作人员在配租和补贴分配过程中滥用职权、徇私舞弊，公共租赁住房清退执行不力、不及时等现象，客观上为退出决策者提供了寻租的机会。

2.5 小　结

本章在梳理国家审计署对保障性住房建设管理的审计数据，开展武汉市公共租赁住房租户退出意愿调查，以及北京市公共租赁住房租户退出意愿和退出环节调查的基础上，归纳了公共租赁住房"退出难"的表征，分析了"退出难"带来的不利效应。基于公共租赁住房租户个体有限理性假定，借鉴前景理论，从租户退出决策行为过程描述公共租赁住房"退出难"的生成。研究发现，租户退出是在不确定性情形下决策的结果，受损失厌恶、决策权重影响。当租户退出后生活水平高于或持平于现状时，增加家庭收入具有较高的不确定性，租户决策时是厌恶风险的，倾向于风险规避，选择继续居住公共租赁住房；当退出后生活水平低于现状时，对租户而言是一种极大损失，租户避免损失的动机和获得收益的动机强度并不对称，对损失的反应比对收益的反应要强烈得多，此时租户也会选择不退出。受从众心理、依赖心理、人力资本等个人因素，公共租赁住房管理不力、就业歧视及就业空间不足等社会因素的影响，租户决策时会强化不确定性因素的考量，引发“退出难”发生。

第 3 章　计划行为视角的公共租赁住房退出意愿研究

公共租赁住房有序退出是涉及保障性住房公平分配的关键环节，对促进公共租赁住房在住房困难群体间流通，解决其住房问题具有重要意义。我国公共租赁住房制度还处于探索阶段，政策制定和实施存在不完善之处，运营过程中出现“退出难”的尴尬状况，不利于有限的公共租赁住房资源公平、高效地利用，阻碍了公共租赁住房可持续发展。本章借鉴计划行为理论构建公共租赁住房退出意愿分析框架，以武汉市公共租赁住房社区的租户为调查对象，获得第一手数据，构建有序 Logistic 模型，从个人及家庭特征、住房配置与运行满意程度，以及退出认知等方面探索公共租赁住房退出意愿的影响因素和特征，为制定针对性、可操作性的退出策略提供借鉴。

3.1　退出意愿分析理论框架

计划行为理论（theory of planned behavior，TPB）是社会心理学领域被广泛用作预测行为意向和行为结果的重要基础理论，也是理性行为学派最具代表性的行为研究框架之一（De Groot and Steg，2007；Ajzen，2011）。计划行为理论是美国心理学家 Ajzen 在理性行为理论（theory of reasoned action，TRA）基础上增加知觉行为控制变量发展起来的理论模型（Ajzen，1991）。

理性行为理论认为，行为意向是行为的先导条件，行为意向在很大程度上影响人们是否将行为付诸实践（Madden et al.，1992）。一般地，行为意向越强烈，采取某一行为的可能性越大，且行为意向受行为态度和主观规范的影响。如果行为主体能预期到积极的行为结果，且感觉周围环境是鼓励、支持该行为的，那么行为主体会产生比较积极的行为意向。然而，理性行为理论假设人是理性的并且能系统地利用信息，意味着该理论仅能预测人们的一小部分行为。为更好地解释某些不完全受意志控制的行为，Ajzen 在理性行为理论的基础上增加了行为意向的另一个先导变量——知觉行为控制，形成了计划行为理论。计划行为理论指出，行为态度、主观规范和知觉行为控制决定行为意向，行为态度和主观规范越积极，知觉行为控制越强，则执行某一行为的意向就越强，反之就越弱；行为主体所拥有的有关行为的信念是行为态度、主观规范和知觉行为控制的认知基础，并且个体及社会文化等因素（如年龄、性别、文化背景、经验等）影响行为信念并作用于行为态度、主观规范和知觉行为控制，进而最终影响行为意向及行为。

虽然理性行为理论、计划行为理论不足以充分地描述公共租赁住房退出决策过程，但是都与个体行为决策有关，试图揭示行为倾向对行为意图、行为结果的影响，可以为退出决策提供理论支撑。用计划行为理论可以揭示退出决策过程中的 4 个主要概念，即退出态度、主观规范、感知退出行为控制、退出意愿。具体而言，退出态度反映对退出预期价值的评价结果。如果租户退出后有信心或能力解决住房问题，则会更倾向于退出行动。主观规范则反映社会网络对潜在退出的影响。如果租户对公共租赁住房退出政策知晓程度高，并对住房管理部门退出政策执行力方面较有信心，会意识到所处环境是积极支持退出行为的，从而影响退出意愿。在感知退出行为控制方面，如果租户感觉到退出的障碍很小，他们将更愿意退出，反之，则不愿意退出。计划行为理论强调，已经发生的行为会对后续行为意向产生影响。依此推论，租户对公共租赁住房资格标准认定、住房配置及运营管理等环节公平性、公正性的认知和感受会影响退出行为的意愿。若公平、公正程度高，则租户会意识到选择不退出会面临较大的障碍，故而产生退出意愿。在上述三要素的作用下，租户会形成退出的意图，将采取退出或不退出的行动。因此，本书构建公共租赁住房退出意愿的分析框架，见图 3-1。

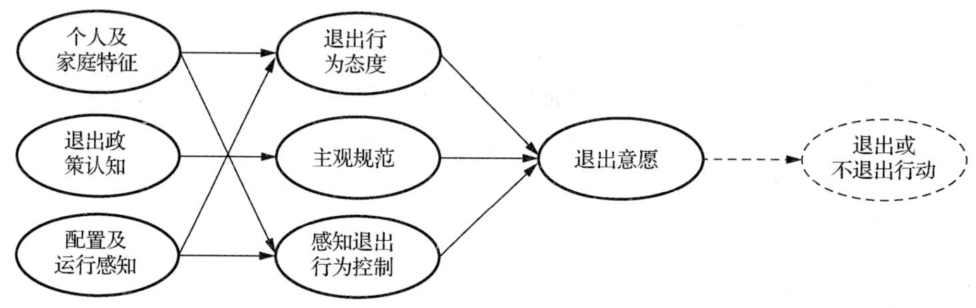

图 3-1　公共租赁住房退出意愿分析框架

3.2　模 型 设 定

根据上述分析框架，为探寻公共租赁住房租户退出意愿的影响因素，设定以下计量模型。

$$\text{Exitint}=\beta_0+\beta_1\text{Convera}+\beta_2\text{Alloper}+\beta_3\text{Exitcon}+\varepsilon \tag{3-1}$$

式中，Exitint 表示租户退出公共租赁住房意愿的强烈程度；Convera 表示个人及家庭特征，设为控制变量，包括性别、年龄、受教育程度、职业、家庭收入、人口数、住房面积等；Alloper 表示租户对公共租赁住房配置及运行的满意程度，包括对资格认定、分配过程、运行状况、租金水平及住房总体满意的程度；Exitcon 反映租户对公共租赁住房退出政策及其执行等方面的认知，包括公共租赁住房性质认识、退出政策知晓程度、退出后自我解决住房问题的信心及退出政策执行的信心等。式（3-1）所包括的变量分别反映计划行为理论中的退出态度、主观规范、感知退出行为控制等变量。方程中 ε 表示误差项。由于设定计量模型中采用样本数据多为顺序多分类变量，为避免损失很多信息，影响估计结果的精确性和可靠性，采用有序 Logistic 模型，并用最大似然法估计参数。

3.3 数据来源与描述性特征

3.3.1 问卷设计与调查

本次调查研究公共租赁住房租户退出意愿问题，基于文献综述和计划行为理论并结合预调查等综合考量，以封闭式题型为主设计具体问题，保证问卷具有良好的内容效度。调查问卷主要针对影响租户退出公共租赁住房意愿的因素进行设计，包括受访租户个人及家庭特征、租户对公共租赁住房配置及运行的满意程度，以及租户对公共租赁住房退出政策及其执行的认知等方面的内容（见附录二）。具体调查问卷分为三个部分，第一部分是受访租户个人及家庭特征描述，包括性别、年龄、受教育程度、职业、家庭收入、工作技能培训，以及住房面积等基本特征；第二部分为租户对公共租赁住房基本问题的认知，包括租户对资格标准、配置公平性、配置效率、租金水平、住房满意度等方面的认知；第三部分是租户对公共租赁住房退出方面的认知，包括租户对公共租赁住房的性质退出政策的了解程度、退出信心、政策执行信心等方面的认知。在调查问卷中，其中反映租户感知的态度度量采用利克特量表形式，赋值从小到大具有程度上逐渐增强的含义。调查问卷中包含的主要变量的含义及其具体选项见表 3-1。

表 3-1 变量定义及说明

变量		含义	选项
个人及家庭特征	性别	户主性别	1=男；2=女
	年龄	户主年龄	1=18 岁及以下；2=19～30 岁；3=31～40 岁；4=41～50 岁；5=51～60 岁；6=61 岁及以上

续表

<table>
<tr><th colspan="2">变量</th><th>含义</th><th>选项</th></tr>
<tr><td rowspan="5">个人及家庭特征</td><td>受教育程度</td><td>户主受教育程度</td><td>1=初中及以下；2=高中/中专/技校；3=本科/大专；4=硕士及以上</td></tr>
<tr><td>职业</td><td>户主职业</td><td>1=企事业单位职工；2=自由职业；3=无业；4=离退休</td></tr>
<tr><td>收入</td><td>家庭月平均收入</td><td>1=1000 元以下；2=1001～2000 元；3=2001～3000 元；4=3001～4000 元；5=4001 元及以上</td></tr>
<tr><td>人口数</td><td>家庭人口数</td><td>1=1 人；2=2 人；3=3 人；4=4 人；5=5 人及以上</td></tr>
<tr><td>住房面积</td><td>建筑面积或使用面积</td><td>连续变量</td></tr>
<tr><td rowspan="5">配置及运行满意度</td><td>资格标准</td><td>收入、住房资格标准</td><td rowspan="5">1=非常不满意；2=不太满意；3=一般；4=较为满意；5=非常满意</td></tr>
<tr><td>分配过程</td><td>资格认定、轮候及分房</td></tr>
<tr><td>运行状况</td><td>日常管理、服务</td></tr>
<tr><td>租金水平</td><td>住房租金与支付能力的比较</td></tr>
<tr><td>住房满意度</td><td>对环境、邻里交往的感受</td></tr>
<tr><td rowspan="4">退出认知</td><td>公共租赁住房性质</td><td>对公共租赁住房性质的认知</td><td>1=福利房；2=有租期限制的过渡性住房</td></tr>
<tr><td>退出政策</td><td>对退出政策是否了解</td><td>1=不了解；2=仅听别人说起过；3=有一点了解；4=了解；5=非常清楚</td></tr>
<tr><td>退出信心</td><td>对退出后自己解决住房问题的信心</td><td>1=根本就没信心；2=没有信心；3=一般；4=较有信心；5=非常有信心</td></tr>
<tr><td>政策执行信心</td><td>对退出政策执行的信心</td><td>1=根本就没信心；2=没有信心；3=一般；4=较有信心；5=非常有信心</td></tr>
</table>

调查选择武汉市已经建成投入使用的中心城区政府类公共租赁住房项目为对象，包括江岸区后湖惠民居、洪山区南湖新城家园和马湖丰华苑 3 个公共租赁住房小区，因后两个项目为毗邻小区且规模相当，其调查数据合并在一起处理，简称南湖小区。2015 年 6 月，对上述 3 个小区已经入住半年以上的公共租赁住房租户家庭进行问卷调研。受访租户在 18 岁及以上，且每户家庭限调查 1 人。本次调查共发放问卷 570 份，回收问卷 526 份，回收率 92.28%，剔除无效样本后获得有效问卷 461 份，有效率为 87.64%。

3.3.2　样本数据特征

1）租户基本特征

对南湖小区和惠民居公共租赁住房项目调查分别获得 128、333 个样本，受访租户的社会、人口特征见表 2-8。调查对象以女性租户为主，两个项目的女性租户所占比例相当，共占到全部样本 63.56%。调查对象以 51 岁及以上的租户为主，受教育程度以高中（含中专、技校）及以下居多。从职业分布看，49.67%的租户处于离退休状态，25.38%的租户为企事业单位职工，其他为无业或自由职业者。家庭月平均收入多在 3000 元以下，占到受访租户的 70.5%。家庭规模以两口之家为主，占 45.12%，其次是三口之家，占 25.38%。

2）租户对住房配置及运行的满意度

表 3-2 为受访租户对公共租赁住房配置及其运行满意度的统计结果。结果显示，大多数租户对公共租赁住房分配的资格标准是认可的，有 41.64%的受访租户表示较为满意；对分配过程及对公共租赁住房的分配、运行效率的总体评价的满意度分布较为接近，但较为满意的租户比例要比对资格标准较为满意的租户比例低一些，分别占到 37.96%、32.97%；有超过一半的受访租户（占 54.01%）表示对公共租赁住房的租金水平感到非常不满意，但受访租户对公共租赁住房的整体满意度还比较高，认为较为满意、非常满意的受访租户所占比例分别为 41.44%、13.45%，不满意的比例为 15.18%（含非常不满意和不太满意）。

表 3-2 对住房配置及运行的满意度统计

调查项目	满意度				
	1	2	3	4	5
资格标准	8（1.74）	61（13.23）	163（35.36）	192（41.64）	37（8.03）
分配过程	14（3.04）	54（11.71）	169（36.66）	175（37.96）	49（10.63）
运行状况	11（2.39）	47（10.20）	166（36.00）	152（32.97）	85（18.44）
租金水平	249（54.01）	114（24.73）	78（16.92）	19（4.12）	1（0.22）
住房满意度	15（3.25）	55（11.93）	138（29.93）	191（41.44）	62（13.45）

注：1～5 的含义见表 3-1，括号内的数值为百分比。

3）租户对公共租赁住房退出的认知

表 3-3 为受访租户对公共租赁住房性质、退出政策及其执行等方面认知的统计结果。结果显示，大多数受访租户对公共租赁住房的性质是非常清楚的，有 86.98%的受访租户认识到公共租赁住房是有租期限制的过渡性住房，租约期满或收入、住房条件超过资格标准后要退出公共租赁住房，仅13.02%的租户认为公共租赁住房仍然等同于过去由所在单位分配的职工福利性住房。对公共租赁住房退出政策的知晓方面，大多数受访租户表示对公共租赁住房退出政策不了解，所占比例是 47.29%，表示仅听别人说起过的占到 12.36%，而了解、非常清楚的分别占到 14.97%、0.43%，大部分租户表示仅通过邻居、亲友等非正式渠道，或者电视、报纸等才了解公共租赁住房的退出政策，对政策比较了解的租户是由于能够接触到网络信息，信息来源比较丰富。这说明公共租赁住房退出政策的宣传渠道不够丰富，宣传力度不大，公共租赁住房信息公开程度不够，导致大多数租户对公共租赁住房退出的政策不甚了解。

表 3-3　租户对公共租赁住房退出认知的统计

调查项目	退出认知				
	1	2	3	4	5
公共租赁住房性质	60（13.02）	401（86.98）	—	—	—
退出政策	218（47.29）	57（12.36）	115（24.95）	69（14.97）	2（0.43）
退出信心	65（14.10）	212（45.99）	146（31.67）	29（6.29）	9（1.95）
政策执行信心	28（6.07）	137（29.72）	231（50.11）	55（11.93）	10（2.17）

注：1～5 的含义见表 3-1，括号内的数值为百分比。

从受访租户对退出公共租赁住房的信心程度来看，大多数租户退出信心不强，根本就没信心、没有信心的受访租户的比例分别为 14.10%和 45.99%，表示较有信心、非常有信心的租户的比例仅为 6.29%、1.95%。受访租户认为虽然公共租赁住房租金相对于其收入水平仍然有些偏高，但与住房市场租金相比，仍然有很大的优势，所以对退出后能否解决自己家庭的住房问题感到困难程度较大。在公共租赁住房管理部门执行退出政策方面，有 35.79%的租户（含根本就没信心和没有信心）表示退出政策执行起来会有困难，认为不能顺利执行，大部分租户抱有怀疑态度，50.11%的租户表示信心一般，仅 14.10%的租户表示对退出政策的执行有信心。

3.3.3　样本数据描述性统计

式（3-1）中涉及变量的描述性统计特征见表 3-4。

表 3-4　变量描述性统计特征值

变量		最小值	最大值	均值	标准差
个人及家庭特征	性别	1	2	1.636	0.482
	年龄	1	6	4.709	1.412
	受教育程度	1	4	1.690	0.800
	职业	1	4	2.876	1.270
	收入	1	5	3.106	0.989
	人口数	1	5	2.351	1.005
	住房面积	30	65	50.072	10.433
配置及运行满意度	资格认定	1	2	1.870	0.337
	分配过程	1	5	3.410	0.879
	运行状况	1	5	3.414	0.935
	租金水平	1	5	3.499	0.977
	住房满意度	1	5	3.549	0.983

续表

变量		最小值	最大值	均值	标准差
退出认知	公共租赁住房性质	1	2	1.718	0.903
	退出政策	1	5	2.089	1.164
	退出信心	1	5	2.360	0.870
	政策执行信心	1	5	2.744	0.826
退出意愿		1	5	3.056	1.540

3.3.4 样本租户退出意愿

调查问卷中，对公共租赁住房租户退出意愿设置了 5 个选项，具体选项及回答频数见表 3-5。结果显示，调查对象中有 25.60%的租户愿意在达到退出标准后退出公共租赁住房，16.70%的租户愿意有条件地退出，合计 42.30%的租户愿意退出公共租赁住房。有 23.21%的租户退出意愿不明确，6.72%的租户有其他想法，高达 27.77%的租户则明确表示超过资格条件后仍不愿意退出公共租赁住房。

表 3-5 公共租赁住房退出意愿选项统计表

选择项	频数	占比/%
收入达到退出标准我也不想退	128	27.77
其他想法	31	6.72
到时再说	107	23.21
收入达到退出标准，提供优惠条件时我就退	77	16.7
收入达到退出标准我就退	118	25.6

3.4 租户退出意愿的有序 Logistic 模型

3.4.1 信度评价与共线性检验

针对利克特量表测量信度评价常用的指标是 Cronbach's α 系数，对于以推断变量关系为目的的信度评价要求 Cronbach's α 系数在 0.8 以上(Lance et al.,2006)。经检验，本次调查数据中态度度量变量的 Cronbach's α 系数为 0.82，表明调查量表和数据具有较好的内部一致性。拟合离散选择模型时，对自变量是否存在多元共线性很敏感，共线性程度高时，系数标准误的估计将产生偏差。可以用容忍度指标来检验自变量中的多元共线性，若容忍度小于 0.20，即存在多元共线性。经检验，各自变量的容忍度分布为 0.45～0.95，可以认为各自变量不存在多元共线性。

3.4.2 有序 Logistic 模型结果

根据样本数据，拟合得到 5 个有序 Logistic 模型（表 3-6）。结果显示，各拟合模型似然统计值 LR Chi2 的概率均为 0.000，非常显著，表明各模型拟合结果很理想。其中，模型 1、2、3 分别是对个人及家庭特征、配置及运行满意度、退出认知变量的拟合，模型 4 在模型 1 的基础上增加了配置及运行满意度变量，模型 5 是对全部变量的拟合。可以看出，除个别变量外，在模型 1～4 中显著的变量在模型 5 中也比较显著。从模型的 Pseudo R^2 看，其值均比较低。在 Logistic 模型中，R^2 值不同于 OLS 线性回归中的 R^2 值，一般都比较低，并且实际解释意义不大（Hosmer et al.，2013）。相对而言，模型 5 的 Pseudo R^2 值较前 4 个模型有所改善。

需要指出的是，分别以南湖小区、惠民居的样本拟合表 3-6 中的 5 个模型，发现各变量的显著性与全部样本数据的模型差异不明显，因此，表 3-6 仅提供全部样本数据的拟合模型。综合考虑，选择模型 5 对影响租户退出意愿的因素加以解释、讨论。

表 3-6 公共租赁住房退出意愿的有序 Logistic 模型

变量		模型 1	模型 2	模型 3	模型 4	模型 5
个人及家庭特征	性别	−0.161（0.174）			−0.161（0.177）	−0.171（0.182）
	年龄	−0.103（0.081）			−0.112（0.083）	0.0298（0.087）
	受教育程度	0.274**（0.111）			0.276**（0.112）	0.240**（0.117）
	职业	0.012（0.091）			0.048（0.096）	−0.010（0.098）
	收入	0.044（0.077）			0.084（0.079）	0.103^{+}（0.081）
	人口数	0.228**（0.088）			0.199**（0.091）	0.169**（0.094）
	住房面积	0.010（0.009）			0.017*（0.009）	0.031***（0.009）
配置及运行满意度	资格标准		−0.056（0.120）		−0.106（0.125）	−0.072（0.127）
	分配过程		0.284**（0.116）		0.265**（0.121）	0.303**（0.124）
	运行状况		−0.279**（0.125）		−0.293**（0.128）	−0.274**（0.129）
	租金水平		0.223**（0.096）		0.127（0.098）	0.121（0.101）
	住房满意度		−0.077（0.123）		−0.143（0.127）	-0.206^{+}（0.131）
退出认知	公共租赁住房性质			0.755***（0.259）		0.913***（0.273）
	退出政策			0.338***（0.076）		0.357***（0.079）
	退出信心			0.239**（0.103）		0.255**（0.106）
	政策执行信心			0.380***（0.105）		0.322***（0.110）
N		461	461	461	461	461
LR Chi2		33.96	17.44	63.18	52.73	111.73
Prob		0.000	0.000	0.000	0.000	0.000
Pseudo R2		0.024	0.012	0.045	0.038	0.079

注：括号内的数值为稳健性标准误。

+、*、**、***分别表示在 15%、10%、5%、1%水平上显著。

3.4.3　结果讨论

1）个人及家庭特征

在模型 1、4 和 5 中，性别、年龄、职业变量均不显著，说明这 3 个变量对租户退出公共租赁住房意愿的影响并不明显。受教育程度在 3 个模型中在 5%的水平上显著，表明随着受教育程度的提高，租户退出公共租赁住房的意愿也比较明显。一般而言，受教育程度高，其个人人力资本也高，意味着可以获得更高的收入，有经济能力改善家庭住房条件，从而产生退出公共租赁住房的意愿。家庭月收入水平虽然在模型 1、4 中并不显著，但于模型 5 中在 15%的水平上显著，说明收入也对租户的退出意愿发生作用，即收入水平越高，搬出公共租赁住房的意愿越显著。在模型 5 中，人口数、住房面积分别在 5%、1%的水平上显著，显示出对退出意愿产生了影响。人口数、住房面积是人均居住空间大小的重要影响因素，人口多、住房面积增加有限势必带来居住拥挤，而居住在拥挤的住房环境中更容易触发迁移的意向（Clark et al.，2006）。武汉市单套公共租赁住房面积多为 $60m^2$ 左右，人口规模增大后（例如，11.49%的样本租户为 4 口及以上人口家庭），居住空间更加显得狭小，退出公共租赁住房的意愿也更加强烈。类似于人口数的变化，随着住房面积增加，退出公共租赁住房的意愿也比较明显。其可能的原因是，公共租赁住房配租面积与家庭人口数相关，面积大租户家庭人口也比较多，而惠民居、南湖新城家园及马湖丰华苑 3 个公共租赁住房项目最大住房面积分别是 61、65、65（m^2），即使是大户型居住空间增加也很有限，对于人口多的家庭居住仍然显得十分拥挤，空间压力大，退出公共租赁住房的意愿也比较强烈。

2）配置及运行满意度

模型 5 显示，在租户对公共租赁住房配置及运行状况满意度方面，除资格认定、租金水平外，其他满意度指标都比较显著。在模型 2、4、5 中，对公共租赁住房整个分配过程（如资格认定、轮候、排序等）公平、公正性的满意度在 5%水平上显著，且符号为正，表明租户对公平、公正性感知程度越高，在租期届满或不再具备保障条件情况下退出公共租赁住房的意愿也越高。现阶段，公共租赁住房由政府出资兴建，政策性强，且配置过程具有一套较科学、完善的分配流程，公平、公正地保障受助群体的利益。租户在经历整个分配过程后，对其公平、公正性满意度越高，说明租户对公共租赁住房政策的权威性有较充分的认知、理解，也愿意按照政策规定执行。如果在规定条件下不退出公共租赁住房，显然有悖于自身对政策公平性、公正性的认知。因此，对公共租赁住房配置满意度越高，退出意愿也越高。租户对公共租赁住房运行状况的满意度在模型 2、4、5 中也比较显著，但符号为负，显示出满意度越高，反而更不愿意退出公共租赁住房。在武汉市，现有公共租赁住房项目多由各城区住房保障中心组建运营机构负责日常管理，并由政府购买物业服务，管理规范，服务有保障。因此，运行状况满意度高，显示出租户对日常管理、服务产生较强的偏好，触发租户不愿意退出公共租赁住房的想法。

租金水平在模型 1 中比较显著，且符号为正，说明租金越高退出公共租赁住房的意愿越显著，而在模型 5 中则不显著，表明租金水平对公共租赁住房退出意愿作用有限。住房满意度在模型 2、4 中均不显著，模型 5 中在 15%水平上显著，并显示出对退出意愿有负向影响，即租户对居住环境、邻里交往的满意度越高，退出公共租赁住房的意愿反而越低。已有的研究显示，邻里的自然环境和社会经济环境对居住迁移至关重要（王林和付维维，2014），显著地影响居民的迁移愿望，当居民感受到邻里环境在改善，其满意度就会提高，迁移意向就越不明显（De Groot et al.，2011）。只有在对自己住房、周围无序环境不满意时，会显著地增加搬家的概率（Lu，1998）。对于新住区的居民，可以在相当短的时间内建立起很强的邻里依恋，而不愿意离开（Kearns and Parkes，2003；Zhu et al.，2012）。公共租赁住房项目内部环境、配套设施较为完善，租户入住后能很快地适应新的环境并建立起自己的社会关系网络，产生对所居小区的依恋感。因此，租户对住房环境、邻里交往的满意度越高，不愿退出公共租赁住房的想法越强烈。此外，受访租户中退休居民较多，相对于其他人群有很强的邻里依恋感（Feijten and Van Ham，2009），有很强的意愿继续居住在公共租赁住房小区中。

3）租户退出认知

在模型 5 中，退出后解决住房问题的信心程度在 5%的水平上显著，对公共租赁住房性质的认知、退出政策知晓程度、退出政策执行信心则在 1%的水平上显著，各变量显著性水平与模型 3 的显著性水平一致，且符号均为正，表明退出认知变量对退出意愿产生显著性的正向影响。调查结果显示，经过近几年公共租赁住房政策的持续推进，受访租户中有 86.98%的居民对公共租赁住房的性质有比较清晰的认识，大多数受访租户认识到公共租赁住房不同于过去单位分配的福利房，而是解决住房困难群体的过渡性解决方案，租期届满或不具备保障条件都要退出来，因而公共租赁住房性质辨识度越高，退出意愿也越明显。在退出政策知晓程度方面，租户对政策越熟悉，越有利于退出意愿的形成，反之，对政策不了解，则制约租户做出退出的选择。对公共租赁住房运营机构执行退出政策的信心强弱也对退出意愿产生影响，信心强则退出意愿也高。近几年，针对“退出难”现象，许多城市出台了公共租赁住房退出管理办法，从退出条件、退出程序和权利保障等方面做出较详尽的规定，以收入核查、按市场标准缴纳租金、退出公示等途径加大了公共租赁住房退出的清查力度。还有一些城市在退出策略上做出了有益的探索。例如，杭州市运用现代信息技术，在公共租赁住房小区使用智能化门禁卡，较好地解决了租户“退出难”问题。可以预见，公共租赁住房退出政策的执行力度会越来越大，租户对退出政策的执行信心也越强，促使不再符合保障条件的租户适时地选择退出。另外，从退出后解决住房问题的信心程度看，信心越高，意味着退出后解决住房问题的能力越强，更利于租户做出退出的选择。

3.5　租户退出意愿的结构方程模型实证

在探索公共租赁住房租户退出意愿影响因素的基础上，为进一步研究各显著性影响因素对租户退出意愿的直接、间接和综合作用效果，拟建立结构方程模型（structural equation modeling，SEM），揭示各显著变量对租户退出意愿的影响机理。

3.5.1　研究假设

借鉴计划行为理论原理，加入租户对退出公共租赁住房后的风险感知，与租户对公共租赁住房的主观认知、公共租赁住房配置满意度共同构成对退出意愿的影响路径。在此路径中，租户通过退出风险感知、主观认知、满意度形成退出意愿水平。在上述潜变量形成影响租户退出意愿的传导路径后，借助结构方程模型分析验证主观认知、配置满意度、退出后风险感知等变化是否会影响租户的退出意愿，提出的假设如下。

假设 H_1：租户对公共租赁住房的认知程度对退出意愿具有正向影响作用。

假设 H_2：租户对公共租赁住房配置满意度对退出意愿具有正向影响作用。

假设 H_3：租户对退出公共租赁住房后的风险感知对退出意愿具有负向影响作用。

假设 H_4：租户风险感知对公共租赁住房配置满意度具有负向影响作用。

3.5.2　模型构建

尽管影响租户退出的因素有很多，但是考虑到数据的获取、租户的主观选择等原因，本节主要研究主观认知、配置满意度、风险感知这三个重要变量对租户退出意愿的影响。

1. 结构方程模型

结构方程模型是一种多元统计分析技术，用来分析结构关系，被广泛应用于社会科学及行为科学领域（Liu et al.，2013）。该技术将因子分析和多元回归分析相结合，分析测量变量和潜在变量之间的结构关系，即用问卷调查或实验搜集到的数据检验基于理论所建立的假设模型。SEM 涉及两种类型的变量，分别是观测变量和潜在（结构）变量。其中，观测变量可以通过问卷、访谈或其他方式调查获得；潜在变量则无法直接观察得到。结构方程模型由测量模型和结构模型组成。其中，测量模型描述潜在变量如何被相应的显性指标所测度，可以写为

$$x=\Lambda_x\xi+\delta \tag{3-2}$$

$$y=\Lambda_y\eta+\varepsilon \tag{3-3}$$

式中，x、y 分别为外生变量、内生变量组成的向量；Λ_x 指外生变量与外生潜变量之间的关系，即外生变量在外生潜变量上的因子载荷矩阵；Λ_y 指内生变量与内生潜变量之间的关系，即内生变量在内生潜变量上的因子载荷矩阵；δ、ε 分别为外生变量、内生变量的误差项。

结构模型描述潜在变量之间的关系，以及模型中无法被其他变量解释的变异部分，可以写为

$$\eta=B\eta+\Gamma\xi+\zeta \tag{3-4}$$

式中，η、ξ 分别为外生潜变量、内生潜变量组成的向量；B 指内生潜变量之间的关系；Γ 指外生潜变量对内生潜变量的影响；ζ 为结构方程的残差矩阵。

近些年来，SEM 越来越受到行为及社会科学领域研究者的青睐，相对于传统的计量方法，其优势特别明显。其一，SEM 可以检验反映研究者所选择构面的测量指标的有效性；其二，随着行为及社会科学领域中发生的现象越来越复杂，构建的预测模型也演变得更加复杂，传统的统计方法难以解释这种复杂的现象，而 SEM 允许精致地确认并检验复杂的路径分析模型，能够探索、预测多变量之间的关系并进行变量间因果关系的路径分析；其三，SEM 可同时考虑测量及预测关系，特别是结构模型，可以同时评估测量效果及检测构面之间的预测关系，即同时处理因子分析及路径分析问题，比较可信地反映行为及社会科学领域中的现实现象。

2. 变量选择

1）退出意愿

退出意愿是租户退出公共租赁住房的可能性，也是租户考虑是否退出公共租赁住房前的内心活动，对最后的退出决策有重要的影响，退出意愿越强烈，最后越有可能做出退出决策。

2）主观认知

对公共租赁住房的性质认知和对公共租赁住房退出政策的了解程度，不同受教育程度的租户有不同的选择。学历较低的租户认为是国家对生活困难群众提供的福利性住房，自己可以随意使用，但是学历较高的租户对公共租赁住房的认知就更符合政策本身，认为公共租赁住房是对困难群体的一种暂时性选择，一旦条

件改善，就要腾出给需要的人群。而且根据租户对公共租赁住房的认知程度可以了解到他们对公共租赁住房房租高低的评价。

3）配置满意度

公共租赁住房配置满意度是租户根据自身的需求状况和感受，结合各种渠道获得的各项公共租赁住房配置的信息，对公共租赁住房分配做出综合的主观评价。在一般的产品满意度研究中，认为满意度是产品使用者对产品整体或者部分性能做出的优劣判断，是一种主观评价，需要使用者在对比中做出选择。由于公共租赁住房没有可比较的对象，所以只能根据租户的自身参与得出自己的判断。

4）风险感知

因为租户无法预测以后的生活状况和社会环境，无法确定退出决策是否符合自己的生活目标，如果做出退出决策有可能会使得以后的生活成本加大、生活困难，或者做出退出决策后，政策却不再执行等情况，此时就产生了风险感知。一个租户的选择过程就是为了尽可能地减少自己的风险。国内外学者对风险感知及其测量主要从身体风险、心理风险、社会风险等方面进行研究。本节借鉴其他学者对关于其他方面的风险感知的研究成果，同时考虑到租户的实际情况等因素，设计本调查问卷对风险感知的测量题项。

本节中，构建主观认知、配置满意度、风险感知和退出意愿 4 个潜变量，潜变量与其相对应的可观察变量见表 3-7。

表 3-7　潜变量与可观察变量

潜变量	可观测变量	变量说明	均值	标准差
主观认知（*SC*）	SC_1	对公共租赁住房性质的认知程度	2.78	0.96
	SC_2	对公共租赁住房退出政策的认知程度	3.91	1.17
	SC_3	公共租赁住房租金的定价性对于市场上租金的高低认知	1.73	0.91
配置满意度（*AS*）	AS_1	对政府部门制定的公共租赁住房资格标准（如住房条件、家庭收入等）评价	2.60	0.88
	AS_2	对公共租赁住房分配整个过程（如资格认定、排序、分房等）的公平、公正性评价	2.60	0.93
	AS_3	就整体而言，对公共租赁住房的分配、运行效率的总体评价	2.47	0.98
风险感知（*PR*）	PR_1	退出以后能承担住房成本	2.35	0.87
	PR_2	认为退出政策能够顺利执行	3.26	0.83
退出意愿（*EI*）	EI_1	达到退出条件主动退出	3.06	1.56
	EI_2	会推荐或建议亲戚同事主动退出	2.67	1.14

3. 模型路径图

根据研究假设及变量设计，构建公共租赁住房退出意愿结构方程模型的路径分析图，见图 3-2。

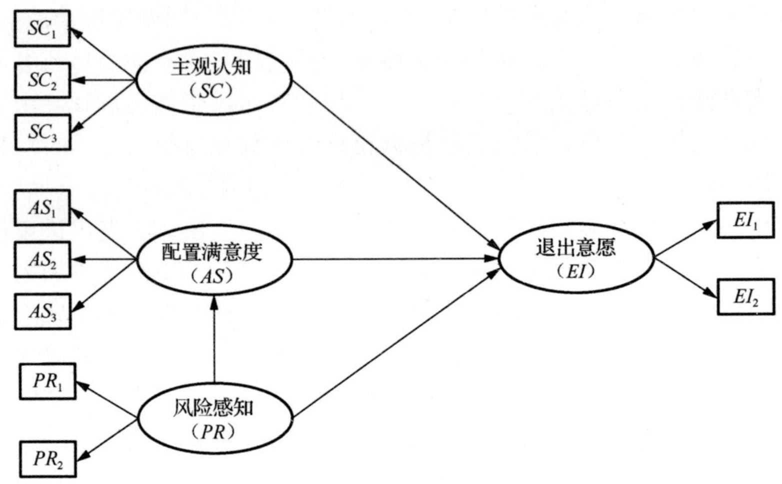

图 3-2　路径分析图

3.5.3　模型估计

1. 数据信度分析

本节仍用 Cronbach's α 系数对调查问卷获得的数据进行信度检验。对主观认知、配置满意度、风险感知、退出意愿 4 个潜变量涉及的 10 个可观测变量进行可靠性分析，结果见表 3-8。结果显示，各可观测变量的 Cronbach's α 系数都大于 0.6，属于可接受的范围，说明调查问卷的数据可靠度较好。

表 3-8　潜变量信度检验

潜变量	可观测变量项数	Cronbach's α 系数
主观认知	3	0.724
配置满意度	3	0.641
风险感知	2	0.740
退出意愿	2	0.701

2. 标准化模型参数估计结果

根据设计的分析路径，代入可观测变量值，运行模型，得到运行结果，见图 3-3。

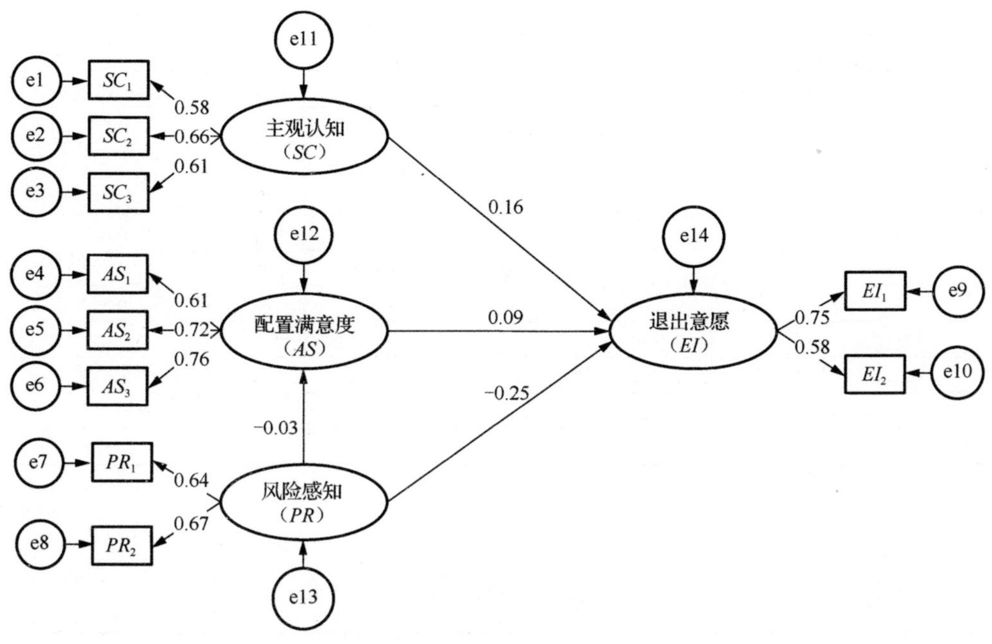

图 3-3　标准化模型参数估计结果

模型参数估计的拟合优度指标见表 3-9。

表 3-9　模型拟合优度的评价指标

评价指标	指标说明	判断准则	结果	结论
χ^2/df	卡方与自由度比值	1<NC<3	1.491	满足
P	显著性	>0.05，越接近 1 越好	0.039	不满足
GFI	适配度指数	>0.9，越接近 1 越好	0.978	满足
AGFI	调整后适配度指数	>0.9，越接近 1 越好	0.960	满足
RMSEA	渐进残差均方和平方根	<0.05，越小越好	0.037	满足

在模型估计中，相对拟合度指标经常选用非规准适配指数（TLI）、比较适配指数（CFI）和增值适配指数（IFI）。本节选用绝对拟合指标对模型进行检验。结合各评价指标的判定准则及模型运行结果，可以看出，模型具有良好的拟合度。需要说明的是，表 3-9 中模型显著性未能通过判定标准。因为模型复杂程度和样本数量会影响卡方检验敏感度，研究发现随样本数量的增多，P 值会越来越小，所以，P 值虽然不显著，但模型估计结果仍然可以接受。

表 3-10 是模型测量方程系数估计结果。结果显示，测量方程模型的 P 值都小于 0.05，表明在 5%水平上具有显著性，而且每个观测变量的临界比值（Critical Ratio，C. R.）都大于 1.96，满足显著性要求。

表 3-10　测量方程系数估计结果

观测变量	路径	潜变量	系数	C. R.	P	标准化系数
SC_1	←	SC	1.000			0.582
SC_2	←	SC	1.262	2.650	0.037	0.662
SC_3	←	SC	1.002	2.011	0.029	0.613
AS_1	←	AS	1.000			0.610
AS_2	←	AS	1.261	9.608	***	0.721
AS_3	←	AS	1.413	9.436	***	0.777
PR_1	←	PR	1.000			0.643
PR_2	←	PR	1.186	2.928	0.003	0.671
EI_1	←	EI	1.000			0.746
EI_2	←	EI	0.827	2.702	0.043	0.581

***表示在 1%水平上显著。

结构方程模型系数估计结果见表 3-11。

表 3-11　结构方程模型系数估计结果

潜变量	路径	潜变量	系数	C. R.	P	标准化系数
AS	←	PR	−0.04	−2.824	0.041	−0.027
EI	←	SC	1.204	4.482	***	0.159
EI	←	AS	0.372	2.192	0.028	0.087
EI	←	PR	−1.591	−3.272	***	−0.253

***表示在 1%水平上显著。

从表 3-11 中可以看出，公共租赁住房的主观认知和公共租赁住房的满意度对公共租赁住房租户退出意愿的影响没有风险感知对退出意愿的影响大。

从模型估计的拟合优度评价指标来看，各项评价指数尚可。为得到更好的模型，仍可以继续修正模型，一般根据修正指数（Modification Indices，M. I.）为标准来修正。模型初步估计的修正指数见表 3-12。

表 3-12　协方差修正指数表

残差路径	M. I.指数
e11←→e13	7.161
e7←→e11	8.838
e4←→e6	9.065
e4←→e5	6.243
e3←→e4	4.588
e2←→e13	6.681
e2←→e7	8.370
e1←→e6	4.637

可以通过 M.I.指数选择修正路径来改善模型估计结果，其修正原则包括：一是修正指数；二是增加的关系路径有实际意义；三是新增相关关系只能在同一层次变量间进行；四是每次仅修改 M.I.指数最大且大于 8 的关系路径。根据上述修正原则，选择 M.I.指数最大的路径进行连接，即在 e4 与 e6 之间增加一条路径，模型卡方值的减小会最大。从实际考虑，租户对公共租赁住房的准入条件的满意度实际上也会影响租户对公共租赁住房运营管理的满意度，因此增加 e4 与 e6 之间的相关性路径是合理的。

修正后的模型拟合优度评价指标见表 3-13。可以看出，卡方值从未修正前的 46.234 降为 46.192（图 3-4），调整后适配度指数增加到 0.961，其他绝对拟合指标都有所优化，可以认为修正后的模型比原来模型更有效，对退出意愿的解释更具有说服力。

表 3-13 修正后的模型拟合优度评价指标

评价指标	指标说明	判断准则	结果	结论
χ^2/df	卡方自由度比值	1<NC<3	1.540	满足
P	显著性	>0.05，越接近 1 越好	0.030	不满足
GFI	适配度指数	>0.9，越接近 1 越好	0.978	满足
AGFI	调整后适配度指数	>0.9，越接近 1 越好	0.961	满足
RMSEA	渐进残差均方和平方根	<0.05，越小越好	0.035	满足

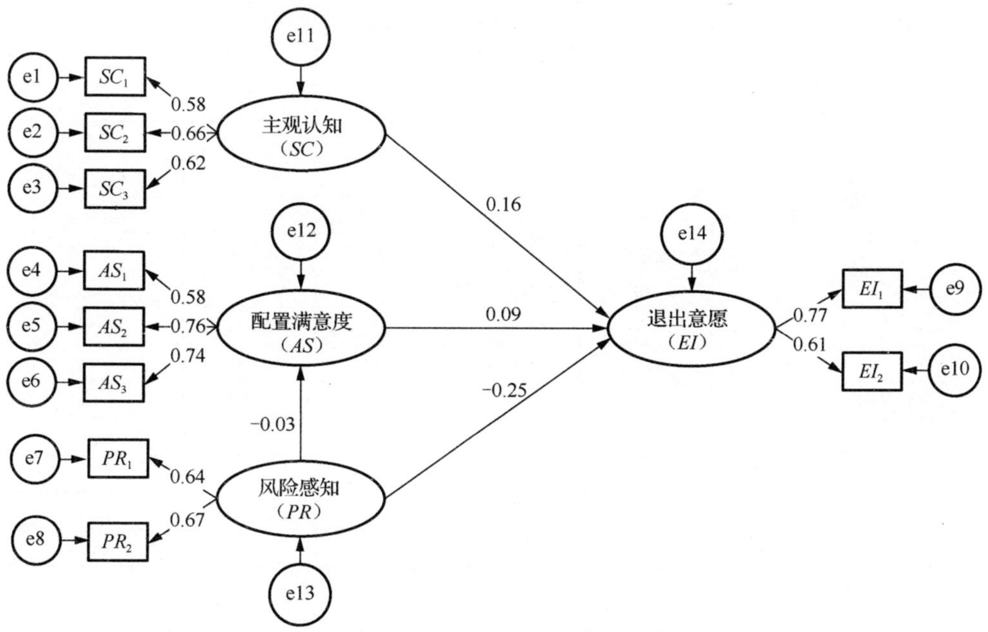

图 3-4 修正后的标准化参数估计结果

根据结构方程模型运行得出的因子载荷结果可以计算得出组合信度（composite reliability，CR）和平均方差抽取量（average variance extracted，AVE），结果见表 3-14。潜变量的 CR>0.6，AVE >0.45，满足要求，可知模型因果关系成立。

表 3-14 观测变量的组合信度与平均方差抽取量

潜变量	测量指标	标准化因素负荷量	标准化系数平方	标准化残差	CR	AVE
SC	SC_1	0.583	0.340	0.660	0.653	0.456
	SC_2	0.664	0.441	0.559		
	SC_3	0.615	0.378	0.622		
AS	AS_1	0.582	0.339	0.661	0.737	0.517
	AS_2	0.755	0.570	0.430		
	AS_3	0.742	0.551	0.449		
PR	PR_1	0.643	0.413	0.587	0.695	0.452
	PR_2	0.671	0.450	0.550		
EI	EI_1	0.768	0.590	0.410	0.734	0.501
	EI_2	0.614	0.377	0.623		

修正模型后，得到最优模型的路径系数估计结果见表 3-15。

表 3-15 最优模型路径系数估计结果

观测变量	路径	潜变量	系数	C. R.	*P*	标准化系数
AS	←	*PR*	−0.045	2.334	0.038	−0.032
EI	←	*SC*	1.201	4.476	***	0.157
EI	←	*AS*	0.398	1.944	0.042	0.088
EI	←	*PR*	−1.592	3.273	***	−0.252
SC_1	←	*SC*	1.000			0.583
SC_2	←	*SC*	1.283	2.639	0.011	0.664
SC_3	←	*SC*	1.002	2.013	0.039	0.615
AS_1	←	*AS*	1.000			0.582
AS_2	←	*AS*	1.385	2.241	0.025	0.755
AS_3	←	*AS*	1.417	9.407	***	0.742
PR_1	←	*PR*	1.000			0.643
PR_2	←	*PR*	1.184	2.934	***	0.671
EI_1	←	*EI*	1.000			0.768
EI_2	←	*EI*	0.771	2.691	0.049	0.614
e4	←→	e6	0.037	2.225	0.022	0.079

***表示在 1%水平上显著。

从表 3-15 可以看出，公共租赁住房租户主观认知的 3 个可观测变量 SC_1、SC_2

和 SC_3 的标准化系数分别为 0.583、0.664 和 0.615，说明租户对公共租赁住房性质的认知及对公共租赁住房退出政策的了解和对公共租赁住房租金定价的认识构成了租户对公共租赁住房的主观认知这个潜变量，能够直接影响租户的退出意愿。即租户对待公共租赁住房性质、公共租赁住房退出政策、当前公共租赁住房租金的认识对租户的主观认知贡献度很大，能够直接导致其退出意愿的产生。

配置满意度的 3 个可观测变量 AS_1、AS_2 和 AS_3 的标准化系数分别为 0.582、0.755 和 0.742，显示租户对公共租赁住房的满意度，对公共租赁住房退出政策的接受度及对公共租赁住房的整体运行效率对公共租赁住房的满意度评价贡献率很大，租户在做出退出决策时，租户的主观体验和主观评价会在一定程度上影响租户的退出意愿决策。政府主管部门对公共租赁住房的管理及公共租赁住房环境等方面会影响租户对公共租赁住房的评价。

租户对退出后的风险感知的 2 个可观测变量 PR_1、PR_2 的标准化系数分别是 0.643 和 0.671。可以看出租户的风险感知能力包括退出后的生活成本及租金的高低水平对租户的退出意愿产生影响。同时，租户的生存能力感知和对政策执行的信心也会在一定程度上影响他们对公共租赁住房的满意度评价（标准化系数较小，说明影响程度不大）。

租户退出意愿的 2 个可观测变量 EI_1、EI_2 的标准化系数分别是 0.768 和 0.614，可以认为符合租户主体退出意愿及鼓励亲友邻居退出的意愿会对租户的退出意愿影响比较大。

3.5.4 路径分析

根据修正后的模型，可以得出结构方程的表达式，并绘制出最优路径分析图。得到的估计方程如下：

$$EI = 0.16SC + 0.09AS - 0.25PR + \alpha \tag{3-5}$$

$$AS = -0.03PR + \beta \tag{3-6}$$

式中，α、β分别为常数项。路径分析图见图 3-5。

1）主观认知

假设租户的主观认知对其退出意愿有显著的正向影响（H_1），由图 3-5 的模型路径系数可以看到租户的主观认知对其退出意愿的路径系数为 0.16（$P<0.01$），即有正向的促进效果，且参数估计值在 0.01 水平上显著，证明假设 H_1 通过了检验，即假设 H_1 成立。

2）配置满意度

假设租户的配置满意度对其退出意愿有显著的正向影响（H_2）。配置满意度对退出意愿的路径系数为 0.09（$P<0.05$），说明租户对公共租赁住房配置的满意度能

够有效地促进其对公共租赁住房的退出意愿。租户在考虑退出公共租赁住房时，不仅会根据自己的认知对行为进行价值评价，还会受到外界各种环境的影响。租户对政府管理公共租赁住房的效率越有信心，租户对政策的信任度和执行力越高，就越倾向于按照政策要求退出公共租赁住房；当租户意识到政府对公共租赁住房的管理执行有效且合理时，能够提高租户对公共租赁住房的满意度（如准入条件更合理、分配更有序和退出是正确行为）时，租户认识到公共租赁住房是为低收入群体服务的，达到退出标准时就更愿意退出。反之，越是对管理制度或管理程序不满意，越可能不愿意配合政府要求退出公共租赁住房。而且参数估计值在 0.05 水平上检验显著，证明假设 H_2 通过了检验，即假设 H_2 成立。

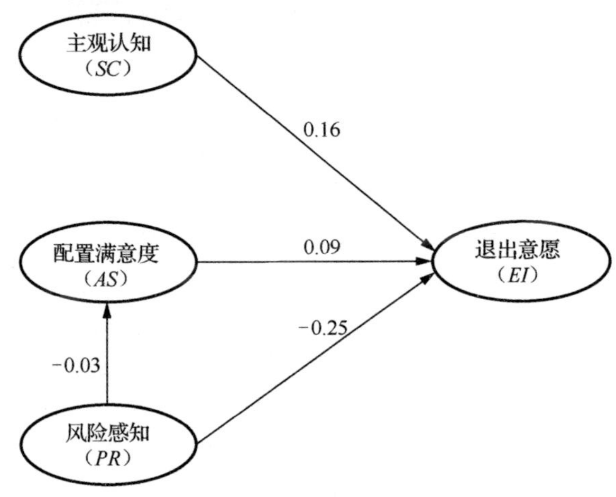

图 3-5　修正后的租户退出意愿路径图

3）风险感知

在对退出意愿的直接影响中，租户的风险感知对退出意愿的路径系数为−0.25（$P<0.01$），说明风险感知对退出意愿有负向影响效果。在考虑退出时，因为不能确定退出公共租赁住房后能否满足以后的生活需求，或是退出公共租赁住房的不确定性，租户心中存在着怀疑，担心以后生活会出现各种各样的风险，这种风险会严重降低租户退出公共租赁住房的积极性。证明前面所做假设 H_3：租户对退出公共租赁住房后的风险感知对退出意愿具有显著的负向影响成立。

租户风险感知在对公共租赁住房配置满意度的直接影响中，路径系数为−0.03（$P<0.05$），说明风险感知对公共租赁住房配置满意度有负向作用。风险感知对退出意愿既存在直接负向影响，又通过对公共租赁住房配置满意度间接影响租户的退出意愿。租户对退出公共租赁住房感知风险能力越强，或者感受的风险越大，对公共租赁住房配置满意度就越不高。风险感知越大，说明租户对现居住的公共租赁住房的管理就越不满意，退出意愿就越小。证明假设 H_4 成立。

事实上，路径分析的结果与实际调研情况较为相符。在公共租赁住房社区调研过程中发现，不少租户家庭没有稳定的收入来源或者收入比较低，不能承担私人住房市场的住房成本。还有不少租户反映个别租户有不合理的使用、骗租现象等，显然这些情况都不能激励租户退出。再加上地方政府对租户缺乏政策引导及系统的教育规划，很多租户不了解公共租赁住房的性质，造成公共租赁住房退出效果不明显。也有一部分租户处于等待和观望状态，不愿意积极退出。这表明对公共租赁住房，租户的主观认知、配置满意度、风险感知能力及风险大小是影响租户态度和退出意愿的重要因素。政府部门如果想要顺利实施公共租赁住房的退出政策，促进公共租赁住房有序循环使用，租户能够根据自己需求主动退出公共租赁住房，需要采取合理有效的措施来鼓励或说服租户退出。

3.5.5　效应分析

结构方程模型主要是通过模型中的路径系数揭示潜变量之间的相互影响关系，为了更加深入地探讨模型中各潜变量之间的关系，还将通过各潜变量之间的直接效应、间接效应和总效应分析比较它们之间的作用效果。可以利用结构方程模型输出直接效应、间接效应及总效应。其中，直接效应是通过原因变量到结果变量的路径系数衡量该原因变量对结果变量的直接影响；间接效应是用两路径影响区间内路径系数的乘积衡量原因变量通过中介变量对结果变量所产生的间接影响，只有当模型中有中介变量时才会有间接效应；总效应是用直接效应与间接效应之和衡量原因变量对结果变量总的影响效果。为了便于比较分析，表 3-16 给出的直接效应、间接效应和总效应都是标准化的系数。

表 3-16　潜变量之间的直接、间接与总效应

效应		*SC*	*AS*	*PR*
AS	直接效应			−0.032
	间接效应			
	总效应			−0.032
EI	直接效应	0.157	0.088	−0.252
	间接效应			−0.003
	总效应	0.157	0.088	−0.255

由表 3-16 可知，风险感知到配置满意度的标准化路径系数是−0.032，则风险感知到配置满意度的直接效应是−0.032，这说明当其他条件不变时，风险感知潜变量每增加一个单位，配置满意度就直接降低 0.032 个单位。配置满意度到退出意愿的直接路径系数是 0.088，说明在其他情况不变时，配置满意度每提升一个单位，退出意愿也直接增加 0.09 个单位。风险感知对退出意愿的间接效应就是−0.032×

0.088=−0.003，这说明在其他条件不变时，每增加 1 个单位的风险感知，退出意愿就间接降低 0.003 个单位。综合起来，风险感知对退出意愿的总效应是−0.255，这说明在其他情况不变时，风险感知潜变量每增加 1 个单位，退出意愿就降低 0.255 个单位。

3.6 小　结

基于计划行为理论分析框架的实证研究表明，个人及家庭特征、配置及运行满意度、退出认知等变量对公共租赁住房退出意愿产生显著影响。具体而言，个人及家庭特征中的受教育程度、收入、人口数、住房面积对租户退出公共租赁住房的意愿有正向影响。配置及运行满意度测量变量中，对公共租赁住房分配过程的满意度越高，退出意愿越明显；租金水平越高，能促使租户做出退出的选择；对运行状况、住房环境和邻里的满意度则制约了租户产生退出公共租赁住房的意愿。在退出认知方面，租户对退出政策及其执行状况了解越多、理解越深，越利于租户做出退出的选择；退出后解决住房问题的信心越强，也利于租户选择退出公共租赁住房。

路径分析结果显示，租户的主观认知对其退出意愿有正向的促进效果，公共租赁住房配置满意度能有效地促进租户退出公共租赁住房，而风险感知则抑制了租户退出意愿的产生。在对退出意愿的直接效应中，租户的主观认知和配置满意度显现出正向影响，而风险感知对退出意愿既存在直接负向影响，又通过配置满意度来施加直接正向影响。

第 4 章 公共租赁住房租户退出阻滞的影响机理

居住质量是人们日常生活质量中重要的组成部分，也是反映国家或地区社会经济发展状况的重要指标。因此，公共租赁住房社区的住房质量与居住环境在很大程度上反映着租户基本需求层次的实现程度。随着社会经济的发展，人们物质文化生活水平的提高，对居住质量的要求也越来越高。对于公共租赁住房租户，当租约期满或不再具备保障资格时，客观上可以要求其退出公共租赁住房，但现实中仍存在“退出难”的尴尬状况。对于需要退出的租户，主观上面临是否退出公共租赁住房的决策，一些不利的因素可能会阻碍其顺利地从公共租赁住房中退出。

根据城市社会地理学观点，公共租赁住房租户退出实际上是一项城市内部的居住迁移活动，很显然租户的退出决策过程必然会受到居住迁移因素的影响。其中，居住满意度会影响居住迁移决策，租户退出决策会涉及对公共租赁住房、私人住房的质量及居住环境的评价问题，即社区邻里的满意度，此时邻里满意度可能会对租户退出产生阻碍作用。此外，私人住房市场也可能会对租户退出产生不利影响。当租户退出公共租赁住房时，虽然其家庭经济状况有所改善，但住房可支付能力仍然较差，难以承受商品住房市场价格。受经济状况限制，租户选择租房的概率比较高（Ioannides and Kan，1996）。租户在住房搜寻过程中面临可替代性房源、市场租金、中介等问题，如果感知到其中存在某些难以克服的障碍，势必会影响退出决策。因此，租户对社区邻里的满意度感知、私人住房市场感知应该成为认识公共租赁住房退出阻滞现象需要关注的问题。

4.1 居住满意度、私人住房市场对公共租赁住房退出的影响

1）居住满意度对居住迁移的影响

传统的迁移理论认为，居住满意度、迁移意愿与实际迁移行为之间具有简单而又直接的关系。其中，居住满意度往往被视为解释居住迁移的一个中介变量。居住满意度常被定义为家庭的实际与预期住房、邻里条件的差异（Addo，2016），受到个人或家庭特征（如年龄、性别、收入、教育、家庭状态等）、建筑特征（如面积、建筑质量、绿化、开敞空间、建筑风格等）和社会环境（如社会网络、邻

里交往、安全、公众参与等）的影响（Zhang and Lu，2016）。

通常认为，低水平的居住满意度会促使家庭考虑迁居，并常引发实际迁居行为（Rossi，1955；Speare，1974；Speare et al.，1975；Speare et al.，1982）。Speare（1974）首次将居住满意度作为个人及家庭、居住迁移（包括迁移倾向和实际迁移）两个变量之间的中介变量。也就是说，社会人口特征变量通过居住满意度变量影响各种形式的迁移活动。大量的研究证据显示，居住迁移的可能性与居住满意度之间存在显著负相关关系。例如，Deane（1990）在 Speare 的模型中加入调节变量，如金融投资，同样发现居住满意度具有很强的中介效应。Oh（2003）揭示了社会联系和居住满意度两者的联合效应对芝加哥老年居民迁移意愿的影响，发现社会联系对居民满意度施加了显著的正向影响，反而降低了迁移愿望。Kearns and Parkes（2003）发现在英国贫困邻里中居住满意度与迁居意愿之间存在很显著的负相关关系。Diaz-Serrano 和 Stoyanova（2010）在迁移方程中引入住房满意度，发现在被分析的 12 个欧洲国家中，对住房不满意会引发居住迁移，居住满意度对迁移偏好的中介效应非常强，与以往的研究结论一致。利用 Morris 和 Winter 的住房调整理论建立分析框架，Kwon 和 Beamish（2013）探讨了居住满意度与迁移意愿之间的关系，发现老年居民对住房设计、多户住房社区满意度较高，不大可能迁出当前的社区。Gibler 等（2014）研究了芬兰的租赁住房住户的迁居行为，发现对建筑及住房单位的不满意程度与大概率的迁移行为关系密切。

尽管 Speare（1974）指出社会人口变量，如年龄、收入和居住时长，通过中介变量发挥作用，并不会直接影响人们的迁移意愿，但仍有大量研究试图探索居住满意度影响因素对居住迁移的直接影响。在各种社会人口统计变量中，年龄是最有影响力的一个，年龄较大的居民比年轻居民迁移的意愿要低（Jiang et al.，2017）。与邻里间深厚的社会关系会显著降低人们的迁移意愿（Andersen，2008）。Basolo 和 Yerena（2017）分析了享受美国联邦政府住房补贴的低收入住户的居住迁移行为，发现邻里质量、邻里满意度显著影响住户的迁移意愿，生命周期因素、感知的住房市场障碍也影响住户的迁移意愿。

虽然许多实证研究支持居住满意度及迁移意愿在迁移决策方面发挥重要作用，但仍表明它们之间的关系要比一般假设要复杂得多（Landale and Guest，1985；Lu，1999b；Clark and Ledwith，2006，2017）。Landale 和 Guest（1985）的分析并不支持两者之间存在直接关系，而是认为居住满意度作为社会人口特征的中介变量，对迁移影响不大，居住满意度并不会影响家庭迁移。Clark 和 Ledwith（2006）指出，低水平的居住满意度可以用来适度地预测住户将来的迁移行为，但邻里变量对搬迁意愿的附加效应相当小。Diaz-Serrano 和 Stoyanova（2010）认为，迁移偏好受系统性因素影响，往往与实际行动并不完全相关。存在这种非完美关系的原因可能是缺乏资源和（或）市场条件，搬家的愿望并不一定会实现。高额交易成本、需付出较大的努力可能导致人们推迟或改变搬家计划。此外，人口或经济因素，可能会改变个人或家庭的住房需求，意味着现有的搬家意愿不会转化为实际的居住迁移。Clark 和 Lisowski（2017）也认为，住房和邻里满意度水平降低了居民的迁移意愿，在居住迁移中发挥了作用，但显然不是强有力的预测因素。

近些年来，关于中国的居住满意度和居住迁移问题逐步引起了国内学者们的关注，一些研究测度了社会人口变量、居住满意度和迁移之间的直接关系。例如，Liao（2004）考虑住房属性、迁移意愿和迁移计划之间的间接关系，分析了居住满意度的中介效应，研究发现与国外的研究结果并不一致。Fang（2006）调查发现，在重新开发的中心城区居民小区中，尽管居民具有很强的迁移意愿，低水平的居住满意度并未导致频繁的迁移行为，与国外相关研究中低水平的居住满意度与高频率迁移往往密切相关的结论也不一致。湛东升等（2014）选取北京市不同类型社区的居民作为调查研究对象，采用探索性因子分析法及结构方程模型建立“居住满意度-居住流动性意向”概念模型，重点探索了转型期北京市居民居住满意度的感知影响因素及其与居住流动性意向之间的相互关系，发现居民的居住满意度感知水平对居住流动意愿具有显著的负向效应。Jiang 等（2017）研究了中国处于早期整饬阶段历史街区的居民迁移意愿，发现迁移意愿与居住满意度呈显著的负相关关系。上述研究结果的差异可能与社会、经济背景不同有关。

2）私人住房市场对居住迁移的影响

迁移意愿与对住房或邻里的满意度紧密联系，但迁移意愿并不涉及对迁移可能性的考量（Speare，1974；Coulter et al.，2011）。根据以往的研究，居民表达出迁移的愿望并不一定会引发家庭搬迁（Lu，1999b；De Groot et al.，2011）。当居民有迁移预期或打算时，实际迁移的可能性高，此时迁移成本被考虑在内，毕竟居住迁移与住房市场、城市变化密切相关（Huang and Deng，2006）。一般来说，将迁移意图转化为实际行动取决于居民的社会人口学特征，如收入、年龄、住房权属、搜寻满足家庭所需居所的能力等（Lu，1999b）。研究显示，交易成本与居住迁移呈负相关。Weinberg 等（1981）认为，影响迁移决策的重要因素是搜寻和搬迁成本，特别是对于低收入家庭，迁移得到的好处较小，因此交易成本会阻碍家庭迁移。Van Ommeren 和 Van Leuvensteijn（2005）也发现以住房自有为目的的住房迁移显著地受到交易成本的负向影响。一些对当前居所不满意的住户可能会搬出去，尤其是当他们知道有机会搬迁并且能负担得起费用（Feijten and Van Ham，2009）。如果家庭社会经济地位较低，往往难以将迁移愿望付诸实际迁移行动，仍将居住在原来的社区里，而年轻、富裕、高学历的住户将迁移意愿转变为现实的可能性较高（Coulter et al.，2011）。所以，迁移意愿、期望和实际迁移行为很大程度上受到家庭社会经济状况的影响，社会经济状况决定了家庭对住房市场的选择及克服各种限制和约束的能力。

3）私人住房市场对公共租赁住房退出的影响

在公共租赁住房领域，私人住房市场对公共租赁住房租户退出也产生了显著的阻滞影响。当租户从公共租赁住房退出时表明其经济状况已得到改善，但并不一定意味着就能够维系私人住房市场的租约，对他们而言，获得可替代住房对退出住房救助起决定性作用（Freeman，2005）。虽然租户从公共住房转向私人住房市场能获得更大范围的个人选择（Stone et al.，2013），然而，私人住房市场上较高的租金、弱化的权属保障、苛刻的信用记录要求等使退出者面临极大的挑战，（Popkin et al.，2004；Wiesel et al.，2013；Hulse and Milligan，2014）。例如，一项针对澳大利亚公共住房租户的研究显示， 当市场租金每月上涨 100 元时，从公共住房中迁出的家庭会降低 17%（单亲家庭）和 10%（夫妇两口家庭）（Whelan，2009）。Wiesel 等（2013）的调查发现，大多数租户表示希望永久性住在公共住房里，受访者普遍认为搬出公共住房后风险很大，因为如果在私人住房市场受阻则难以再获得公共住房的租约。可以预见，公共住房与私人住房的相对成本差异也是租户考虑是否退出的影响因素（Wiesel et al.，2014）。另外，许多居民离开公共住房后，面临私人住房市场的苛刻条件，如可能信用记录不良而受到排斥，被限制进入较好环境的邻里（Popkin，2004）。因此，提高私人住房市场的稳定保障性，是鼓励退出公共住房政策的中心组成部分（Hulse and Milligan，2014）。

除了上述居住满意度、私人住房市场外，个人或家庭障碍（如不良的健康状况、需要照顾的家人、不稳定的家庭及缺乏工作技能）、地区经济状况（如工作机会）、其他障碍（如就业地点、就业歧视、犯罪率等）也影响居住迁移、公共住房退出（Rowley and Ong，2009；Freeman，2005；Hulse and Randolph，2005；Goujard，2010；Bahchieva and Hosier，2001）。

总体看来，国外学者很早就从城市社会地理学角度关注居住满意度与迁移意愿、迁移行为之间的关系，并对此展开了较为深入的研究，取得了丰富的成果。国内学者近些年也开始关注中国的居住满意度与居住迁移问题，选择了一些城市旧社区、更新社区作为研究对象，开展了城市居民居住满意度与居住迁移关系的研究。国内外学者也对私人住房市场租金、交易成本等制约城市居民或低收入家庭的住房选择开展了相关研究。然而，国内外相关研究较少关注公共住房租户的居住迁移主题，缺乏从居住满意度与居住迁移关系的角度来探讨公共住房退出的问题，也较少有研究涉及私人住房市场阻碍租户退出的实证研究。本章试图弥补此方面研究的不足，从公共租赁住房租户居住满意度感知、私人住房市场感知的角度来探索其对租户退出阻滞的影响。

4.2　分析框架与研究假设

4.2.1　分析框架

居住迁移行为理论假定，居民迁移和迁居是自利个体改善和维持其生活质量的有目的或理性的行为（Lu，1999b）。迁移被认为有强烈的动机根源，并有助于实现价值目标。只有为实现价值目标的个人才会愿意采取迁移行动。例如，有一种观点认为居民迁移和迁居是个人和家庭适应不断变化的住房需要和外部环境下（如当地住房、劳动力市场）的行为（Rossi，1955；Clark and Onaka，1983）。家庭迁移决策的实际过程涉及一系列的目标导向决定。家庭首先对自己当前的住宅单位和社区情况做出判断，由此得出某种程度的居住满意度。因此，居住迁移行为研究中的一个重要主题是家庭对居住和邻里满意度的反应。私人住房与当前住房居住条件之间的偏差，可能会导致家庭对住宅的不满意，当不满意程度超过某一阈值时可能会促使家庭考虑迁移，而良好的邻里关系、邻里归属感和邻里依赖在一定程度上对迁移产生阻碍作用。因此，居住满意度可以作为中介变量，对居住迁移行为产生影响。根据居住迁移理论，租户对公共租赁住房社区邻里的满意度也会直接影响租户是否退出公共租赁住房的决策。居住迁移行为研究显示，居住迁移除了受居住满意度影响外，很多家庭未能实现迁移意向也许是没有掌握迁居所需的资源，或没有找到满足其需求的替代居所。例如，受到当地住房供给的影响，一些居民无法实现迁居意愿。

根据上述分析，借鉴计划行为理论，本书尝试建立公共租赁住房租户退出阻滞分析模型。该模型由房屋与邻里感知、住房租赁市场、邻里满意度和退出阻滞4 个变量组成，见图 4-1。

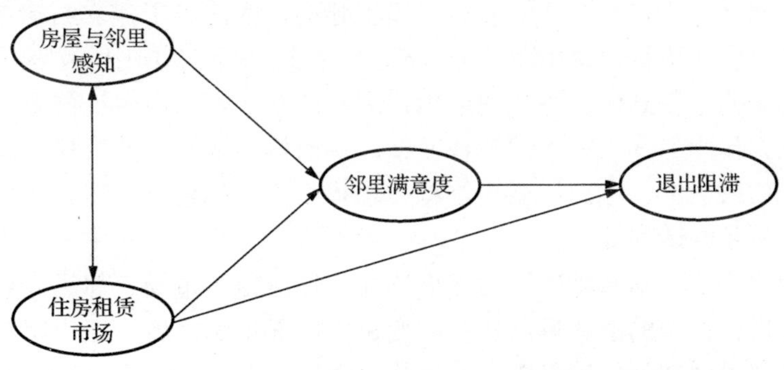

图 4-1　公共租赁住房租户退出阻滞分析模型

4.2.2 研究假设

根据相关文献，公共租赁住房租户退出阻滞分析模型中的变量包括房屋与邻里感知、住房租赁市场、邻里满意度和退出阻滞。其中，房屋与邻里感知是指租户对所居住的房屋及其邻里区位、环境、配套设施、房屋质量等方面的满意程度。住房租赁市场是指租户对私人住房市场租金及住房搜寻、交易、搬迁等的主观评价，反映租户的住房可获得性水平。邻里满意度是指租户对邻里关系、日常管理等方面的满意程度及由此而产生对邻里关系的适应性及依附感。退出阻滞是指租户对退出公共租赁住房是否存在障碍的强弱程度。

根据分析模型及潜变量、观测变量设计，提出如下研究假设。

H_1：租户房屋与邻里感知会显著地影响邻里满意度，影响方向为正向。

H_2：住房租赁市场与邻里满意度之间存在显著关系，若租户私人住房的可获得性越强则邻里满意度会越低，影响方向为负向。

H_3：邻里满意度对退出阻滞有显著的正向影响，即邻里满意度强，租户存在的退出阻滞强度越大。

H_4：私人住房市场对退出阻滞有显著的正向影响，私人住房的可获得性弱，会阻碍租户从公共租赁住房中退出。

4.3 研 究 方 法

4.3.1 模型和变量的选择

考虑到公共租赁住房租户退出阻滞分析模型中的变量包括房屋与邻里感知、住房租赁市场、邻里满意度和退出阻滞，各变量测度与公共租赁住房租户的感知密不可分，属于行为及社会科学领域的模型建构，因此采用建立结构方程模型方法构建公共租赁住房租户退出阻滞分析模型。在过去的 20 年中，结构方程模型在城市问题的研究中得到越来越多的应用，因其能解决变量内生性问题，一个方程的因变量允许作为另一个方程的解释变量，从而检验变量间的直接、间接和总影响（Liu et al.，2013）。因此，采用结构方程模型方法构建公共租赁住房租户退出阻滞分析模型是合适的。

根据相关理论，本节将房屋与邻里感知、住房租赁市场、邻里满意度和退出阻滞作为分析模型中的潜变量。4 个潜变量中，邻里满意度、退出阻滞为内生变量，房屋与邻里感知、住房租赁市场为外生变量。考虑到 4 个潜变量均无法直接测量获得，因此，分别设计了观测变量对其进行测量。其中，房屋与邻里感知的可观测变量有地理位置与交通、房屋质量与户型、内部宜居环境、外部宜居环境、公共配套设施等。住房租赁市场的可观测变量有房源可选择性、市场租金、中介佣金与纠纷、住房搜寻、住房迁移费用等。邻里满意度的可观测变量有居民邻里关系、物业服务、治安管理、邻里适应与依附感等。考虑到租户居住时间越长，其满意度也越高，所以还设置了居住时长观测变量。退出阻滞的观测变量有搬迁难易、期满后打算、退出意愿、个人工作就业等。其中，搬迁难易是指租户感知搬迁住所的难易程度；期满后打算是指假定租户在租约期满仍满足资格条件而是否继续承租或另寻其他住所的选择；退出意愿是指租约期满时租户是否愿意退出公共租赁住房；个人工作就业是指租户如果退出公共租赁住房对自己或家庭成员工作、就业等带来不利影响的程度。

4.3.2　问卷设计及数据收集

为检验公共租赁住房租户退出阻滞重要影响因素的分析模型及假设，结合公共租赁住房租户退出时决策过程的特点，设计了公共租赁住房租户退出阻滞调查问卷。调查对象为公共租赁住房社区的租户，以了解其对所居公共租赁住房区位、居住环境、日常管理等方面的满意程度，以及公共租赁住房退出意愿、退出决策过程中所涉及要素，退出后对个人或家庭的影响的主观感知。问卷设计以结构式问卷为主，并征询公共租赁住房管理部门工作人员、研究专家等意见。调查问卷包括五部分。第一部分是被调查租户的背景资料；第二部分是公共租赁住房小区硬件设施、配套设施、管理及邻里环境等方面对租户退出决策影响程度评价，即租户居住满意度评价所考虑的要素；第三部分是影响租户退出决策的私人住房可获得性评价；第四部分是租户退出公共租赁住房后对个人或家庭工作、子女就学等方面影响程度的评价；第五部分是租户退出意愿及退出难易程度的看法。调查问卷中涉及租户主观感知及评价的问题答案采用利克特量表形式，要求被调查租户根据自己的感知或评价选择程度强弱。例如，对满意度设计有“非常不满意”“不太满意”“一般”“较为满意”“非常满意”5 个选项；对退出决策或阻碍影响设计有“无影响”“影响不大”“影响一般”“影响较大”“影响很大”5 个选项，分别赋值 1～5。

2017 年 3 月，组织了关于北京市公共租赁住房租户退出意愿的调查。选择了投入使用时间在 2～5 年的代表性小区作为调查对象，分别是远洋·沁山水、燕保·京原家园、文龙家园等公共租赁住房小区。在问卷调查环节，采用了随机抽样与租户访谈相结合的方式进行。调查组成员进入小区后，随机选取租户对象，由被访者填写问卷。同时，调查人员与租户面对面交流，调查被访对象对问卷涉及问题的看法和评价。本次调查在 3 个小区共发放问卷 412 份，回收有效问卷 357

份，其中，远洋·沁山水小区回收有效问卷 37 份，燕保·京原家园小区回收有效问卷 188 份，文龙家园小区回收有效问卷 132 份。

4.4 调查结果

4.4.1 租户社会经济特征

根据问卷调查得到的有效问卷，整理被访对象的社会人口特征描述性统计见表 2-14。从受访租户社会人口特征描述可以看出，与武汉市公共租赁住房租户类似，受访租户以中老年租户为主；受教育程度多为高中及以下，3 个小区中本科及以上高学历租户比例为 21.29%；大多数受访租户处于下岗或待业、退休状态；人均月收入水平虽集中在 4000 元及以上，高于武汉市的水平，但相对于北京市的平均收入水平，仍属于收入困难群体；受访租户家庭规模多为 2 口或 3 口之家。居住时长因 3 个小区投入运营时间不同而存在显著差异，投入运营时间较长的小区，租户居住时间也要长一些。

4.4.2 邻里满意度感知

受访租户对公共租赁住房邻里满意度感知描述性统计见表 4-1。受访租户中，对公共租赁住房小区地理位置与交通表示一般、较为满意的分别占总体样本数的 36.4%、44.0%，其他满意程度的占比较小；对房屋质量与户型表示不太满意、一般、较为满意的比例分别为 18.5%、31.9%、39.0%；对小区内的居住环境表示非常不满意、不太满意、一般、较为满意、非常满意的比例分别是 0.6%、3.9%、21.0%、54.9%、19.6%，与小区外居住环境相应的满意度占比较为接近；对周边配套设施，如医院、学校、超市、银行等表示一般、较为满意的比例分别是 34.5%、42.3%。

表 4-1 租户邻里满意度感知统计

调查项目		非常不满意	不太满意	一般	较为满意	非常满意
区位、质量、环境与配套设施	小区地理位置与交通	1（0.3）	25（7.0）	130（36.4）	157（44.0）	44（12.3）
	房屋质量与户型	5（1.4）	66（18.5）	114（31.9）	139（39.0）	33（9.2）
	小区内居住环境	2（0.6）	14（3.9）	75（21.0）	196（54.9）	70（19.6）
	小区外居住环境	2（0.6）	16（4.5）	89（24.9）	178（49.8）	72（20.2）
	周边的配套设施	3（0.8）	35（9.8）	123（34.5）	151（42.3）	45（12.6）

续表

调查项目		非常不满意	不太满意	一般	较为满意	非常满意
日常管理与邻里关系	物业服务	0（0.0）	3（0.8）	34（9.5）	181（50.7）	139（39.0）
	治安等安全管理	0（0.0）	5（1.4）	35（9.8）	181（50.7）	136（38.1）
	小区内居民之间的关系	0（0.0）	4（1.1）	32（9.0）	175（49.0）	146（40.9）
	对邻里的适应性和依赖感	0（0.0）	7（2.0）	86（24.1）	169（47.3）	95（26.6）

注：括号内的数值为百分比。

从租户对公共租赁住房社区日常管理与邻里关系满意度看，受访租户对物业服务、治安等安全管理、小区内居民之间的关系的相应满意程度所占的比例相当，并且近（过）半数租户表示较为满意，近（过）40%的租户表示非常满意，反映出租户对上述 3 项调查内容的满意度比较高；对邻里的适应性和依赖感方面，表示非常不满意的租户占比很低，表示一般、较为满意、非常满意的租户比例分别为 24.1%、47.3%、26.6%。

4.4.3　退出障碍感知

受访租户对公共租赁住房退出障碍感知描述性统计见表 4-2。受访租户中，分别有 42.6%、25.5%的租户表示私人住房房源可选择性对公共租赁住房退出存在影响一般、影响较大。而关于私人住房租金对退出阻滞存在的影响，受访租户的看法比较集中，96.3%的租户认为影响很大。除此之外，市场中介与纠纷、住所搬迁费用对公共租赁住房退出也存在明显的障碍作用，有约半数的租户认为两者的影响较大，35%左右的租户认为影响很大。住房搜寻过程则对退出障碍的影响不大，超过半数的租户认为对公共租赁住房退出障碍的影响不大或无影响。

表 4-2　租户退出障碍感知统计

调查项目	无影响	影响不大	影响一般	影响较大	影响很大
房源可选择性	14（3.9）	72（20.2）	152（42.6）	91（25.5）	28（7.8）
私人住房租金	4（1.1）	2（0.6）	2（0.6）	5（1.4）	344（96.3）
市场中介与纠纷	7（2.0）	16（4.5）	42（11.8）	170（47.5）	122（34.2）
住所搬迁费用	5（1.4）	13（3.6）	46（12.9）	166（46.5）	127（35.6）
住房搜寻过程	105（29.4）	97（27.2）	24（6.7）	61（17.1）	70（19.6）

注：括号内的数值为百分比。

4.4.4　退出影响评价

受访租户对退出公共租赁住房后的影响评价描述性统计见表 4-3。受访租户中，大多数租户表示退出公共租赁住房后对个人或家庭成员的工作、子女上学及照顾家人等方面的影响不大或无影响。在影响评价中，选择无影响和影响不大两个选择项的租户在 3 项调查内容中分别占 75.7%、68.9%、67.2%。选择无影响或影响不大的比例非常高，可能与受访租户以中老年租户为主，且大多数租户处于退休状态有关。

表 4-3 租户退出影响评价统计

调查项目	无影响	影响不大	影响一般	影响较大	影响很大
工作或就业	161（45.2）	109（30.5）	23（6.4）	44（12.3）	20（5.6）
子女就学或就业	148（41.4）	98（27.5）	20（5.6）	60（16.8）	31（8.7）
照顾家人	137（38.3）	103（28.9）	16（4.5）	54（15.1）	47（13.2）

注：括号内的数值为百分比。

4.4.5 退出意愿及难易程度评价

受访租户退出意愿及住房搬迁难易程度评价描述性统计见表 4-4。在租户对当前住房租金的承受能力评价中，分别有 39.2%和 34.2%的受访租户表示负担较为困难、刚好能负担，显示出大多数租户认为当前的租金水平偏高。在当前租金补贴的满意度方面，受访租户表示一般、较为满意的分别占 45.3%、23.8%。租户租约期满后，如果租户仍具备资格条件的，可以继续承租公共租赁住房，也可以选择退出；对不再具备资格条件的则要求退出，所以在调查中对退出意愿设计了两项调查内容。统计结果显示，租约期满后仍满足资格条件情形时，有 90.2%的租户选择继续承租公共租赁住房，而选择购买商品房或租赁私人住房的比例较低；对于不符资格条件情形的，分别有 50.7%、20.8%的受访租户表示不太愿意、非常不愿意退出公共租赁住房，退出意愿比较低。在住房搬迁难易程度评价中，受访租户表示较为困难、非常困难的比例分别占 49.3%、30.3%，显示出住房搬迁难度大对公共租赁住房退出障碍也存在较大的影响。

表 4-4 租户退出意愿及难易程度评价统计

调查项目	1	2	3	4	5
当前住房租金	30（8.4）	140（39.2）	30（8.4）	122（34.2）	35（9.8）
当前租金补贴	12（3.4）	52（14.6）	162（45.3）	85（23.8）	46（12.9）
租约期满后选择	5（1.4）	8（2.2）	6（1.7）	16（4.5）	322（90.2）
退出意愿	13（3.6）	56（15.7）	33（9.2）	181（50.7）	74（20.8）
搬迁难易程度	9（2.5）	35（9.8）	29（8.1）	176（49.3）	108（30.3）

注：1～5 表示意愿及难度逐渐加强，括号内的数值为百分比。

4.5 实 证 分 析

4.5.1 数据质量评价

本书中，数据获取采用了问卷调查法，数据质量对调查结果的真实性、适用性等具有决定作用，直接影响公共租赁住房租户退出阻滞影响机理实证结果。为了保证调查数据具有较高的可靠性和有效性，在实证分析之前，需要对调查数据进行信度和效度分析，以保证研究结果的准确性。

1. 信度检验

信度检验是指问卷的信度，也就是问卷的可靠性，具体是指采用相同的测度方法对同一调查对象重复测量时所获得的结果的一致性程度，即调查问卷是否能稳定地测度同一调查对象或事物。信度指标大致可分为稳定性(跨时间的一致性)、等值性（跨形式的一致性）和内在一致性（跨项目的一致性）三类，多用相关系数表示。在结构方程模型分析中，内在一致性是常用的一类重要计算指标。本书采用 Cronbach's α 系数评价模型中观测变量的内在一致性水平。计算各组观测变量的 Cronbach's α 系数，结果见表 4-5。

表 4-5　观测变量的 Cronbach's α 系数

潜变量	观测变量	变量个数	Cronbach's α 系数
房屋与邻里感知	外部宜居环境	5	0.820
	内部宜居环境		
	房屋质量与户型		
	地理位置与交通		
	公共配套设施		
住房租赁市场	房源可选择性	5	0.722
	私人市场租金		
	中介佣金与纠纷		
	住房迁移费用		
	住房搜寻		
邻里满意度	居民邻里关系	5	0.872
	物业服务		
	治安管理		
	邻里适应与依附		
	居住时长		

续表

潜变量	观测变量	变量个数	Cronbach's α 系数
退出阻滞	退出意愿	4	0.717
	期满后打算		
	搬迁难易		
	个人工作		

从计算结果可以看出，各潜变量对应的观测变量组的 Cronbach's α 系数均大于 0.7，各观测变量数据具有较好的信度。

2. *效度检验*

效度即调查数据的有效性或测量工具的有效性，具体是指测量工具或方法能够准确测出被测量对象的程度。问卷效度可以从内容效度、准则效度和结构效度等方面加以检验。本次调查问卷各潜在变量及题目设定是以相关理论和文献为基础，结合公共租赁住房租户退出行为过程、特点，征求研究学者、公共租赁住房运营管理工作人员等专家意见，并进行试调，调整、修改并形成最终问卷，保证了调查问卷具有良好的内容效度。问卷结构效度是指测量工具所得到的数据结构是否与潜变量的预期结构一致。本书采用探索性因子分析检验结构效度，而在做因子分析之前，需要通过 KMO 和 Bartlett 球体检验以判定样本数据是否适合做因子分析。经计算，样本数据的 KMO 值为 0.803，说明样本数据量足够，Bartlett 球体检验得出的相伴概率为 0.000，小于 0.001，表明问卷及其各观测变量组成项目的建构效果较好，两种检验的结果表明样本数据适合做因子分析。同时，采用主成分因子分析，得到方差最大法旋转后的因子矩阵，从因子矩阵可以看出，各观测变量在对应潜变量上的载荷都较高，而在非对应潜变量上的载荷则很低，显示出本调查问卷具有较好的结构效度。

4.5.2　结构方程模型估计、修正及评价

采用最大似然估计法（ML）对模型进行估计，得到初步运算结果见图 4-2。

为了检验假设模型与实际数据的一致性程度，需要采用合适的适配度指标评价假设的路径分析模型与搜集的数据是否相互适配，常用的适配度指标一般分为三类，即绝对适配统计量、增值适配统计量和简约适配统计量（Hair et al.，2009）。表 4-6 整理了初步运算 SEM 适配度评价摘要，可以看出，初步运算模型结果除简约适配度指数检验结果与评价标准适配外，其他如绝对适配度指数、增值适配度指数检验结果与评价标准不适配。

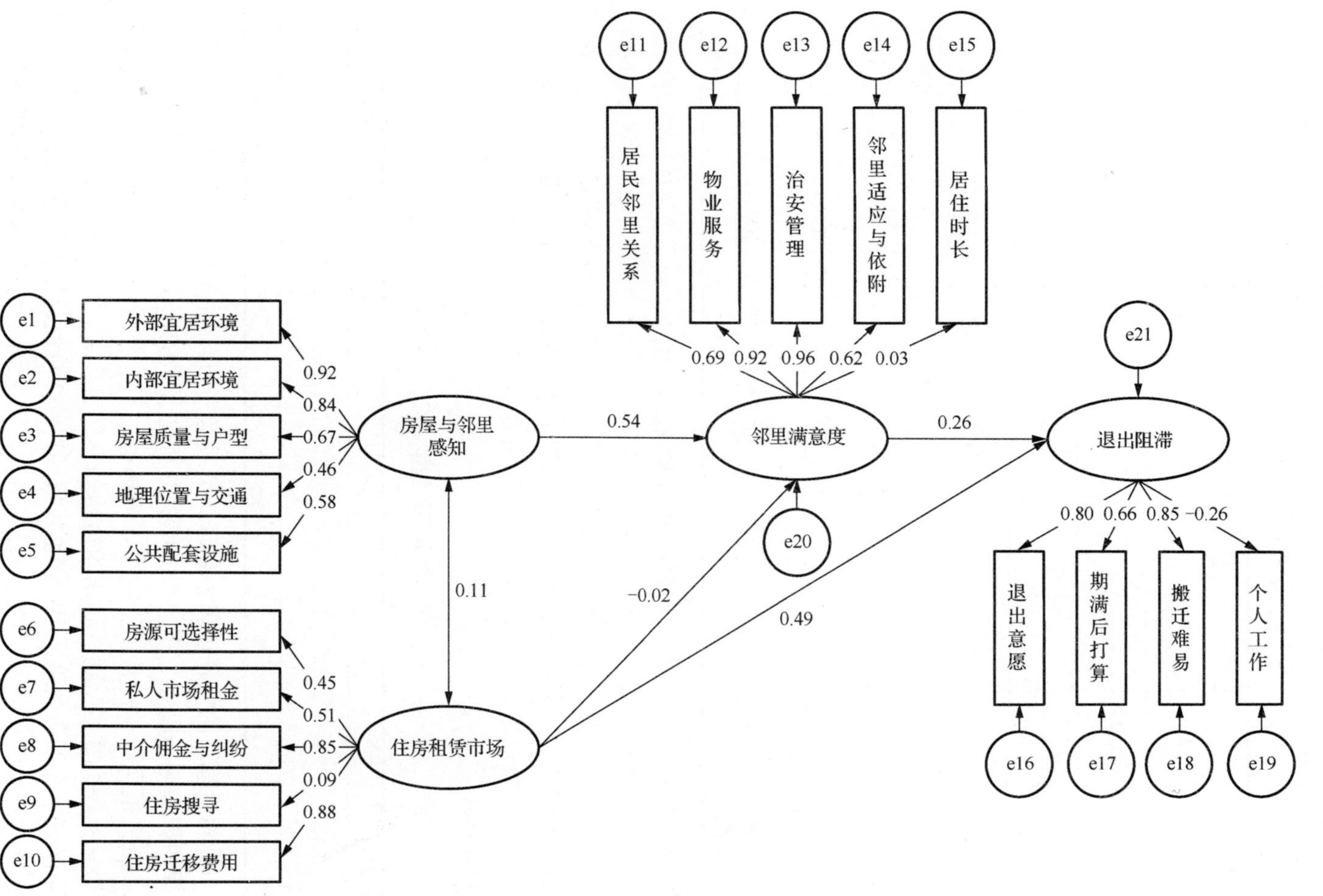

图 4-2　初步运算退出阻滞影响机理 SEM 的标准化路径系数

表 4-6　初步运算 SEM 适配度评价摘要

统计检验值		适配标准或临界值	检验结果	模型适配判断
绝对适配度指数	χ^2	P>0.05	0.000	不适配
	RMR	<0.05	0.137	不适配
	RMSEA	<0.08	0.115	不适配
	GFI	>0.90	0.802	不适配
	AGFI	>0.90	0.744	不适配
增值适配度指数	NFI	>0.90	0.763	不适配
	RFI	>0.90	0.725	不适配
	IFI	>0.90	0.796	不适配
	TLI	>0.90	0.761	不适配
	CFI	>0.90	0.795	不适配
简约适配度指数	PGFI	>0.50	0.621	适配
	PNFI	>0.50	0.656	适配
	PCFI	>0.50	0.683	适配
	CN	>200 表示样本足够，<75 表示样本严重不足	75	不适配
	χ^2/df	1～3	5.707	不适配

另外，根据模型 AIC、CAIC 值判定准则，要求预设模型的 AIC、CAIC 值同时小于独立模型及饱和模型值。从表 4-7 可看到，预设模型的 AIC 值大于饱和模型的 AIC 值、小于独立模型的 AIC 值；预设模型的 CAIC 值小于饱和模型、独立模型的 CAIC 值。因此，从各项评价指标的检验结果看，假设的退出阻滞影响机理模型与观测数据不适配，初步运算的 SEM 结果不佳，表示假设模型还需要进一步调整、修正。

表 4-7　初步运算模型 AIC、CAIC 值

模型	AIC	BCC	BIC	CAIC
预设模型	924.90	930.01	1091.64	1134.64
饱和模型	380.00	402.62	1116.77	1306.77
独立模型	3581.79	3584.05	3655.47	3674.47

一般假设模型的修正可以根据理论或经验进行，如将没有达到显著性水平或不合理的影响路径删除，也可以参考估计模型提供的修正指标数据来判别、调整模型。首先根据模型参数估计结果，将模型中不显著或载荷偏低的路径房屋与邻里感知→地理位置与交通、住房租赁市场→住房搜寻、邻里满意度→居住时长、退出阻滞→个人工作删除。运行模型后发现评价指标检验结果仍有部分不理想，根据修正指数进行调整也难以得到较好的结果。再次删除部分影响路径后，得到较好的影响路径系数模型见图 4-3。修正后的模型整体适配度评价指标的结果见表 4-8。可以看出，修正后的模型各观测变量的载荷有了明显改善，优于初始模型。

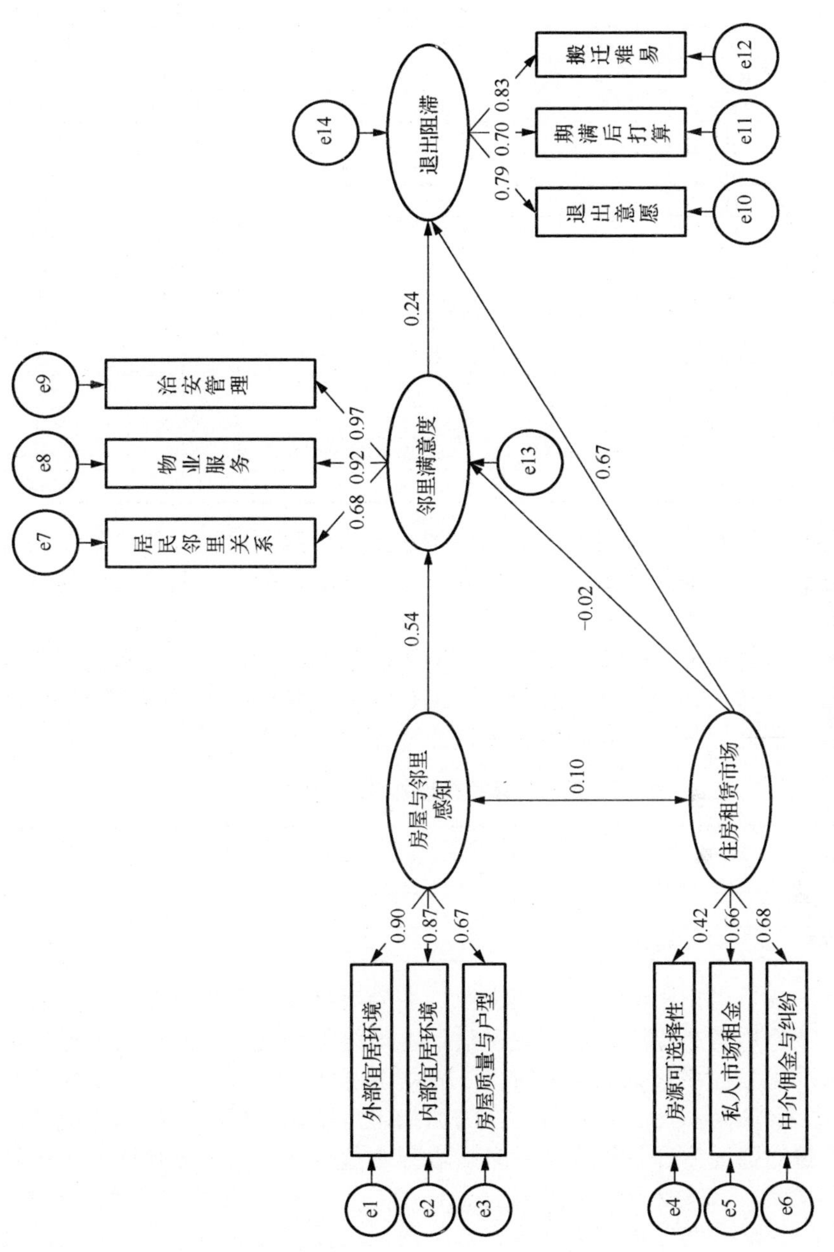

图 4-3　第一次修正退出阻滞影响机理 SEM 的标准化路径系数

表 4-8　第一次修正 SEM 适配度评价摘要

统计检验值		适配标准或临界值	检验结果	模型适配判断
绝对适配度指数	χ^2	P>0.05	0.000	不适配
	RMR	<0.05	0.038	适配
	RMSEA	<0.08	0.076	适配
	GFI	>0.90	0.939	适配
	AGFI	>0.90	0.902	适配
增值适配度指数	NFI	>0.90	0.930	适配
	RFI	>0.90	0.906	适配
	IFI	>0.90	0.952	适配
	TLI	>0.90	0.934	适配
	CFI	>0.90	0.951	适配
简约适配度指数	PGFI	>0.50	0.590	适配
	PNFI	>0.50	0.690	适配
	PCFI	>0.50	0.706	适配
	CN	>200 表示样本足够，<75 表示样本严重不足	158	不适配
	χ^2/df	1～3	3.069	不适配

从表 4-8 可以看出，经过修正后的模型结果除少数评价指标的检验结果与评价标准不适配外，其他大多数指标的检验结果与标准适配，说明修正后的模型比初始模型要好。

从修正模型的 AIC、CAIC 值看，预设模型的 AIC 值仍大于饱和模型的 AIC 值，小于独立模型的 AIC 值；预设模型的 CAIC 值小于饱和模型、独立模型的 CAIC 值（表 4-9）。因此，修正假设模型仍需进一步调整、修正。

表 4-9　第一次修正模型 AIC、CAIC 值

模型	AIC	BCC	BIC	CAIC
预设模型	208.36	210.56	320.81	349.81
饱和模型	156.00	161.91	458.46	536.46
独立模型	2170.72	2171.63	2217.25	2229.25

考虑到潜变量退出阻滞中，退出意愿、期满后打算两个观测变量测度的内容较为接近，故将后者删除，再进行模型估计，最终得到修正后的退出阻滞影响机理模型的标准化路径系数见图 4-4。此时，模型适配度评价指标中，显著性仍小于 0.05，与评价标准不适配。Hair 等（2009）指出，结构方程模型的卡方统计量并不是一个理想的适配度评价指标，并且随着样本数据增大，大多数情况下该统计量 P 都是显著的，需要采用其他指标评价模型是否适配，因此，模型估计结果 P 是否适配可以忽略。其他适配度评价指标的值均与评价标准相适配，其中，简约适配度指数的 CN 值为 241，大于 200；χ^2/df 为 2.072，大于 1，小于 3；修正后的预设模型的 BIC、CAIC 值均小于对应的饱和模型和独立模型的值。以上各项评价的检验结果均符合评价标准，说明假设的退出阻滞影响机理模型与观测数据比较适配，修正后的假设模型比较理想。

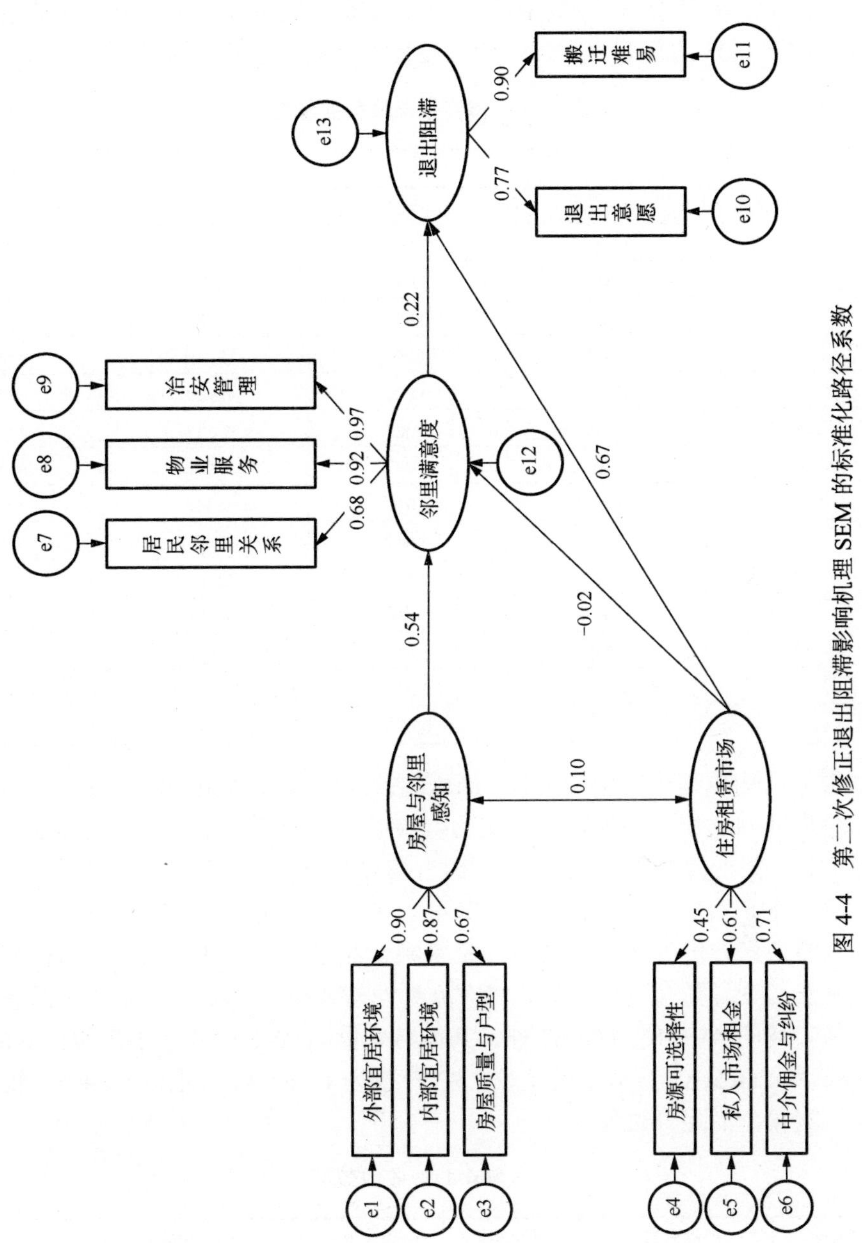

图 4-4　第二次修正退出阻滞影响机理 SEM 的标准化路径系数

表 4-10 列出了两个外生潜变量房屋与邻里感知、住房租赁市场与 13 个误差变量的方差。可以看出，方差的估计值均没有出现负数，全部外生变量的方差估计值均达到 0.05 的显著水平，表明预设模型结果符合适配标准。

表 4-10　潜变量与残差变量方差表

变量	估计值	S.E.	C.R.	*P*
房屋与邻里感知	0.528	0.053	10.053	***
住房租赁市场	0.187	0.050	3.698	***
e13	0.152	0.021	7.086	***
e14	0.424	0.066	6.387	***
e3	0.481	0.040	12.001	***
e2	0.145	0.021	6.929	***
e1	0.129	0.023	5.655	***
e6	0.406	0.057	7.101	***
e5	0.159	0.017	9.287	***
e4	0.723	0.061	11.776	***
e7	0.242	0.019	12.698	***
e8	0.069	0.010	6.663	***
e9	0.029	0.011	2.674	0.007
e11	0.199	0.072	2.762	0.006
e10	0.475	0.070	6.779	***

根据结构方程模型标准化回归系数估计值可以计算出 4 个潜变量的组合信度，见表 4-11。组合信度也可以作为检验潜变量的信度指标，利用标准化回归系数来估算。表 4-11 中，4 个潜变量的组合信度分别为 0.857、0.623、0.898 和 0.819，均大于 0.60，表明模型内在质量比较好。另外，还可以计算平均方差抽取量来衡量潜变量所解释的变异量中有多少是来源于测量误差，其值越大，指标变量被潜变量解释的变异量百分比越大，相对测量误差就越小。表 4-11 中 4 个潜变量除住房租赁市场的 AVE 值为 0.362 外，其他潜变量的 AVE 值均大于理想值 0.5。根据 Fornell 和 Larcker（1981）的建议，AVE 值为 0.36～0.50 也可以接受。说明各潜变量测量模型满足评价要求。

表 4-11　收敛效度

潜变量	观测变量	标准化载荷	标准化系数平方	标准化残差	CR	AVE
房屋与邻里感知	外部宜居环境	0.896	0.803	0.197	0.857	0.669
	内部宜居环境	0.871	0.759	0.241		
	房屋质量与户型	0.668	0.446	0.554		

续表

潜变量	观测变量	标准化载荷	标准化系数平方	标准化残差	CR	AVE
住房租赁市场	房源可选择性	0.453	0.205	0.795	0.623	0.362
	私人市场租金	0.619	0.383	0.617		
	中介佣金与纠纷	0.706	0.498	0.502		
邻里满意度	居民邻里关系	0.684	0.468	0.532	0.898	0.750
	物业服务	0.918	0.843	0.157		
	治安管理	0.969	0.939	0.061		
退出阻滞	退出意愿	0.768	0.590	0.410	0.819	0.695
	搬迁难易	0.895	0.801	0.199		

表 4-12 计算出了各潜变量的区别效度。区别效度是指潜变量所代表的潜在特质与其他潜变量所代表的潜在特质之间低度相关或存在显著的差异。区别效度要求各潜变量 AVE 值的平方根大于其与其他潜变量之间的相关系数，若该值均大于相应的潜变量之间的相关系数，则说明区别效度好（Fornell and Larcker，1981）。由表 4-12 可知，各潜变量 AVE 值的平方根均大于相应潜变量之间相关系数，说明潜变量之间的区别效度良好。

表 4-12　区别效度

	房屋与邻里感知	住房租赁市场	邻里满意度	退出阻滞
房屋与邻里感知	0.818			
住房租赁市场	0.097	0.602		
邻里满意度	0.534	0.033	0.866	
退出阻滞	0.174	0.575	0.241	0.834

4.5.3　模型参数估计及分析

1. 模型参数估计

经过第二次模型修正后，各潜变量与观测变量及潜变量之间的回归系数的参数估计值及显著性见表 4-13、表 4-14。在模型设定时，将房屋与邻里感知→外部宜居环境、住房租赁市场→房源可选择性、邻里满意度→居民邻里关系、退出阻滞→退出意愿的未标准化回归系数参数设为固定参数 1，故此 4 个参数不需要进行路径系数显著性检验，其对应的各统计量均为空白。观察表 4-13 中各潜变量与观测变量间估计结果的检验统计量临界比（C.R.），发现 C.R.均大于 1.96，表示达到了 5%的显著水平，对应的显著性均标示为“***”，说明回归系数的估计结果都在 0.1%水平上通过显著性检验。对各潜变量与观测变量之间的回归系数进行标准化处理，得到标准化回归系数，即因子载荷。除住房租赁市场→房源可选择性路径的标准化系数为 0.453，低于 0.5 以外，其他因子载荷均大于 0.5，表示修正后的模型的基本适配度良好。

表 4-13 潜变量与观测变量估计回归系数

估计路径			系数	S.E.	C.R.	*P*	标准化系数
房屋与邻里感知	→	房屋质量与户型	0.858	0.062	13.825	***	0.668
房屋与邻里感知	→	内部宜居环境	0.929	0.050	18.548	***	0.871
房屋与邻里感知	→	外部宜居环境	1.000				0.896
住房租赁市场	→	中介佣金与纠纷	1.471	0.234	6.290	***	0.706
住房租赁市场	→	私人市场租金	0.729	0.117	6.225	***	0.619
住房租赁市场	→	房源可选择性	1.000				0.453
邻里满意度	→	居民邻里关系	1.000				0.684
邻里满意度	→	物业服务	1.322	0.083	15.932	***	0.918
邻里满意度	→	治安管理	1.439	0.089	16.112	***	0.969
退出阻滞	→	搬迁难易	1.081	0.108	10.039	***	0.895
退出阻滞	→	退出意愿	1.000				0.768

***表示在 1%水平上显著。

表 4-14 潜变量间估计路径系数

估计路径			系数	S.E.	C.R.	*P*	标准化系数
房屋与邻里感知	→	邻里满意度	0.341	0.039	8.740	***	0.536
住房租赁市场	→	邻里满意度	−0.020	0.062	−0.323	0.747	−0.019
邻里满意度	→	退出阻滞	0.399	0.103	3.875	***	0.223
住房租赁市场	→	退出阻滞	1.089	0.201	5.410	***	0.568
住房租赁市场	→	房屋与邻里感知	0.030	0.022	1.401	0.161	0.100

***表示在 1%水平上显著。

2. 模型参数分析及讨论

1）潜变量与观测变量之间的路径系数

从图 4-4、表 4-13 可知，房屋与邻里感知可以通过房屋质量与户型、内部宜居环境、外部宜居环境 3 个观测变量来测度，对应的标准化系数分别是 0.668、0.871 和 0.896，这 3 个观测变量高标准化系数显示出对公共租赁住房租户房屋与邻里感知产生了较强的影响，其中后两者的影响强度更大，说明住宅建筑、小区内外部设施、居住环境等对租户房屋与邻里的满意度提升起到了重要的促进作用。租户入住公共租赁住房前，大多居住在拥挤、生活不便、维护不善的住房中，而公共租赁住房为新建住房，房屋设计与建设质量水准较高，因而租户对房屋质量与户型方面的满意度有较大幅度的提高，显著地影响到房屋与邻里感知水平。在公共租赁住房建设初期，受制于建设资金、土地等因素的限制，各城市存在公共租赁住房选址偏僻、交通不便、居民生活设施不完善等问题，给租户工作、生活带来不利影响（曾德珩和全利，2014）。近几年，随着城市建设与更新步伐不断加快，公共租赁住房小区交通、配套设施等方面的弊端得到解决，逐步形成了配套设施齐备、公共交通网络完善、公共服务质量良好、城市环境美化的宜居环境。因此，公共租赁住房租户对小区内外部宜居环境也具有较高的满意度，对房屋与邻里感知水平产生显著影响。

潜变量住房租赁市场是公共租赁住房租户退出时对租赁住房的可获得性感知，也是退出决策的重要影响因素，可以用中介佣金与纠纷、私人市场租金、房源可选择性等观测变量来测度，对应的标准化系数分别是 0.706、0.619、0.453，表明这 3 个观测变量与住房租赁市场感知之间具有较强的因子载荷关系，并且这 3 个观测变量中中介佣金与纠纷的影响最大，其次是私人市场租金，而房源可选择性的影响则弱一些。目前，我国住房租赁市场规模较小，特别是在一些人口净流入的大中城市，呈现出房源总量不足、供给品质差等特征，与庞大的租房群体不符。在住房中介市场中，规模化运营机构发展不足，存在着一些不良甚至违法违规的中介机构，通过发布虚假信息、收取不合理费用、赚取房源差价、挪用交易资金等方式谋取不正当利益，损害住房交易行为人的合法权益（萧和舜，2017）。住房中介市场乱象频出，居民对住房中介市场满意度总体偏低，例如，2016 年 2 月上海市消费者权益保护委员会发布调查报告显示，有 52%的消费者对房地产中介行业表示不满意（陈杰，2016）。此外，租户在住房租赁期间，还会遭遇随意涨房租、房东或中介拒绝维修、不退押金等恶意行为，租户缺乏稳定感。因此，对于公共租赁住房租户而言，超过公共租赁住房资格标准退出后，大多数租户的收入仍处于中低层次，在住房租赁市场不完善的背景下，房源、中介、租金等因素是评价租赁住房可获得性的重要因素。

邻里满意度是公共租赁住房租户对居住邻里的满意度感知评价，采用居民邻里关系、物业服务和治安管理等观测变量进行测度。其中，物业服务和治安管理的因子载荷分别为 0.918 和 0.969，数值均比较高且相近，邻里关系的因子载荷为 0.684，较前两者稍低一些，但也与邻里满意度之间具有较强的因子载荷关系。居住小区是居民生活中接触最密切的基本社会单元，居住感受影响居民的邻里满意度，其中，对小区日常物业服务、治安管理的感知直接影响居住满意度（湛东升等，2014）。Cao 和 Wang（2016）也强调，邻里安全是提高现有居住满意度的重要因素之一。公共租赁住房小区多为新建小区，小区具有一定规模，环境优美，设施完备，租户对居住硬件的感受有了显著提高。居住空间的改善使租户关注的目光投入社区服务与管理上，而社会化、专业化的物业服务和治安管理恰好满足了租户需要。因此，物业服务、治安管理对租户邻里满意度感知具有很强的影响作用。居民邻里关系是维系社区存在和发展的关键因素，随着居住时间的推移，租户逐步融入新社区，社区邻里感知良好，依附感增强，对邻里满意度也产生了较大的影响。

潜变量退出阻滞可以用退出意愿、搬迁难易 2 个观测变量测度，潜变量与这 2 个观测变量具有很强的因子载荷关系，对应的标准化系数分别为 0.768 和 0.895，反映出租户退出阻滞主要体现在租户主观退出意愿、住房搬迁难易程度两方面，其中住房搬迁难易程度对退出阻滞的影响要强于退出意愿的影响。相对于初始模型，修正后的模型中退出阻滞的测量变量减少了期满后打算和个人工作 2 个变量。其中，期满后打算是从租户仍满足资格条件角度来测量租户是否有退出的打算，与退出意愿这一变量测量内容相近，因此其测度作用可以由退出意愿变量替代。而个人工作变量在最终模型中未能保留，说明个人工作变量对退出阻滞没有产生显著的影响作用。

2）潜变量间的路径系数

从表 4-14 中潜变量间估计路径系数及显著性水平看，修正后的退租阻滞影响机理模型支持研究假设 H_1、H_3、H_4，不支持假设 H_2。

房屋与邻里感知对邻里满意度之间的标准化系数为 0.536，且在 0.01%的水平上显著，说明后者对前者产生了很强并且显著的影响。住房租赁市场与邻里满意度之间的标准化系数为负且不显著，说明租户对租赁住房可获得性高低并不影响邻里满意度的感知。房屋与邻里感知与住房租赁市场之间的标准化系数为正，但并不显著，说明两者之间也不存在显著的相关关系。

邻里满意度与租赁住房市场对退出阻滞之间的标准化系数分别为 0.223 和 0.568，且在 0.01%水平上显著，说明邻里满意度、租赁住房市场两个潜变量对租户退出阻滞产生了显著的作用。相对而言，租赁住房市场对退出阻滞的影响要比邻里满意度更大一些。一方面，公共租赁住房邻里专业化的日常管理、和谐的居民关系对租户产生较大的吸引力；另一方面，乱象频出的住房租赁市场影响租户住房可获得性评价，使租户很难进入租赁住房市场。在公共租赁住房邻里“拉力”、住房租赁市场“推力”两方面作用下，阻碍了租户从公共租赁住房中退出。2017 年的一项调查显示，40.1%的被访居民认为租房缺乏安全感，感觉有安全感的仅占 26.2%（兰海笑等，2017）。在本次调研过程中，有租户反映住在公共租赁住房小区比较有安全感和稳定感，体现在三个方面，一是公共租赁住房有租金补贴，租户住得起；二是租金相对固定，不担心房东随意调整租金；三是租约固定，不担心被房东中止租约。显然，在住房租赁市场体系不完善的情况下，私人住房可获得性难度大，让租户感到缺乏稳定感，对租户退出公共租赁住房产生很大的阻滞影响。

4.6 小　　结

根据居住迁移理论的观点，借鉴计划行为理论构建公共租赁住房租户退出阻滞分析模型，探索公共租赁住房租户居住满意度感知、住房租赁市场感知对租户退出阻滞的影响。在对北京市多个公共租赁住房邻里居民开展问卷调查的基础上，采用结构方程模型对获得的调查数据进行分析，证明了公共租赁住房租户退出阻滞的影响因素。

（1）问卷调查结果显示，被访租户在区位、质量、环境与配套设施满意度感知方面，对小区地理位置与交通、内外宜居环境、周边配套设施等的满意度评价较高，而对房屋质量与户型的满意度偏低；在日常运营管理方面，对物业服务、治安管理、居民之间的关系、邻里适应性和依赖感等满意度评价均较高；在退出障碍感知方面，私人市场租金对公共租赁住房退出的影响最大，中介佣金与纠纷、住所搬迁费用等对公共租赁住房退出也存在明显的障碍作用；在退出影响感知方面，大多数租户表示退出公共租赁住房后对个人或家庭成员的工作、子女上学及照顾家人等方面的影响非常小或比较小；在退出意愿及搬迁难易评价方面，在租约期满后仍满足资格条件情形下，90.2%的租户选择继续承租公共租赁住房，而选择购买商品房或租赁私人住房的比例较低，对于不符资格条件情形的，租户的退出意愿比较低，住房搬迁难度大也对公共租赁住房退出障碍存在较大的影响。

（2）结构方程模型潜变量测度中，房屋与邻里感知可以通过房屋质量与户型、内部宜居环境、外部宜居环境 3 个观测变量进行测度，各观测变量高因子载荷显示对公共租赁住房租户房屋与邻里感知产生了较强的影响，其中后两者的影响强度更大；住房租赁市场可以用房源可选择性、私人市场租金、中介佣金与纠纷 3 个观测变量进行测度，其中，中介佣金与纠纷影响最大，其次是私人市场租金，房源可选择性弱一些；邻里满意度采用居民邻里关系、物业服务和治安管理 3 个观测变量进行测度，其中，物业服务和治安管理的因子载荷比较高且相近，邻里关系的因子载荷较前二者稍低；退出阻滞可以用退出意愿、搬迁难易 2 个观测变量进行测度，且住房搬迁难易对退出阻滞的影响要强于退出意愿的影响。

（3）结构方程模型潜变量间的路径系数结果显示，房屋与邻里感知对邻里满意度感知产生了很强并且显著的影响，住房租赁市场与邻里满意度之间的路径系数为负且不显著，说明租户对租赁住房可获得性能力高低并不影响邻里满意度的感知，房屋与邻里感知与住房租赁市场两个潜变量之间不存在显著的相关关系；邻里满意度、租赁住房市场两个潜变量对租户退出阻滞产生了显著的作用。相对而言，租赁住房市场对退出阻滞的影响要比邻里满意度更大一些。

第 5 章　社区邻里依附对公共租赁住房退出的阻滞效应

2009 年以来，随着城市住房制度改革，公共租赁住房逐步成为保障性住房的主导形式，公共租赁住房社区也在城市中蓬勃发展起来。公共租赁住房只租不售的运营模式要求不再具备保障资格的居民在租赁期满后退出，但公共租赁住房政策制定和实施的不完善之处，使得运营过程中“退出难”的尴尬状况日益凸显。目前国内学者较多地关注公共租赁住房退出不畅的原因剖析及对策措施（方永恒和张瑞，2013；高波，2012），鲜见从居住迁移视角研究公共租赁住房的退出问题。从城市社会地理学角度而言，公共租赁住房租户退出是一项城市内部的居住迁移活动，其决策过程受到社区邻里依附的影响，甚至会阻滞租户退出公共租赁住房。本章运用有序 Logistic 回归分析和借鉴住房需求行为模型，以武汉市公共租赁住房社区问卷调查数据为基础，探索公共租赁住房社区邻里依附的影响因素及从租户住房需求角度分析邻里依附对公共租赁住房退出的阻滞效应。

5.1　邻里依附与居住迁移

5.1.1　邻里依附及其来源

邻里依附是地方依附在空间维度上的一种表现形式。地方依附是人文地理学、城市社会学的研究热点，强调与特殊地理位置的关联（Morgan，2010），但其定义尚缺乏明确、清晰的界定（Hidalgo and Hernandez，2001）。针对这一情况，Scannell 和 Gifford（2010）试图从人、地方、心理过程三维结构整合地方依附的定义，认为人是依附的主体，强调人对特定地方依附及程度；地方是指依附的客观对象，包括地方的特点和本质；心理过程强调地方是如何影响人的认知和行为。邻里依附是通过人们与邻里环境、邻居的日常接触而形成的，强调居民与其所在邻里之间的连接，并给人们带来心理上的满足感。邻里依附往往与增强社会团结、本地网络、公众参与联系在一起，是衡量社区稳定性的重要标志。

邻里依附来源于物理环境与社会维度两个层面（Zhu et al.，2012）。前者主要指对住房和邻里物理环境的满意度，探讨与地方相关的因素，如建筑规划、住宅质量、开敞空间、公共服务设施、可及性等物质环境；后者主要指邻里交往，如公众参与、社区交往等正式或非正式活动。人作为邻里依附的主体，其职业、收入、教育背景、居住时间等是影响邻里物理和社会环境认知的重要因素。

5.1.2　邻里依附对居住迁移的影响

当某个人在特定的社区生活一段时间后，往往会产生对该地方的偏爱之情和归属感，以至于该地方成为“其身份的一个精神支柱”（Hay，1998）。随着时间推移，居民与邻里建立起的联系越多，依附感越强。如果居民要迁出该邻里，势必会失去因长期积淀而形成的依附感、归属感。邻里依附对居住迁移决策产生的重要影响中，除影响迁移距离外，还影响迁移活动的发生。Bartik 等（1992）指出，居住迁移成本除了经济、时间成本，还包括心理成本，由搬迁带来依附感、归属感的损失，就是在心理上付出的代价，邻里依附即是心理成本。邻里依附具有强烈的地理特征，无法在市场上公开交易，多数家庭更愿意居住在相对熟悉、具有依附感的环境里。邻里环境越优越，邻里依附感越强，搬迁时依附感损失越高。因此，邻里依附和社会纽带会阻碍居住迁移或影响家庭搬迁的距离（Coulton et al.，2012）。

另外，搬离熟悉的邻里环境，还会带来人力社会资本上的损失。研究显示，邻里环境对居民社会和经济方面的发展机会产生重要的影响（Rabe and Taylor，2010）。邻里社会网络通常建立在信任的非正式渠道和往复的社会交往上，以社会网络提供的资源为基础形成一种“特定位置资本”，是重要的人力和社会资源，对居民的工作或生活产生积极的效果，也称为人力社会资本。然而，社会资本具有特定区域性质，很难复制，一旦家庭搬离原来的居所，地方人力社会资本就失去了价值，因此人力社会资本对居住迁移有阻滞作用，搬迁距离越长阻滞效应越显著（Kan，2007）。

大量研究还显示有迁移意愿的家庭仅有部分实现了住房迁移（De Groot，2011）。例如，基于各种结果的心理价值（效用）是用人们认识居留和迁移的基础，当认识到迁移会失去邻里依附效应时，许多人宁愿推迟迁移，甚至打消迁移念头（Morrison and Clark，2015）。邻里依附同样对租户的退出决策产生影响。针对公共住房租户迁移的研究显示，公共住房租户的迁移率显著低于私人住房家庭，类似于劳动经济学中的“工作锁”，公共住房租户产生了“住房锁”（housing lock）（Lui and Suen，2011）。

国外学者对邻里依附研究成果颇多，国内尽管有学者也开始引入概念并开展实证研究（朱竑等，2010；2012），但该方面的研究仍比较薄弱（常江等，2015）。少数学者的实证研究发现，年龄、婚姻状况和居住时长等个体因素，邻里关系和社区参与等社会环境因素及居民对环境的主观评价等因素对邻里依附影响较大（汪坤等，2015）。但国内对公共租赁住房社区的邻里依附及对公共租赁住房退出影响缺乏关注，亟待深入。为此，本章通过问卷调查，探索公共租赁住房社区邻里依附的影响因素，剖析邻里依附对公共租赁住房退出的阻滞效应，从社会地理学视角揭示公共租赁住房退出困难的内在机制。开展此项研究，不仅丰富邻里依附在公共租赁住房领域的研究内容，同时也为破解公共租赁住房问题提供科学指引。

5.2 公共租赁住房社区邻里依附的检验

5.2.1 案例选择

选择武汉市江岸区后湖惠民居、洪山区南湖新城家园和马湖丰华苑 3 个公共租赁住房小区为研究对象。武汉市住房保障和房屋管理局公布的资料显示，自 2010 年启动公共租赁住房建设以来，武汉市已经建成公共租赁住房房源 1.3 万余套，其中大部分房源为 2014 年以后上市，为解决城市住房困难家庭和新就业职工的住房问题发挥了重要作用。后湖惠民居、南湖新城家园和马湖丰华苑 3 个公共租赁住房小区位于武汉市二环与三环之间，均分布于规划建设的大型居住新区内，是为数不多的投入使用超过 2 年以上的公共租赁住房小区。其中，惠民居位于长江以北，是武汉市首个公共租赁住房小区，配租房源 2145 套，也是武汉市最大的公共租赁住房小区。南湖新城家园和马湖丰华苑为毗邻小区，规模相当，有 900 套左右房源，位于长江以南。与武汉市其他公共租赁住房小区相比，案例小区投入使用时间长，内部环境较好，周边配套完善，有较高的居住成熟度，具有一定代表性。

5.2.2 研究方法

1. 问卷设计与调查

本次调查是为了研究公共租赁住房社区邻里依附问题，基于文献及前期预调查，以封闭式题型为主设计具体问题，保证问卷具有良好的内容效度。问卷包括三部分内容：第一部分为公共租赁住房住户个人及家庭特征调查，第二部分为公共租赁住房分配、运行的满意度感知及退出意愿调查，第三部分为居住满意度调查。其中，反映租户感知的态度度量采用利克特量表形式，赋值从小到大具有程度上逐渐增强的含义。

对上述 3 个小区已经入住 1 年以上的公共租赁住房家庭进行问卷调查。被调查对象在 18 岁及以上，且每户家庭限调查 1 人。本次调查共发放问卷 570 份，回收问卷 526 份，回收率 92.28%，剔除无效样本后获得有效问卷 461 份，有效率为 87.64%。因南湖新城家园和马湖丰华苑毗邻且规模相当，将其调查数据合并处理，简称南湖小区。有效样本中，惠民居共 333 份，占 72.23%，南湖小区共 128 份，占 27.77%。

2. 样本描述统计

有效样本主要社会、人口特征描述性统计结果见表 2-9。从性别构成看，女性租户稍多，两个项目的女性租户所占比例相当；年龄上，以 51 岁及以上的租户为主；受教育程度整体上偏低，以高中（含中专、技校）及以下居多，本科及以上学历占 18.65%；从职业分布看，49.67%的居民处于离退休状态，25.38%的为企事业单位职工，其他为无业或自由职业者；在家庭人均收入方面，月平均收入多在 3000 元以下，占到调查对象的 70.50%；家庭规模以两口之家为主，占 45.12%，其次是三口之家，占 25.38%。

3. 公共租赁住房社区邻里依附检验模型

研究显示，居住满意度是衡量邻里依附的重要变量，满意程度越高，意味着居民对邻里环境的依附效应越大（Zhu et al.，2012）。居住满意度还受到个人及家庭特征、住房特征、邻里环境等的影响（Huang and Du，2015）。引入居住满意度可以分析公共租赁住房租户的邻里依附效应及其影响特征，因此选择居民满意度为模型被解释变量，表示邻里依附，个人及家庭特征、住房面积、小区运行状况（包括日常管理和服务）、租金水平等为解释变量。依据问卷调查获得的数据，并参考相关文献，选取 11 个指标作为解释邻里依附的变量，变量定义及说明见表 5-1。由于计量模型中采用样本数据多为顺序多分类变量，为避免损失很多信息，影响估计结果的精确性和可靠性，采用有序 Logistic 模型进行拟合，并用最大似然法估计参数。

表 5-1 变量定义及说明

变量		含义	选项
个人及家庭特征	性别	户主性别	1=男；2=女
	年龄	户主年龄	1=18 岁及以下；2=19～30 岁；3=31～40 岁；4=41～50 岁；5=51～60 岁；6=61 岁及以上
	受教育程度	户主教育程度	1=初中及以下；2=高中/中专/技校；3=本科/大专；4=硕士及以上
	职业性质		1=企事业单位员工；2=自由职业；3=无业；4=离退休

续表

变量		含义	选项
个人及家庭特征	家庭人均月收入		1=1000 元以下；2=1001～2000 元；3=2001～3000 元；4=3001～4000 元；5=4001 元及以上
	家庭人口数		1=1 人；2=2 人；3=3 人；4=4 人；5=5 人及以上
	住房面积		连续变量
配置及运行满意度	分配过程	资格认定、轮候及分房	1=非常不满意；2=不满意；3=一般；4=较为满意；5=非常满意
	运营管理	社区日常管理、服务	
	租金水平	住房租金与支付能力的比较	
	退出意愿	是否愿意退出公共租赁住房住区	取 1～5，1～5 表示退出意愿逐渐强烈

5.2.3　公共租赁住房社区邻里依附感知及影响因素

1. 公共租赁住房租户邻里依附感知

由文献可知，居住满意度可以衡量社区邻里依附程度的大小。在调查问卷中，居住满意度定义为居民对居住环境、邻里关系的感受，设置了非常不满意、不满意、一般、较为满意、非常满意 5 个选项。统计结果显示，惠民居和南湖公共租赁住房小区居民对居住满意程度感知的差异并不明显，全部样本中满意度一般的占 32.75%，较为满意占 42.52%，非常满意占 9.54%（表 5-2），说明公共租赁住房社区居住满意度感知程度比较高，存在较高的社区邻里依附。

表 5-2　居住满意度感知程度

满意度	惠民居	南湖小区	小计
非常不满意	15（4.50）	2（1.56）	17（3.69）
不满意	41（12.31）	12（9.38）	53（11.50）
一般	105（31.53）	46（35.94）	151（32.75）
较为满意	146（43.85）	50（39.06）	196（42.52）
非常满意	26（7.81）	18（14.06）	44（9.54）

注：括号内的数值为百分比。

2. 公共租赁住房租户邻里依附的影响因素

为弄清公共租赁住房租户邻里依附的影响因素，运用有序 Logistic 模型对邻里依附的影响因素进行模拟，结果见表 5-3。表 5-3 中各模型似然统计值 Wald Chi2 的概率均为 0.000，非常显著，表明各模型拟合效果理想。从模型 Pseudo R^2 看，其值均比较低，但在 Logistic 模型中 R^2 一般都比较低，且实际解释意义不大

（Hosmer et al.，2013）。相对而言，模型 4 的 Pseudo R^2 值较前 3 个模型有所改善。

表 5-3　公共租赁住房租户邻里依附有序 Logistic 模型估计结果

变量		模型 1	模型 2	模型 3	模型 4
个人及家庭特征	租户性别	0.121（-0.185）		-0.147（-0.178）	-0.141（0.182）
	租户年龄	0.103（-0.088）		0.129（-0.099）	1.050***（0.291）
	受教育程度	0.139（-0.119）		0.236*（-0.136）	0.257*（0.135）
	职业性质	-0.124（-0.097）		0.037（-0.105）	0.018（0.107）
	家庭人均月收入	0.199**（-0.096）		0.113（-0.091）	0.138+（0.092）
	家庭人口数	-0.197**（-0.096）		-0.026（-0.115）	-0.029（0.118）
	住房面积	0.052***（-0.010）		0.0327***（-0.010）	0.033***（0.010）
配置及运行满意度	分配过程		0.344**（-0.167）	0.372**（-0.168）	0.410**（0.170）
	运营管理		1.758***（-0.189）	1.710***（-0.195）	2.899***（0.383）
	租金水平		0.128（-0.109）	0.087（-0.107）	0.063（0.109）
退出意愿	退出意愿		-0.062（0.062）	-0.102+（0.064）	-0.128*（0.067）
交叉项	租户年龄×运营管理				-0.253**（0.076）
	N	461	461	461	461
	Wald Chi2	41.64	160.21	175.14	214.38
	P	0.000	0.000	0.000	0.000
	Pseudo R^2	0.035	0.241	0.254	0.264

注：括号内的数值为稳健性标准误。

+、*、**、***分别表示在 15%、10%、5%、1%水平上显著。

模型 1 纳入个人及社会经济等控制变量，租户性别、租户年龄、受教育程度、职业性质等变量未能通过显著性检验，说明这 4 个变量对租户邻里依附的影响并不明显。家庭人均月收入在 5%水平上显著，表明收入高，对邻里依附的感知程度也高。公共租赁住房是低租金住房，收入越高，租户用于非居住成本的收入也越多，能使租户保持较好的生活水平，因而居住满意程度也越高。家庭人口数与居住满意度在 5%水平上呈负相关，说明家庭人口多、居住拥挤，降低了居住满意度。住房面积与居住满意度呈显著正相关关系，面积越大，居住满意度也越高。模型 2 考虑了公共租赁住房配置及运营满意度、退出意愿对居住满意度的影响。公共租赁住房的分配过程、日常运营管理等变量对居住满意度有正向影响。租户认可当前公正的分配制度，是解决住房问题的重要保障，对分配结果满意，从心理上感受到居住满意的程度也比较高。在运营管理方面，所居住的社区具有较完善的公共设施、人性化的日常服务和管理，租户生活便利，显著地提高了居住满意度。租金水平并未对满意度感知产生作用，而退出意愿与居住满意度呈负相关，但没有通过 10%水平的显著性检验。

模型 4 中，为考察不同年龄段的租户对公共租赁住房运营管理感受的差异，进而影响居住满意度的差异，构建了控制变量租户年龄和运营管理的交互变量并引入到计量模型中。结果显示，模型 4 较模型 3 的 Pseudo R^2 有所改善，且多了租户年龄、家庭人均月收入等显著性因素，因此选择模型 4 作为邻里依附影响因子的解释模型。租户年龄在 1%水平上显著，说明租户年龄越大对居住满意度越高，可能的原因是年龄较大的租户在享有公共租赁住房之前，属于住房困难和收入困难的“两困”群体，长期居住在面积狭小、环境堪忧的住房中，一旦享有公共租赁住房后，住房条件较以往有显著的改善，对当前的住房条件和环境有很高的满意度。受教育程度对居民满意度也有正向影响。一般受教育程度高的租户，对公共租赁住房政策的认知程度也高，因而受教育程度高的租户也有较高的居住满意度。家庭人均月收入、住房面积拟合结果同模型 1，对居民满意度有显著正向影响。模型 4 还发现，租户退出意愿与居民满意度呈显著的负向关系，退出意愿高，说明有租户对当前的居住状况仍不满意，居住满意度比较低。租户年龄与运营管理的交互项系数在 1%的水平上显著。交互项系数为负，说明随着租户年龄的增长，无论是身体状况还是心理需求都会对居住环境和日常的服务提出更高的要求，对社区提供的服务和管理出现不满意的倾向，影响了对居住满意度的评价。

结果表明，一些常见影响邻里依附的变量在居住满意度模型中得到了验证，说明公共租赁住房中的居民具有明显的邻里依附感，年龄越大、受教育程度越高、家庭人均月收入越高、居住面积越大的租户对居住状况认同感越强，公共租赁住房分配过程、运营管理的满意度也强化了租户对社区邻里的依附程度，低退出意愿也表明租户有较强烈的邻里依附感。

5.3　邻里依附对公共租赁住房租户退出的阻滞效应

5.3.1　邻里依附的租户退出阻滞效应分析模型

公共租赁住房租户退出是一项住房调整活动，涉及货币成本（如交易成本）和非货币成本。其中，非货币成本是指居民离开熟悉的环境、社会关系网络带来的损失，以及失去付出大量时间和金钱形成的居所特色产生的损失，Dynarki（1986）将依附于特定邻里环境的属性定义为邻里依附。很显然，居民邻里依附客观存在但难以在住房市场交换。Dynarki 构建的住房需求行为模型引入了邻里依附变量，可以借鉴该模型讨论邻里依附对公共租赁住房租户退出的阻滞效应。

假设公共租赁住房租户退出后，迁移到私人市场住房中，家庭消费的最大化效用表示为

$$\begin{cases}\text{Max} \quad U(h,x,a) \\ \text{s.t.} \quad Y-t=r\cdot h+x \\ a=0\end{cases} \tag{5-1}$$

式中，h 表示住房消费；x 为非住房消费；a 为邻里依附效用；Y 为家庭收入；t 为交易成本。租户退出公共租赁住房后，在公共租赁住房社区积淀形成的邻里依附效用很难继续享有，而在新的社区中重建社会邻里网络需花费大量的时间，因此将退出后的邻里依附效用的取值确定为 0。为简化，令 $y=Y-t$，将式（5-1）以间接效用函数形式表示为

$$v_1(r,y,0)\equiv U(h,x,0) \tag{5-2}$$

公共租赁住房租户在退出之前，仍居住在现有公共租赁住房中。类似地，家庭消费效用可表示为

$$v_2(r,Y,h_0,a)\equiv U(Y-r\cdot h_0,h_0,a) \tag{5-3}$$

式中，h_0 表示租户当前的住房消费。

公共租赁住房租户不再具备保障资格后，是否决定退出并迁入私人市场住房取决于 v_1 对 v_2 的比较。当 $v_1<v_2$ 时，表示租户不退出时家庭消费效用比搬迁后要大一些，此时，租户将采取延迟退出或不退出的策略；反之，则采取退出策略。

5.3.2　公共租赁住房租户的退出意愿

调查显示，公共租赁住房租户退出的意愿比较低（表 5-4）。在 461 份样本数据中，有 57.7%的租户不愿意退出公共租赁住房；61 岁及以上的受访租户中不愿意退出公共租赁住房的比例占 64.1%，即年龄越大，退出意愿越不强烈。结果类似于国内其他城市低收入社区的调查，如针对广州市保障性住房社区的调查显示，居民的幸福感和满意度都较高，大多数居民愿意长期在本社区中居住（陈宏胜和李志刚，2014）；对昆明、哈尔滨低收入社区的调查发现，45.4%的退休居民表现出很强的邻里依附，57.3%的退休居民表现出很强的继续居住意愿，显著地高于其他人群（Wu，2012）。

表 5-4　不同年龄租户的退出意愿

退出意愿	31 岁以下	31～40 岁	41～50 岁	51～60 岁	61 岁及以上	合计
不愿意	27	15	25	83	116	266
愿意	32	23	32	43	65	195

5.3.3　不同邻里依附水平对租户退出的影响

将公共租赁住房租户的家庭消费仍以间接效用函数表示，涉及家庭人均月收

入、邻里依附效用和交易成本等变量，分 4 种情形讨论邻里依附对公共租赁住房租户退出的影响。

（1）t=0，a=0。此时交易成本为 0，租户也不存在邻里依附效用，在无住房消费约束情形下，家庭效用函数 $v_1(Y,0)$，见图 5-1。租户当前的家庭效用函数 $v_2(Y,h_0,0)$位于 $v_1(Y,0)$的右边。$v_1(Y,0)$和 $v_2(Y,h_0,0)$的交点 A 和 B 分别对应两个收入水平 Y_U 和 Y_L，当家庭人均月收入水平处于两者之间时，租户是否退出公共租赁住房不存在效用差异。当没有住房交易成本时，租户消费效用会沿着 $v_1(Y,0)$曲线移动。

（2）t>0，a=0。受交易成本影响，$v_1(y,0)$位于 $v_1(Y,0)$的右侧，用于家庭非住房消费的收入减少，但此时 v_2 不受影响。当家庭收入在 Y_U 和 Y_L 之间变化时，家庭搬迁与否与住房消费效用没有差异。按照希克斯需求补偿，租户退出时会有交易成本发生，增加的收入弥补了交易成本。因为退出时租户支付的交易成本造成的效用损失会高于搬迁后得到的效用，所以家庭会选择继续租住在公共租赁住房中而不退出。相应地，可以在图 5-1 右侧画出隐函数 h_0，即在 Y_U 和 Y_L 之间，家庭住房消费无差异。

如果住房租金发生变化，即 $r_1>r_0$ 时，由间接效用函数的性质，效用关于收入 y 是严格递增的（Varian，1992），v_1 和 v_2 将向右移动。类似地，两个住房消费无差异对应的收入水平可以找出。当住房租金连续变化时，可以形成上、下两条曲线，曲线上的点及两条曲线围成的区间 S_0 表示家庭住房消费的效用没有差异，租户的住房调整决策是不退出公共租赁住房。很显然，交易成本对租户退出公共租赁住房产生了阻滞效应。

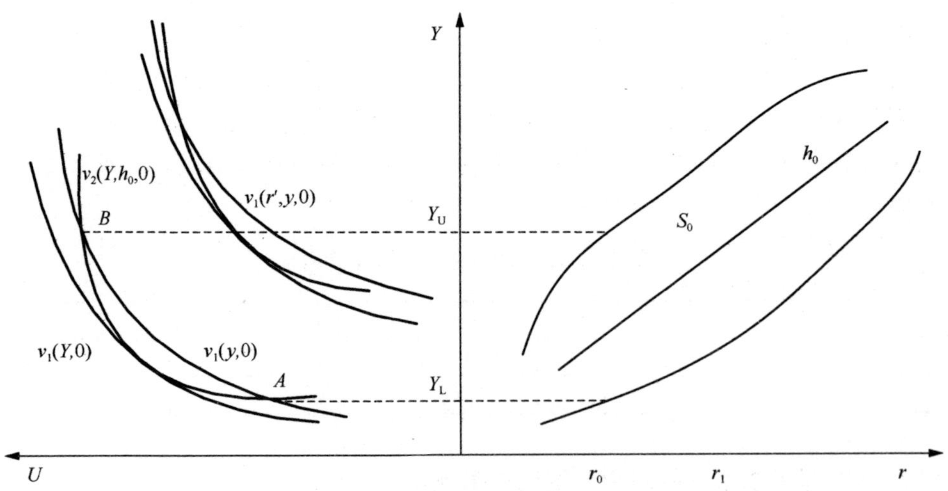

图 5-1　a=0 时租户住房调整决策

（3）t=0，a>0。假设 a 独立于收入，$v_1(Y,0)$同情形（1），$v_2(Y,h_0,0)$则在 v_1 的基础上向左移动。同样可以找出住房消费无差异对应的两个收入水平 Y_U'和 Y_L'，其范围要比没有邻里依附效应时更宽一些。当家庭收入在 Y_U'和 Y_L'之间时，租户退出与否其家庭住房消费效应不存在差异，租户会倾向于当前的公共租赁住房。当住房租金发生变化时，类似地也可以在图 5-2 右侧画出两条无差异曲线，形成新的 S_0 区域。可以发现，邻里依附和交易成本对租户具有相同的行为效应，租户更倾向于居住在当前的公共租赁住房中，而不是付出交易成本后的新居所，因为退出前的家庭效用要高一些。

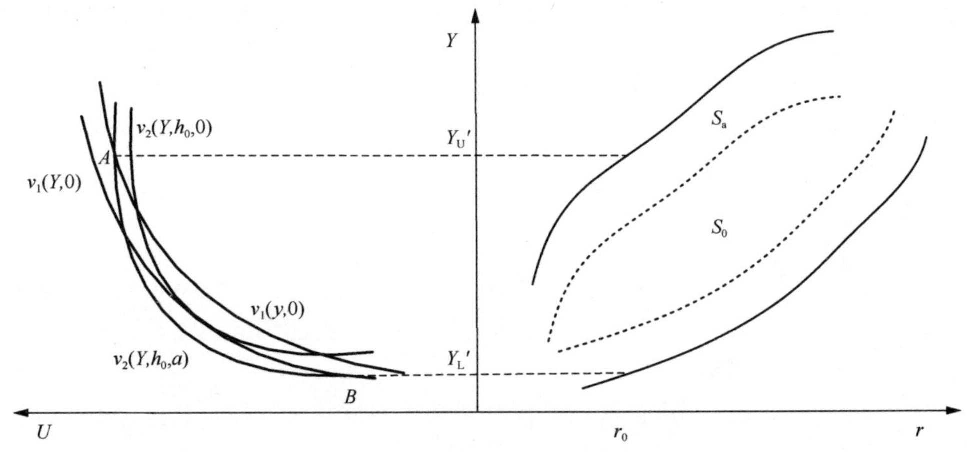

图 5-2　a>0 时租户住房调整决策

（4）t>0，a>0。当交易成本大于 0 时，曲线 v_1 向右移动；邻里依附效用大于 0 时，曲线 v_2 向左移动。从情形（2）、情形（3）的分析可知，两条住房消费无差异曲线的范围会向外扩张，形成的区域 S_a 包含 S_0。

通过从上述 4 种情形的分析可以发现，当给定某个邻里依附效用和交易成本的水平，存在一定范围内的家庭收入和租金水平，使得租户的家庭消费最大化效用不存在差异。在给定的租金水平下，都有上、下限两个收入水平与之对应。在此收入范围内，无论租户是否搬迁其家庭消费最大化效用没有差别，租户会选择继续居住在公共租赁住房中，推迟退出或不退出，产生邻里依附对公共租赁住房退出的阻滞效应。

近些年，我国公共租赁住房建设被提高到空前的高度，成为住房保障的主导形式，受保障对象的居住条件、环境和服务有质的提升。首先，住房面积、质量和环境显著改善；其次，公共租赁住房社区提供的配套设施、便民设施、安全、文化等服务，极大地便利了居民生活，提高了受保障对象的居住舒适性。虽然新建公共租赁住房社区居民之间的交往较老旧社区有所减弱，但居住条件好，邻里之间冲突少，居民对社区邻里环境有认同感，仍然存在很强的邻里依附（谢娜，2014）。

相比于其他家庭，低收入家庭对邻里的社会纽带具有更加强烈的依附性，非正式渠道的社会网络资源能满足他们日常工作和生活的需要，如子女教育、就业、休闲娱乐等（Dawkins，2006），并逐步转化为家庭内部优势。从公共租赁住房退出后原来的社会网络很难在另一个社区内复制，将失去邻里依附的积极效应。因此，公共租赁住房租户不再具备保障资格时其家庭收入上升空间有限，以牺牲邻里依附效用获得的家庭消费总效用也难有较大幅度的提升，甚至会低于当前的家庭消费效用水平，租户更倾向于延迟退出或不退出公共租赁住房，显现出邻里依附对公共租赁住房退出的阻滞效应。

5.4　小　　结

基于武汉市公共租赁住房社区问卷调查数据，采用有序 Logistic 回归分析和住房需求行为模型，探索了公共租赁住房社区邻里依附的影响因素及其对退出的阻滞效应，得到以下结论。

（1）以居住满意度测度社区邻里依附感知发现公共租赁住房社区居民居住满意度感知程度比较高，存在较高的社区邻里依附。

（2）公共租赁住房社区邻里依附受多元因素共同影响。在个体特征层面，租户年龄和受教育程度是影响社区邻里依附的因素，家庭人均月收入越高，邻里依附感越强，住房面积也对邻里依附产生显著的正向影响；在居民满意度感知上，租户对公共租赁住房分配过程及运营管理的感受显著地对邻里依附产生积极作用；退出意愿越低，邻里依附感越强。

（3）对有邻里依附作用下租户的退出行为进行分析，发现在给定的邻里依附效用水平下，受邻里依附效用的约束，对于一定范围内的家庭收入和租金水平，即使租户收入水平提高，但其增长幅度有限，以舍弃邻里依附效用换取的家庭消费总效用难有大幅度提升，对公共租赁住房租户的退出行为产生阻滞效应。

受武汉市建成投入运行的公共租赁住房社区数量、规模的限制，上述研究具有一定的局限性，今后可通过扩大数据调查范围，辅以深度访谈，获得公共租赁住房租户对邻里依附感知及其对公共租赁住房退出影响更具代表性、更完整和深入的探索。上述结论对调整和制定公共租赁住房政策仍有重要的指引意义。首先，公共租赁住房社区邻里依附是客观存在的，新建公共租赁住房社区居民有较强的邻里依附感知，对人们安居乐业、维护社会稳定发挥着重要的作用。其次，在制定公共租赁住房退出政策上，不同年龄段的租户应区别对待。对中青年群体，辅助技能培训，增加就业机会，鼓励他们退出公共租赁住房。退出公共租赁住房后，他们仍有能力培育新的社区网络和纽带，构建新的邻里依附感知。而对公共租赁住房社区中占大多数的老年人群体（样本中 61 岁及以上的受访对象占 39.26%），在社会老年化背景下，宜顺势而为地推行“就地养老”政策，不将他们纳入公共租赁住房退出的对象。最后，对老年人实行“就地养老”政策的同时，公共租赁住房社区应更进一步地完善社区设施，增加服务内容，注重服务的可获性、可及性，增强老年人群体的邻里依附感知，提高老年人生活质量。

第 6 章 租赁交易成本对公共租赁住房租户退出的阻滞效应及模拟

公共租赁住房租户的退出行为起始于退出意愿的产生。然而，计划行为理论表明，当人们产生行为意愿时，并不一定采取实际行动。居住迁移是一项有约束的选择行为，迁移意愿和迁移行为之间的关系比较复杂（Lu，1999a）。大量涉及迁移意愿与迁移实现之间关系的研究显示，有住房迁移意愿的家庭仅有部分实现了住房迁移，许多家庭因找不到合适的住房使迁移难以变成现实，即最初的居住迁移意愿与实际迁移行为并不完全一致（De Groot et al.，2011）。在积极迁移态度的前提下，家庭居住迁移行为很大程度上依赖于家庭的微观环境，如家庭收入、家庭成员的社会联系等，个体特征和外部环境会阻碍或推动迁移行为的实现（Coulter et al.，2012）。

公共租赁住房租户顺利退出的前提是租户在私人住房市场上搜寻到符合自己意愿且有能力承担的住房，否则退出公共租赁住房的意愿可能会被调整或推迟，甚至中止退出行动。本章在租户有退出意愿的前提下，模拟租户住房搜寻、交易、搬迁过程，探索住房交易成本、邻里依附效应对退出决策行为的影响，为进一步寻找公共租赁住房顺利退出的途径提供思路借鉴。考虑到目前高房价的背景，租房往往是多数满足自住性需求的中低收入家庭的唯一选择（李培，2009），假设公共租赁住房租户退出后，选择到私人住房市场上租房为新的住所。

6.1 居住迁移决策及其实现

6.1.1 居住迁移意愿的产生

居住迁移是人们改善居住条件的重要方式，也是邻里变化的原因之一，在城市空间结构调整和重建过程中扮演着重要的角色（Kan，1999）。因此，家庭迁移行为引起了许多社会学家的关注（Weisbrod and Vidal，1981）。

居住迁移理论假定，迁移行为起始于迁移意愿的产生（De Groot，2011）。在迁移意愿阶段，将迁移倾向固化为意愿，意愿的产生是一系列刺激的结果（Greenwood et al.，1991）。触发迁移意愿的第一个来源是，希望改变当前的居所或居住位置，通常是对当前的居所感到不满意或存在居住方面的压力而使人们产生搬迁的愿望（Mulder，1996）。例如，居住在拥挤的住房环境中更容易触发迁移的意向（De Groot et al.，2011）。第二个来源是家庭、教育、职业经历中的生活事项，如离开父母、工作变化等，该来源不一定与住房压力或对住房不满意有关（Mulder，1996；Clark and Onaka，1983）。

研究显示，人们产生居住迁移意愿受到诸多家庭、社会、经济特征变量的影响。Reschovsky（1990）发现，65 岁以下租户家庭迁移率是 65 岁以上租户家庭迁移率的 3.0～3.5 倍。对于老年租户存在低迁移率现象，Reschovsky 认为，老年租户家庭已接近住房消费均衡，居住满意度要高于非老年租户，老年租户缺乏搬迁的理由，并且迁移所面临的障碍要比其他租户大得多。还有许多学者构建迁移意愿模型探索其触发因子（Kim et al.，2005；Wong，2002）。Bartik 等（1992）发现，许多变量影响着居民的迁移意愿，年龄越大、居住越长的家庭越不愿意搬出现住房，如果邻里满意度提高、学校质量改善，家庭迁移的意愿也会降低，而犯罪率增长则会提高迁移意愿（Bartik et al.，1992）。Kim 等（2015）研究了韩国东南部城市居民的迁移意愿，发现年龄、受教育程度、学校满意度等因素显著地影响着愿意迁移，年龄越大、学校满意度越高越不愿意迁移，受教育程度则产生正向影响，在良好社会关系和环境感知环境下，人们迁移的意愿很低。此外，社会资本也对迁移意愿产生影响（Völker et al.，2013）。

6.1.2　住房搜寻与选择

居住迁移行为是将迁移意愿付诸实践，包括搜寻新住房、完成搬迁，居住迁移是住房市场搜寻的结果（Baker，2002）。住房搜寻与选择涉及一系列因素。例如，房价（租金）、住房属性、地点、人口密度、学校质量、距工作地点时间和成本、距购物地点时间等（Kim et al.，2005）。此外，搜寻时长和强度、地域范围、信息源类型等也影响住房搜寻结果（Weisbrod and Vidal，1981）。Kleit 和 Galvez（2011）发现，个人特征、偏好、社会信息、地方依附、邻里交往特征等在住房选址决策中起到重要作用，而一些市场因素反而作用有限。对于低收入家庭，社会关系、地方认同等因素是低收入家庭住房搜寻与选择时重点考虑的因素。Skobba 和 Goetz（2013）的实证揭示，对于低收入家庭，社会关系（相比邻里环境）是迁移决策的重要因素，他们倾向于选址于低收入、贫困的邻里（Kleit and Galvez，2011）。

在实证层面，住房选择是住房搜寻研究中的一个重要领域，许多实证研究都用到了离散选择模型（Yates and Mackay，2006）。例如，学者们构建的地点选择、住房选择等模型，Logit、Probit 等离散选择模型是住房搜寻与选择影响因素分析的典型方法（Kim et al.，2005；Wong，2002；Bartik et al.，1992；Weinberg et al.，1981；Venti and Wise，1984）。

6.1.3 居住迁移决策理论模型

居住迁移受到财富、时间、知识、家庭结构及未来计划等因素的制约，其决策过程是一系列复杂选择、约束下的结果（Baker，2002），去留选择在某种意义上说属于“黑箱”决策。

在决策分析中，效用函数常被用于构建决策分析模型。Clark 和 Smith（1982）以效用函数建立了住房市场的搜寻行为规则。Dynarski（1986）根据效用最大化函数建立了住房需求最大化模型，讨论了邻里依附对居住迁移的影响。Goodman（1990，1995，2002）以效用函数建立了迁移决策的两阶段模型。Kleit 等（2016）指出，居住迁移是效用最大化的函数，是基于成本效益的理性选择行为。Czaika（2015）参照前景理论中的价值函数，构建迁移前后的效用模型，强调当迁移前后的效用差大于迁移成本时，迁移行为才会发生。

在居住迁移决策中，迁移成本与迁移决策有较大的关系（Venti and Wise，1984），住房搜寻成本、调整成本、交易成本都对迁移决策发生作用（Goodman，1995；Harmon and Potepan，1988）。Goodman（1990）讨论了住房交易成本对家庭长期消费效用和迁移决策的影响，发现交易成本、住房价格（租金）、收入等对住房消费调整存在阻碍效应。在住房价格（租金）、收入发生变化情况下，如果交易成本高于（低于）家庭消费约束时，家庭会选择留居原住房（迁移）。迁移决策中的成本除了经济成本、时间成本外，还包括心理成本。Bartik 等（1992）认为，家庭迁移成本的大部分源于心理成本，如家庭对当前住房和邻里的依附。相对而言，老年人、少数民族或长住某处的家庭的心理迁移成本较其他群体要高得多。因此，低收入家庭的迁移过程比预期的要复杂得多（Kleit et al.，2016），安置低收入租房者将付出较大的社会成本（Bartik et al.，1992）。

6.1.4 居住迁移意愿的实现

很显然，在足够资金、信息及社会网络关系支持下，居住迁移意愿是能够实现的，并在预期中产生积极的结果（Baker，2002）。但是，大量的涉及迁移意愿与迁移实现之间关系的研究结果显示，有住房迁移意愿的家庭仅有部分家庭实现了住房迁移，许多家庭因找不到合适的住房使迁移难以变成现实（De Groot，2011）。Rossi（1955）发现，有意向迁移的家庭中，约 80%的家庭在接下来的一年中实现了迁移意愿。Speare（1974）发现，研究对象中仅 37%的家庭实现了迁移愿望。De Groot（2011）调查了大量案例，发现最初的迁移意愿与实际迁移行为并不完全一致，类似于 Lu（1998）和 Kan（1999）的研究结果。

居住迁移是伴随着连续决策的复杂、漫长过程，人们是否能够将迁移意愿付诸实施取决于个人资源和微观层面上的限制，以及住房机会的限制和宏观层面上的约束（Van Wissen and Dykstra，1999）。住房影响着家庭行为的各个方面，家庭迁移必然涉及大量家庭行为的调整，不可能对不断变化的需求或外部刺激做出迅速响应。当某些信息出现时，一个家庭可能形成对未来迁移的期望，然而，新的信息也可能阻止家庭按照先前计划实施迁移行动（Kan，1999）。受诸多限制，迁移的意愿可能会被调整、中止，甚至推迟（Lu，1998）。Hooimeijer 和 Oskamp（1996）指出，居住迁移率取决于家庭住房搜寻强度、市场机会获得概率及机会的接受率。在居住迁移实践中，一些家庭有迁移意愿，并将其付诸搜寻行动，但存在多方面因素对住房搜寻和搬迁带来潜在的障碍，因此找不到合适住房导致迁移失败（Weisbrod and Vidal，1981）。Weisbrod 和 Vidal（1981）发现有两类问题对搜寻行为产生影响，其一是搜寻或收集信息成本上升，其二是住房单位、位置选择上的限制。Caldera 和 Andrews（2011）研究发现，交易成本低、住房供应效率高、低租金管制和保护租客权益的国家，能促进居住迁移率的提高。对有些群体，迁移者面临可支付住房存量不足，愿意接受他们的房东较少，甚至种族歧视等，迁移意愿难以实现（Kleit and Galvez，2011）。因此，Turner 和 Briggs（2008）建议，对于低收入迁居家庭，给予他们提供建议（咨询）、住房市场信息及搜寻帮助，以利于实现其向更好居所的迁移。

还有学者从心理、风险等层面探索了居住迁移失败的问题。Barrett 和 Mosca（2013）指出，因离开朋友、不得不面对陌生环境下的生活等会对情感上产生的不利影响，限制迁移意愿的实现。Bauernschuster 等（2014）开展的研究发现，爱好风险、有技能的人比厌恶风险、低技能的人迁移得更频繁一些，其结论与 Jaeger 等（2010）的研究结论一致。Morrison 和 Clark（2015）认为，人们的各种选择并非基于金钱价值，而是基于各种结果的心理价值（效用），该价值是用主观风险认识居留和迁移的基础。对于居住迁移，因涉及新的居住环境，决策具有多维性、跨期性，人们更难做出选择。当人们遇到此类决策时，往往会用到许多启发式的策略，其中心理因素发挥着重要的作用。借助前景理论的思想研究影响人们迁移行为的原因，发现居住迁移具有风险性，而人们在迁移决策时是厌恶损失的，所以许多人会推迟迁移，甚至打消迁移念头。

梳理上述研究可以发现，迁移意愿受诸多社会经济变量影响，住房搜寻与选择是将迁移意愿付诸实践的重要环节，对家庭消费效用的权衡往往成为家庭去留决策的基础，然而，居住迁移是一个复杂、漫长的过程，众多个人资源和微观层面上的限制，阻碍了迁移意愿的实现。从研究对象上看，涉及低收入家庭的居住迁移问题，但针对公共住房租户的迁移较为少见。Posthumus 和 Kleinhans（2014）

讨论了荷兰 5 个城市社会租赁住房住户迁移问题，但其迁移属于城市更新背景下政府主导的政策性迁移活动。国内研究方面，有学者对住房市场的信息搜寻与交易成本问题进行了有益的探索（郑思齐，2007；张红等，2013；谢娜，2014），但对公共租赁住房租户退出-迁移过程缺乏关注，对租户退出过程中的阻滞效应尚不清楚。

6.2　公共租赁住房租户住房搜寻-退出（迁移）过程

公共租赁住房退出是在一系列制约要素作用下租户选择的结果，其复杂性很难用一个或几个因素进行简单概括，必须将退出行为视作一个过程予以较全面的把握。公共租赁住房退出是租户主观选择的结果，从租户个体的决策过程可以更好地理解退出过程。然而，租户个体的决策过程必然受到私人住房市场状况、公共服务配套等外部约束的影响，是主观因素与外部因素相结合的产物，因此，将两者相结合，才能获得较全面的退出过程的分析框架。借鉴已有的居住迁移的研究成果，结合公共租赁住房退出意愿研究，提出公共租赁住房租户住房搜寻-退出（迁移）模型（图 6-1），为进一步讨论交易成本、邻里依附对租户退出的阻滞效应提供前提条件。

公共租赁住房租户退出过程可以分为产生退出意愿、住房搜寻与选择、退出实现三个阶段。

第一阶段，产生退出意愿。当公共租赁住房租户不再具备保障资格后，有退出公共租赁住房的需要。租户结合家庭状况、居住满意度及退出政策认知，对当前的居住状态进行评估，判断是否需要退出公共租赁住房，是则产生退出住房的意愿，否则继续居住在公共租赁住房中。

第二阶段，住房搜寻与选择。当租户产生退出意愿后，会开展私人住房市场搜寻和选择活动，确定退出公共租赁住房后的新住所。不同于第一阶段退出意愿的产生主要基于自身的主观判断，第二阶段的住房搜寻与选择更多地受到外部因素的制约。涉及私人住房市场上是否有合适的住房，新居住地能否满足工作、日常生活的需要，还要衡量是否能够承受迁移过程中的交易成本及邻里依附取舍等问题。租户能否将退出意愿转变为退出现实取决于这些制约因素。第二阶段的结果是租户是否能在当地私人住房市场上找到合适的住房，如果未能搜寻到合适的住房或搜寻受阻，租户会停止搜寻，打消退出意向，维持当前的居住状态。

第三阶段，完成搬迁，实现退出公共租赁住房。当租户经过一段时间的住房搜寻与选择后，找到合适的住房，具备实际迁移的条件，退出公共租赁住房。反之，难以搜寻到合适的住房，租户会决定维持当前的居住状态，继续居住在公共租赁住房中。

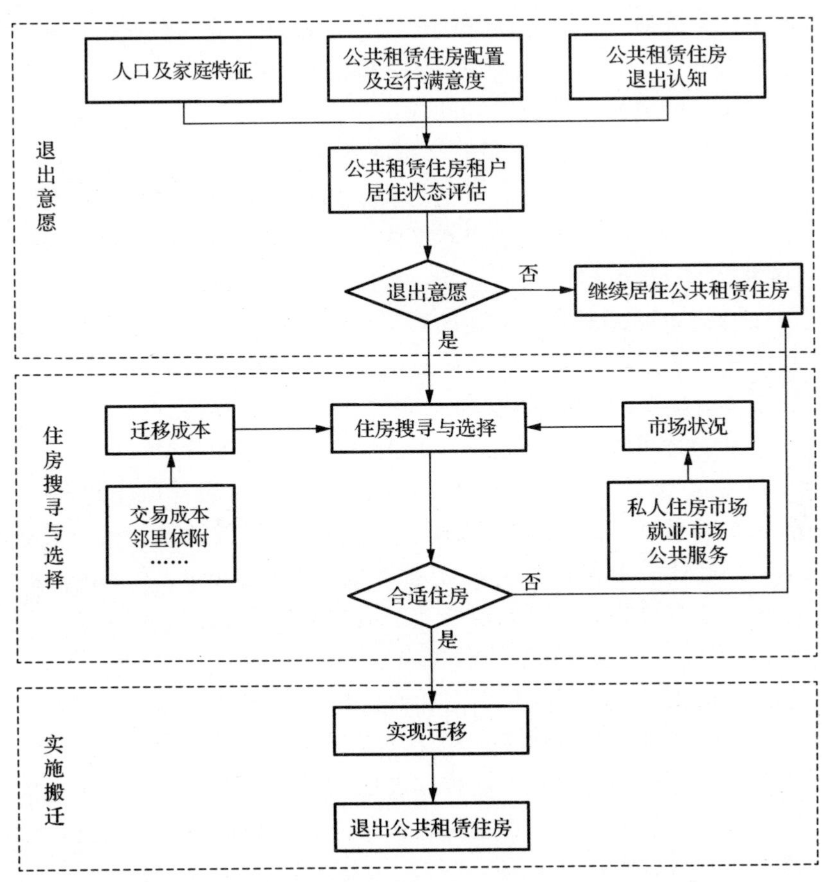

图 6-1　公共租赁住房租户住房搜寻-退出（迁移）模型

6.3　交易成本对公共租赁住房租户退出的阻滞效应分析

6.3.1　租赁住房交易成本产生及构成

1. 租赁住房交易成本产生

当公共租赁住房租户产生退出意愿后，必须搜寻到一处合适住房并迁入，才能实现从公共租赁住房中退出。在此过程中，租户面临着到私人住房市场上搜寻并租赁住房，必然伴随着交易成本的发生。

古典经济理论假定，交易是没有成本的，然而，现实生活中交易成本是确实存在的（Zevenbergen et al.，2007）。1937 年，英国经济学家科斯（Coase）提出了交易成本理论，用来研究经济组织的制度问题。根据交易成本理论，成本可以分为产品成本与交易成本，后者也称为交易费用（Vitikainen，2008）。交易成本包括衡量交换物价值的成本、保护权利的成本，以及监管与实施契约的成本（道格拉斯 · C.诺思，2014）。其中，高昂的信息成本是交易成本的关键。

交易成本理论是用于解释为促成交易发生而形成的成本理论，尽管住房市场有别于其他商品市场，但影响交易成本产生、数量的因素同样存在。住房是价格（租金）离散性高、质量差异性大的商品，具有耐久性、异质性和位置固定的特点。异质性使得住房的面积、户型、配套设施等存在一定的差异，其消费与购（租）房者的住房可支付能力相匹配；住房质量的差异性客观上要求购（租）房者花费更多的时间去了解住房的质量状况；位置固定性表现在住房位置十分分散，购(租)房者需花费更多的时间成本、交通成本到实地看房，体验其空间区位及其与社会经济活动的联系。国外学者更进一步地对住房市场的交易成本进行了划分。Quigley（2002）将住房市场的交易成本分为搜寻成本、法律及行政管理成本、迁移调整成本（含搬迁成本和心理成本）、按揭成本等。Harmon 和 Potepan（1988）将居住迁移时的住房调整成本分为现金交易成本（包括经纪人费用、按揭手续费、搬家费等）、依附成本、锁定利率的财务成本等。

本质上，住房租赁是质量、位置及租金之间的权衡，搜寻、谈判并评价这些属性需付出一定的代价。与发达国家相比，我国住房存量市场交易分散，经纪服务业发展不够完善，市场的信息不对称程度比增量市场更严重，租房者要花费大量的时间、金钱开展住房搜寻，进行租赁谈判，签订租赁合同，实施搬迁，从而产生住房租赁的交易成本。

2. 住房租赁交易成本的构成

住房租赁市场与买卖市场的交易对象相同，住房搜寻及租赁行为遵循类似的规律（Venti and Wise，1984）。住房租赁涉及的交易成本，主要包括搜寻成本、谈判成本、交易税费和搬迁成本。

1）搜寻成本

搜寻成本是公共租赁住房租户有退出意愿后，在私人住房市场上搜寻到合适住房的过程中所花费的成本，包括获取住房信息、实地看房、搜寻交通成本等现金支出成本及搜寻过程中所付出的时间成本。住房搜寻行为可分解为若干个子搜寻过程，每个搜寻过程中，租房者通过网络、报纸、户外广告、朋友等多种途径收集房源信息，筛选出可能与需求相匹配的住房，前往实地查看并与出租方商谈，决定租住该处住房或继续下一次搜寻。若干个子搜寻过程合在一起就构成了整个住房搜寻过程。搜寻次数越多，持续时间越长，住房搜寻成本越高。

2）谈判成本

租户选定某处住房后，还面临着租赁谈判的成本。在存量住房市场中，房源分散，价格离散程度高，且出租方最清楚住房的质量状况，处于优势地位。对租户而言，租户的谈判成本相对较高。由于我国住房租赁中经纪服务尚不完善，租户为实现住房消费效用最大化，会花费大量的时间、精力与出租方周旋，增加了谈判成本。

3）交易税费

在房屋租赁交易中，租赁双方涉及营业税、教育费附加、个人所得税、房产税、印花税等。这些税费在实际交易中，绝大多数应由出租方承担的税费被转嫁给租户，增加了租户的交易成本。

4）搬迁成本

搬迁成本是指租户搬入承租住房所需实付的现金和时间成本，包括支付搬家公司的费用、住房装修或整理费用、物品整理等时间成本。

6.3.2　租赁性住房消费的两阶段模型

在住房市场分析中，两阶段模型常被用于住房需求决策分析。例如，Schwab（1982）以住房消费效用函数的两阶段模型为框架进行模拟，测算了通胀预期及通胀率上升带来福利损失情况下的住房需求弹性。Henderson 和 Ioannides（1983）运用两阶段模型分析了住房租赁或自有的决策问题。Amundsen（1985）从微观经济视角建立了跨期效用最大化模型，测算了长期最优迁移策略中的迁移成本。Goodman（1990）以住房消费、非住房消费的效用函数构建了两阶段模型，模拟并测算了交易成本对购买住房服务的影响。Lin 和 Lin（1999）建立住房需求的两阶段模型，估计了租赁性住房的收入弹性。Yoshino 等（2015）建立了自有、租赁住房的两阶段模型，解释了不同供给、需求住房政策的定性影响。

由住房消费决策的效用最大化原理，公共租赁住房租户退出决策时涉及退出前、退出后的住房消费和其他商品消费的效用最大化问题，住房消费的阶段性特征明显。借鉴 Goodman（1990）建构的住房消费效用最大化的两阶段模型，可以分析交易成本对公共租赁住房租户退出的阻滞效应。

假设公共租赁住房租户的家庭消费包括住房消费和非住房消费两部分，从长期来看，家庭消费效用是退出前（第一阶段）和退出后（第二阶段）消费效用之和，故消费效用函数可以写为

$$U = U^1(h_1, c_1) + \frac{1}{1+i} U^2(h_2, c_2) \tag{6-1}$$

式中，h_1、c_1、h_2、c_2 分别为在第一阶段、第二阶段的住房消费和非住房消费，i

表示折现率。公共租赁住房租户在退出决策时必须对两阶段的消费效用做出判断，据此决定是否从公共租赁住房中退出。模型中，租户能够对未来的收入、住房租金及非住房消费品价格做出预测。

设两阶段租户家庭收入 y_1 和 y_2 已知，很显然，收入是住房消费、其他消费、储蓄（贷款）的函数，则有

$$y_1 = r_1 h_1 + c_1 + s \tag{6-2}$$

$$y_2 = r_2 h_2 + c_2 - (1+i)s \tag{6-3}$$

式（6-2）、式（6-3）中，y_1 和 y_2 分别为第一阶段、第二阶段的家庭收入；r_1、r_2 分别为第一阶段、第二阶段的住房租金；s 为家庭储蓄或贷款，$s>0$ 时为储蓄，$s<0$ 时为贷款。

两阶段模型既反映租户住房需求，又考虑到退出时住房租赁交易成本的影响，涉及未来收入、交易成本、储蓄（贷款）等变量，具有很强的灵活性。

6.3.3　交易成本对公共租赁住房租户退出的阻滞效应分析

为清晰地分析交易成本对公共租赁住房租户退出的阻滞效应，首先讨论无交易成本影响下家庭住房消费、非住房消费的最优决策，再考虑交易成本对家庭消费决策的影响。用直线表示家庭预算约束，以无差异曲线表示家庭消费总效用，见图 6-2。

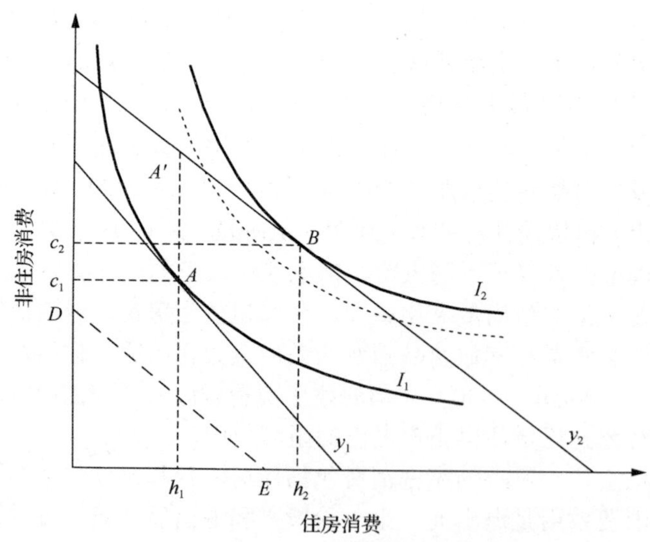

图 6-2　交易成本对租户住房消费决策的阻滞效应

当不考虑交易成本时，在第一阶段，公共租赁住房租户的预算约束为 y_1，该家庭会选择与 y_1 相切的无差异曲线 I_1，达到家庭消费总效用的最大化，此时最优

消费决策为 A 点，家庭住房消费、非住房消费分别为 h_1、c_1；在第二阶段，公共租赁住房租户家庭收入增加，此时家庭预算向右移动，租户调整住房，搬入私人市场住房，此时最优消费决策为 B 点，家庭住房消费由 h_1 提高到 h_2，非住房消费由 c_1 提高到 c_2。

考虑交易成本的影响，当家庭收入增加，即第二阶段预算由 y_1 提高到 y_2，此时交易成本不为 0，意味着家庭预算约束减少，预算约束线向左移动。如果交易成本足够高，抵消了收入的增长效应，无差异曲线 I_2 向左移动，租户会选择居住在原处以取代搬迁计划。因为较高的交易成本会削减家庭的可支配收入，使得搬迁后两阶段的消费总效用低于不搬迁时两阶段的消费总效应，即不搬迁仍可维持第一阶段的住房和非住房消费水平，并且租户可以购买更多的非住房消费品，此时消费决策由 A 移动到 A'。更进一步，当交易成本增加，甚至使家庭的预算约束低于第一阶段的水平（如移至 DE 处），此时调整住房消费总效用会明显低于第一阶段的住房消费总效用，该租户显然不会调整住房，即不会退出公共租赁住房。

6.4　交易成本对公共租赁住房租户退出的阻滞效应模拟

6.4.1　模型设定

在家庭第一、第二阶段的收入约束下，以 Cobb-Douglas 生产函数形式表示式（6-1）中的效用函数，可以构建不考虑交易成本的家庭消费效用最大化模型，简称模型 1，可以写为

$$\begin{cases} \text{Max} \quad U_1 = h_1^{\alpha} c_1^{\beta} + \dfrac{1}{1+i} h_2^{\alpha} c_2^{\beta} \\ \text{s.t.} \quad y_1 = r_1 h_1 + c_1 + s \\ y_2 = r_2 h_2 + c_2 - (1+i)s \end{cases} \tag{6-4}$$

式中，U_1 为不考虑交易成本情况下，第一、第二阶段的家庭消费最优化总效用；α 和 β 分别为住房消费、非住房消费占总消费的比例。

很显然，公共租赁住房租户退出后，将住房消费由 h_1 调整为 h_2，会伴随着交易成本的发生，交易成本会限制租户的消费灵活性。该交易成本可以简单地划分为一次性成本（搜寻和搬迁成本）和可变（比例）成本（与总住房消费支出 $r_i h_i$ 有关）。为便于阐述，仅考虑一次性成本，并用 t 表示。在决策起点，租户面临的家庭消费约束即为两阶段的可支配收入 y_1 和 y_2，但其构成取决于租户是否搬迁。如果租户搬迁，可以建立考虑交易成本的家庭消费效用最大化模型，简称模型 2，可以写为

$$\begin{cases}\text{Max} \quad U_2 = h_1^{\alpha} c_1^{\beta} + \dfrac{1}{1+i} h_2^{\alpha} c_2^{\beta} \\ \text{s.t.} \quad y_1 = r_1 h_1 + c_1 + s \\ y_2 - t = r_2 h_2 + c_2 - (1+i)s \end{cases} \tag{6-5}$$

若租户不搬迁，即不需要调整住房消费，可以调整非住房消费份额，有 $h_1 = h_2 = \overline{h}$。此时，交易成本对租户住房调整产生了阻滞效应，可以得到受交易成本阻滞的家庭消费最优化模型，简称模型 3，可以写为

$$\begin{cases}\text{Max} \quad U_3 = \overline{h}^{\alpha} c_1^{\beta} + \dfrac{1}{1+i} \overline{h}^{\alpha} c_2^{\beta} \\ \text{s.t.} \quad y_1 = r_1 \overline{h} + c_1 + s \\ y_2 = r_2 \overline{h} + c_2 - (1+i)s \end{cases} \tag{6-6}$$

当公共租赁住房租户面临退出决策时，会面临上述模型 2 和模型 3 两种选择，租户会比较两种情形下的长期效用。当 $U_2>U_3$ 时，租户会选择承担住房调整的交易成本，退出公共租赁住房；当 $U_2<U_3$ 时，则选择仍居住在公共租赁住房中。

6.4.2　参数设定及模拟过程

1）参数设定

为模拟交易成本对公共租赁住房租户退出的阻滞作用，参考相关研究及当前实际情况给模型中的参数赋值。租户两阶段的家庭收入除用于住房消费、非住房消费外，还可以有少量收入用于储蓄或其他非消费用途，此时 $\alpha+\beta<1$，可以取定 $\alpha+\beta=0.9$。在住房可支付能力考量上，通常以居住成本不超过家庭收入的 30% 为支付能力衡量标准，取住房消费占总消费的 30%，其他消费占 70%，则 $\alpha=0.27$，$\beta=0.63$。参考目前一年定期存款利率，近似取 5 年的折现率为 8%。考虑武汉市公共租赁住房的一个租期最长为 5 年，取第一、第二阶段的时间分别为 5 年，总期限为 10 年。租户可以在第一阶段的开始（第 1 年）和第二阶段的开始（第 6 年）按 5 年期的收入安排住房消费和非住房消费，还可以根据储蓄或银行贷款来调整第一、第二阶段的消费。根据 2015 年武汉市公共租赁住房租赁资格为家庭人均月收入为 3000 元以下，即家庭人均年收入高于 3.6 万元则不再具备住房保障资格。分析武汉公共租赁住房保障资格申请公示的数据，两人家庭的申请者比较普遍。综合考虑，取模型中家庭年收入为 7.5 万元，在收入不变的情况下第一、第二阶段的家庭收入均为 37.5 万元。

2）模拟过程

整个模拟过程分三步。首先，根据住房消费模型 1，可以求得公共租赁住房家庭在不考虑交易成本时的最优消费决策。其次，求解住房消费模型 3，得到租户受交易成本阻滞作用情况下的最大化消费总效用。最后，将模型 3 得到的最大

化消费总效用代入住房消费模型 2，求得约束方程中 t 的最大值，即为租户在调整住房消费过程中能够承担的最大交易成本。当交易成本大于该临界值时，租户承担交易成本调整住房消费时的总效用小于不退出公共租赁住房的总效用，此时租户会选择不退出公共租赁住房。即公共租赁住房租户受到交易成本的阻滞作用，导致不退出公共租赁住房行为的发生。

6.4.3　租金变化下交易成本的住房消费阻滞效应

假设公共租赁住房租户在两阶段内家庭收入保持不变，不考虑住房调整时的交易成本，求解模型 1 的最优解及最大化总效用，解释住房租金变化对家庭住房消费、非住房消费的影响。模型 1 解的变化主要涉及第一、第二阶段住房租金的变化，用租金比值表示。目前，武汉市公共租赁住房的租金标准由公共租赁住房管理部门根据同类住房的市场租金核定，考虑到租金补贴，实际缴纳租金要低于市场租金，取两阶段的租金比变动范围为 0.7～1.8。

根据模型 1，得到不考虑交易成本下租金变化对住房调整前后家庭消费影响的模拟结果（表 6-1）。结果显示，当两阶段家庭收入、住房租金均保持不变，即 $y_1=y_2=37.5$ 万元，$r_2/r_1=1.0$，不考虑交易成本，住房消费也不会发生变化，家庭的住房消费均为 11.25 单位，家庭储蓄为 0，此时，家庭消费最优的方案是不调整住房，租户能接受的最大交易成本为 0。当家庭不调整住房消费时，交易成本为 0，不会受到交易成本阻滞效应的影响。再将模型 3 求得的最大化总效用代入模型 2 中，求出租户家庭在调整住房消费时能够承受的最大交易成本，得到租金变化情况下受交易成本阻滞效应影响的家庭消费决策。模拟结果见表 6-2。

表 6-1　不考虑交易成本时租金变化对住房消费影响的模拟结果

租金比 r_2/r_1	第一阶段		第二阶段		储蓄（或贷款）s	总效用 U_1
	h_1	c_1	h_2	c_2		
0.7	6.32	14.76	23.67	38.66	16.42	30.73
0.8	8.05	18.78	18.38	34.31	10.67	29.99
0.9	9.71	22.66	14.34	30.12	5.12	29.44
1.0	11.25	26.25	11.25	26.25	0.00	29.01
1.1	12.63	29.46	8.88	22.78	−4.59	28.67
1.2	13.84	32.28	7.05	19.73	−8.62	28.41
1.3	14.88	34.72	5.64	17.10	−12.10	28.21
1.4	15.78	36.81	4.54	14.84	−15.09	28.04
1.5	16.54	38.60	3.69	12.92	−17.64	27.91
1.6	17.19	40.11	3.02	11.28	−19.81	27.80
1.7	17.75	41.41	2.49	9.88	−21.65	27.71
1.8	18.22	42.51	2.07	8.69	−23.22	27.64

表 6-2　考虑交易成本时租金变化对住房消费影响的模拟结果

租金比 r_2/r_1	总效用 U_3	$\bar{h}$	第一阶段		第二阶段		储蓄（或贷款）s	最大交易成本 t	最大交易成本占住房消费的比例%
			h_1	c_1	h_2	c_2			
0.7	30.25	13.15	6.22	14.51	23.27	38.00	16.78	1.33	8.05
0.8	29.81	12.45	8.00	18.66	18.26	34.08	10.85	0.53	3.62
0.9	29.40	11.82	9.70	22.63	14.32	30.08	5.17	0.12	0.94
1.0	29.01	11.25	11.25	26.25	11.25	26.25	0.00	0.00	0.00
1.1	28.64	10.73	12.61	29.43	8.86	22.75	−4.54	0.10	0.99
1.2	28.30	10.26	13.77	32.14	7.02	19.64	−8.41	0.35	4.18
1.3	27.97	9.83	14.74	34.40	5.58	16.94	−11.64	0.72	9.88
1.4	27.66	9.44	15.54	36.26	4.47	14.62	−14.30	1.17	18.47
1.5	27.37	9.07	16.18	37.76	3.61	12.64	−16.45	1.68	30.37
1.6	27.09	8.73	16.52	38.97	2.93	10.96	−18.17	2.22	46.03
1.7	26.82	8.42	17.10	39.92	2.40	9.53	−19.53	2.79	65.87
1.8	26.57	8.13	17.43	40.67	1.98	8.32	−20.60	3.36	90.27

以表 6-1、表 6-2 中的部分模拟结果为例，探讨租金变化时交易成本对住房消费的影响。当 r_2/r_1=0.7 时，租户预计退出公共租赁住房时搜到的住房租金会低于当前居住房屋的租金，安排第一阶段的住房消费为 6.32 单位，第二阶段为 23.67 单位，并选择 16.42 单位的储蓄，第二阶段住房消费比第一阶段相比有大幅度的提高，以达到两阶段的总消费效应最大化。若在两阶段之间不选择退出公共租赁住房，则租户家庭在第一、第二阶段均选择 13.15 单位的住房消费。如果选择退出公共租赁住房，即调整住房消费，此时，该租户能够承受的最大交易成本为 1.33 单位，占住房消费的比例为 8.05%。即当租赁住房的交易成本低于 1.33 单位时，模型 2 的总效用 U_2 会大于模型 3 的总效用 U_3，公共租赁住房租户会在第二阶段初期调整住房消费，退出公共租赁住房，搬入搜寻到的私人市场住房。反之，当交易成本超过 1.33 单位时，租户不调整住房的总效应会更大，此时，租户选择仍居住在公共租赁住房中，延迟退出或不退出公共租赁住房。

当 r_2/r_1=1.7 时，租户预计将来调整住房消费时租金会大幅度高于当前居住房屋的租金，则会提高第一阶段的住房消费至 17.75 单位，第二阶段则选择 2.49 单位的住房消费，以达到两阶段家庭消费总效用的最大化。若不调整，则两阶段的住房消费均安排为 26.82 单位，在此情形下，能够接受的最大交易成本为 2.79 单位，占住房消费的 65.87%。当交易成本低于 2.79 单位时，总效用 $U_2>U_3$，租户选择退出公共租赁住房；反之，选择延迟退出或不退出公共租赁住房。

图 6-3 揭示了住房租金变化对租户家庭消费的影响。图 6-3 显示，当租金比为 1，即两阶段租金相等时，住房消费数量相等。随着租金比上升，第一、第二阶段的住房消费分别呈现出持续上升、下降的趋势，且速度逐步趋缓，但下降的速度要更快一些。说明当租金预期上升时，租户家庭会逐步增加第一阶段住房消

费，减少第二阶段住房消费，使两阶段的家庭消费效用达到最大化。图 6-3 还显示，当租户受到住房交易成本阻滞效应的影响时，会选择延迟退出或不退出公共租赁住房，即不调整住房时，随着预期租金比上升，住房消费也会逐渐减少，但调整速度明显低于不受交易成本影响时第一、第二阶段住房消费的调整速度。

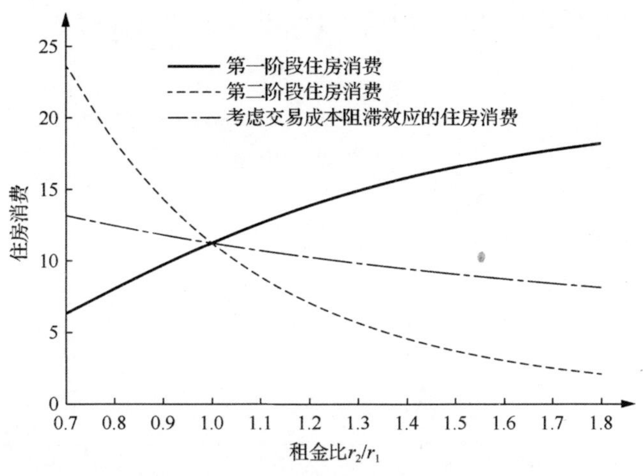

图 6-3　租金变化对住房消费的影响

图 6-4 反映了交易成本及其比例随租金变化而变化的情况，可以发现，交易成本及其比变化呈“U”形。当两阶段租金比为 1 时，可接受的最大交易成本为 0。当租金比小于 1 时，可接受的最大交易成本及其比例随租金比下降而逐渐提高；当租金比大于 1 时，则可接受的最大交易成本及其比例随租金比上升而提高。从图 6-4 可以看出，可承受的交易成本占住房消费的比例可表示交易成本对住房消费的阻滞作用，比例越大，阻滞效用也越大。可以看出，两阶段的租金比下降时，交易成本的阻滞效应较小，当租金比上升时，阻滞效应要大一些。

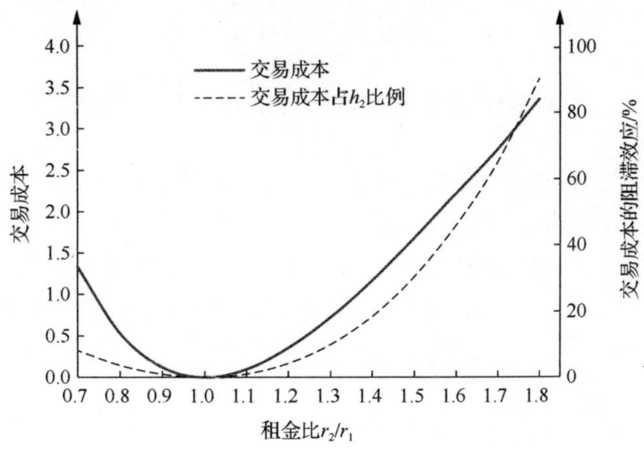

图 6-4　租金变化对交易成本及阻滞效应的影响

图 6-5 呈现了租金变化时租户家庭消费总效用的变化趋势。由图 6-5 中可以发现，随着租金比上升，家庭消费总效用呈下降趋势。当租金比不为 1 时，如果家庭调整住房消费，不受交易成本影响时，其总效用会比较高，而受到交易成本影响时，总效用会明显降低，体现出交易成本对家庭住房消费的阻滞效果，阻碍了不再具备公共租赁住房资格的租户顺利退出公共租赁住房。

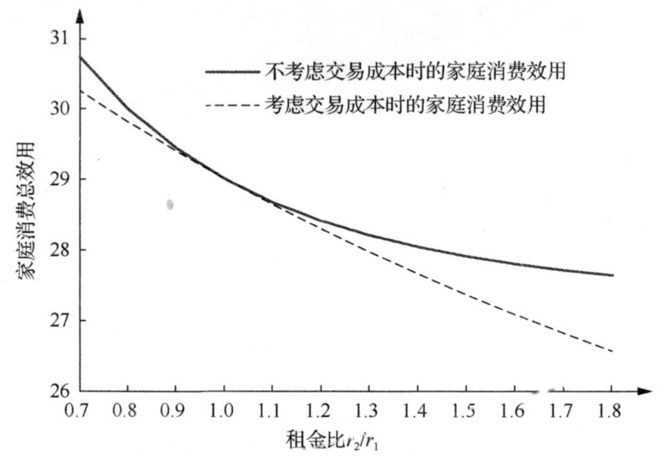

图 6-5　租金变化下家庭消费总效用变化

根据以上模拟结果，可以对不再具备公共租赁住房资格的家庭的退出行为进行预测。假定公共租赁住房租户的家庭年收入仍为 7.5 万元，5 年期收入为 37.5 万元，租赁私人市场住房时能够承受的最大交易成本为住房消费的 8%，可以简单地测算出退出公共租赁住房前后两阶段的住房租金比为 0.7～1.3。即当租金比为 0.7～1.3，租户家庭在租赁私人市场住房时的交易成本低于 8%时，会选择调整住房消费，退出公共租赁住房。否则，当租赁住房交易成本超出租户的承受能力时，住房搜寻不成功，租户就会选择不退出当前住房。

6.4.4　租金及收入同时变化下交易成本的住房消费阻滞效应

根据两阶段住房消费效用最大化模型，还可以模拟住房租金和家庭收入同时变化时租户能接受的最大交易成本及阻滞效应的相对水平。因为模拟对象是不再具备公共租赁住房保障资格的家庭，假设第二阶段家庭收入不低于第一阶段，取两阶段收入比为 1.00～1.25，租房租金比仍取 0.7～1.8。表 6-3 列出了部分模拟结果。

表 6-3　租金及收入同时变化时交易成本对住房消费影响的模拟结果

租金比 r_2/r_1	收入变化 y_2/y_1	总效用 U_3	第一阶段		第二阶段		最大交易成本 t	最大交易成本占住房消费的比例%
			h_1	c_1	h_2	c_2		
0.7	1.00	30.25	6.22	14.51	23.27	38.00	1.33	8.05
	1.05	30.91	6.37	14.85	23.82	38.91	1.37	8.05
	1.10	31.56	6.52	15.20	24.38	39.83	1.40	8.05
	1.15	32.21	6.67	15.55	24.94	40.74	1.43	8.05
	1.20	32.86	6.81	15.90	25.50	41.65	1.46	8.05
	1.25	33.51	6.96	16.25	26.06	42.57	1.49	8.05
1.0	1.00	29.01	11.25	26.25	11.25	26.25	0.00	0.00
	1.05	29.63	11.52	26.88	11.52	26.88	0.00	0.00
	1.10	30.26	11.79	27.51	11.79	27.51	0.00	0.00
	1.15	30.88	12.06	28.14	12.06	28.14	0.00	0.00
	1.20	31.51	12.33	28.77	12.33	28.78	0.00	0.00
	1.25	32.13	12.60	29.40	12.60	29.41	0.00	0.00
1.7	1.00	26.82	17.10	39.92	2.40	9.53	2.79	65.87
	1.05	27.40	17.52	40.88	2.46	9.76	2.86	65.87
	1.10	27.98	17.93	41.85	2.52	9.99	2.92	65.87
	1.15	28.56	18.35	42.81	2.58	10.22	2.99	65.87
	1.20	29.13	18.76	43.76	2.63	10.45	3.06	65.87
	1.25	29.71	19.17	44.72	2.69	10.67	3.12	65.87

由表 6-3 可以发现，当租金比保持不变时，租户在两阶段的住房消费随预期收入的增加而呈现提高的趋势，能够承受的交易成本也随之提高。由表 6-3 还可以看出，租户可承受的最大交易成本占住房消费的比例在租金比一定时，无论两阶段收入比如何变化，均保持不变。说明家庭收入的变化，会影响最大交易成本的绝对值，但交易成本对租户住房消费的相对值变化没有影响，即住房消费的阻滞效应仅受到租金变化的影响。

由图 6-6 可以看出，当租金比大于或小于 1 时，随着家庭收入的提高，可承受的最大交易成本也越高。租金比小于 1 时，租户可承受的最大交易成本随租金比升高而逐渐降低。同时，同一收入比下的交易成本曲线斜率逐步变小，说明租金比上升最大可接受交易成本变化趋缓。当租金比大于 1 时，租户可接受的最大交易成本随租金比上升而增加。从变化幅度及斜率看，均小于租金比小于 1 时的水平。

从交易成本阻滞效应曲线看，最大可接受交易成本占住房消费的比重不随预期家庭收入变化而变化。预期家庭收入的提高，仅提高最大交易成本的绝对值，并不影响住房消费阻滞效应的相对水平。

从以上租金、家庭收入对住房消费决策影响的模拟结果可以发现，私人住房市场上的租金对住房消费的阻滞效应产生重要的影响，对公共租赁住房租户是否退出公共租赁住房的决策发挥着主导作用。

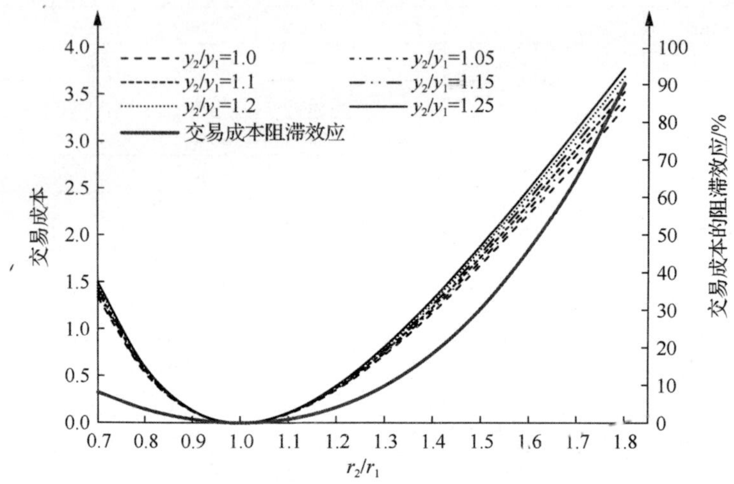

图 6-6　不同收入水平下租金变化对交易成本及阻滞效应的影响

由于两阶段收入比不影响住房消费阻滞效应的相对水平，当租户租赁私人市场住房能接受的最大交易成本占住房消费 8%水平时，测算出两阶段能够承受的住房租金比仍为 0.701～1.267。类似地，当最大交易成本可接受范围发生变动时，可以测算出租户能接受的住房租金比范围，结果见表 6-4。当交易成本占住房消费比例扩大时，租户能够接受的租金范围有扩大趋势，说明租户能接受的交易成本越高，在私人住房市场上搜寻住房的范围也随之扩大。

表 6-4　不同最大交易成本下的住房租金比范围

交易成本比例/%	租金比 r_2/r_1	
	下限	上限
8	0.701	1.267
9	0.685	1.285
10	0.669	1.301
11	0.653	1.313
12	0.637	1.325

以上模拟过程借鉴 Goodman 构建的住房消费效用最大化的两阶段模型，引入交易成本，分析了交易成本对公共租赁住房退出时的阻滞效应。数值模拟发现，当租户退出前后的住房租金比发生变化时，受家庭消费总效用最大化作用，租户

可承受的最大交易成本也随之发生变化。当租金比大于 1 且上升时，交易成本占家庭消费的比例越大，阻滞效应也越大，使不再具备公共租赁住房保障资格的租户难以顺利退出。当租金、收入同时变化时，会影响到最大可承受交易成本的绝对值，但交易成本占住房消费的比重没有影响，对租户退出公共租赁住房的阻滞与仅受租金变化时的影响相同。当交易成本超出租户的承受能力时，租户可能停止住房搜寻、迁移行为，仍居住在公共租赁住房中。

6.5 小　　结

公共租赁住房租户产生退出意愿，到私人住房市场搜寻合适的住房，完成住房搬迁，退出公共租赁住房是一个复杂的过程。公共租赁住房退出行为是否能够实现，不仅取决于租户的个人动机因素（不愿舍弃积淀的邻里依附效用），还受超出个人控制范围之外的因素的影响（如私人住房市场租金），个人考量和外部因素对公共租赁住房租户的退出行为具有阻滞效应。

（1）公共租赁住房退出是租户在个人和家庭社会经济状况，以及私人住房市场状况和公共服务配套等外部制约要素作用下选择的结果，是主观因素与外部因素相结合的产物，其过程具有复杂性。很难简单概括，必须将退出行为视作一个过程予以较全面的把握。退出过程可以分为产生退出意愿、住房搜寻与选择、退出实现三个阶段。

（2）构建租赁性住房消费的两阶段模型，分析交易成本对公共租赁住房租户退出的影响。结果显示，公共租赁住房租户家庭收入增加，不考虑交易成本影响时，租户能够采取退出策略，调整住房消费搬入私人市场住房。当考虑交易成本时，交易成本可能抵消家庭收入的增长效应，租户会选择继续居住在公共租赁住房中，而不退出。

（3）在两阶段家庭消费效用最大化模型基础上，模拟了交易成本对公共租赁住房租户退出的阻滞效应。受交易成本的作用，当退出后租户在两阶段的消费效用小于不搬迁状态下的消费效用时，租户会选择仍居住在公共租赁住房中。数值模拟结果发现，当家庭收入变化时，会影响租户在私人住房市场上可承受的最大交易成本的绝对值，私人住房市场租金对住房消费的阻滞效应产生重要的影响。当租户能够承受的最大住房交易成本一定时，租户能够承受的租金范围也一定。若最大交易成本或租金超出租户能够承受的水平，会阻碍租户退出意愿的实现，租户会继续居住在公共租赁住房中。

第 7 章　公共租赁住房退出治理策略：演化博弈的视角

租户退出是公共租赁住房运营过程中的重要环节之一，影响住房保障制度公平与效率目标的实现。近几年，我国公共租赁住房建设步伐加快，政策体系逐步健全，各城市出台的公共租赁住房退出工作机制也不断完善。然而，公共租赁住房退出不畅，“住得进去，退不出来”现象的报道仍屡见报端，已经成为削弱住房政策效果的关键问题。国家审计署连续发布的城镇保障性安居工程审计结果显示，受收入与住房信息平台未建立、多部门联审机制未有效运行、管理机构审核把关不严等制约，大批不符合保障资格的家庭以不实材料通过审批而违规享受公共租赁住房；大量保障对象在收入、住房等条件发生变化后不再具备保障资格的家庭仍享有公共租赁住房及租金补贴。公共租赁住房“退出难”意味着政府在公共租赁住房方面的高额支出，一些住房困难的家庭被排斥在保障范围之外，使得住房保障效率受损，亟待提出有效办法予以治理。

公共租赁住房退出政策作为公共政策的类型之一，旨在解决“退出难”问题，但其政策制定过程比较复杂，使得退出政策制定的结果表现出不确定性和偶然性，直接影响退出政策解决“退出难”问题的绩效。退出政策的制定是公共租赁住房退出过程中各利益主体博弈的结果，主体利益冲突多元性、博弈方式多元化及信息不对称，都容易导致退出政策的不确定性和偶然性，政策实施的效果难以预料。从实质上讲，公共租赁住房“退出难”是各主体之间利益诉求过程中的冲突，而博弈论是分析利益主体间行动策略选择逻辑的重要工具，为更进一步地审视公共租赁住房退出利益冲突路径、寻求利益均衡途径提供了潜在的方法论基础。

7.1　公共租赁住房退出与博弈

公共租赁住房“退出难”是有限住房资源配置矛盾下产生的利益冲突问题，利益冲突主体之间的博弈不可避免，因而许多研究通过构建利益主体间的博弈模型，试图揭示各参与主体行为策略的选择规律。

从博弈主体看，政府部门和公共租赁住房租户是最常见的两类博弈主体；在模型假设上，多采纳理性经济人假设前提。针对公共租赁住房退出行为中存在道德风险，谢丽丽（2012）运用完全信息动态博弈模型分析了保障性住房退出机制，构建了保障性住房退出选择模型，并求解得出保障性住房退出的合理奖惩区间。徐琼（2012）分析了公共租赁住房管理部门与不符合保障资格的租户之间的退出博弈行为，构建了支付函数矩阵，推导发现加大不申报行为查证后的处罚力度，并给予主动申报租户奖励，有利于抑制租户违规不退的行为。陈险峰和刘友平（2012）从申请租户的不诚信行为（包括不诚信申请、违规转租及逾期不退等）出发，构建了政府监管和申请租户诚信行为的博弈模型，以理性经济人视角进行推导，发现政府是否采取严格审查政策，取决于审核成本及惩罚力度和租金优惠程度，还与非诚信行为查获概率有关，试图为保障性住房退出政策设计提供理论基础。张津君和韩美贵（2013）假定廉租住房退出的利益相关方均为理性经济人，在完全信息静态博弈框架下，政府主管部门和租户均根据对方的信息判断对方行为，再采取相应策略。通过政府与租户之间的纯策略与混合策略博弈模型，找出影响双方行为选择的关键因素是双方选择不同策略时的收益。还指出，在政府加大惩罚力度背景下，合理的奖励机制可以提高租户退出的积极性，实现保障性住房资源良性流转，并有效降低政府监管成本。刘宁和焦红超（2014）认为，廉租房租户和主管部门的博弈是双方做出选择及不断调整信念的过程，符合不完全信息博弈的特征，以实例分析双方存在的 8 种博弈策略，指出政府发现不符合保障资格的租户的概率是影响廉租房住户退出决策的重要影响因素。李宝龙（2016）建立公共租赁住房主管部门和租户之间的博弈模型，发现租户的信用水平和主管部门查获租户隐瞒行为的概率是阻碍公共租赁住房退出的关键因素。

当然，政府监管部门与公共租赁住房租户双方的博弈行为并非总是理性的，双方策略选择是有限理性的动态博弈过程，具有非对称进化博弈的显著特征，不能拘泥于经典博弈论的理性分析框架。邓宏乾和王昱博（2015）构建的双方非对称进化博弈模型发现，在现有制度框架下，无论政府监管部门采取严格监管策略还是非严格监管策略，租户都趋于选择隐瞒不退出，而引入激励机制后，只有激励所获利益大于隐瞒不退所获利益时，租户才会选择主动退出，因此，激励机制是影响双方监管与退出策略的关键因素。

公共租赁住房租户退出选择除了受到政府监管行为的影响，也受到租户群体的退出策略选择的影响。行为科学研究表明，在信息性社会影响下，受个体认知局限，个体会相信其他人在某种情境下的认知和选择会比自己更准确，并且可以帮助自己选择适当的行为方式（Kahneman，2011）。在公共租赁住房市场中，当一种退出选择占主导或对租户的策略选择产生重要影响时，这种退出策略逐渐被租户视作一种社会行为规范，背离它会遭受其他承租人的排斥，使自己的利益受损。因而，公共租赁住房租户在退出策略选择上，会参照其他租户的行为。租户退出策略的选择体现了一种社会中的互动关系，除直接互动，双方会将其经验传递到其他主体，并在行为博弈过程中逐步修正自己的行为。艾建国等（2012）从保障性住房租户之间的退出策略博弈出发，建立了租户及时和拖延退出两类策略下的博弈模型并进行均衡性分析，租户家庭是否及时退出取决于政府收取违规罚金的概率及罚金水平，即违规拖延退出租户的行为成本。

从博弈论工具应用于公共租赁住房退出研究看，大多数研究基于完全理性的分析框架，部分研究采用了有限理性假设的演化博弈分析模型。但政府监管部门和公共租赁住房租户两个博弈主体的演化路径尚不清晰，一些因素对博弈路径的影响激励有待进一步探索和揭示。

7.2　演化博弈模型及假设

7.2.1　演化博弈模型

1982 年，英国著名生物学家和数学家史密斯在其著作《演化与博弈论》中率先将博弈论的观点引入生物体的信息进化及物种演变研究，并提出了演化稳定均衡等重要概念，建立了演化博弈论的学科基础。经典博弈论在新古典理论假定下建构分析框架，对预测决策主体行为具有明显的缺陷。其一，经典博弈理论要求参与人完全理性且行动序贯；其二，假定参与人知晓各种可能状态及其客观概率，要求参与人具有很强的计算与推理能力；其三，预测的理论基础建立在纳什均衡及其精炼之上，且参与人的预期满足一致性。很显然，传统的博弈论假定与现实相背离，难以很好地解释社会生活中的行为选择问题。Lindblom（2017）也指出，人类有限的智能和信息限制了全面理解能力，没有人会用完全理性的方法去解决真正复杂的问题。演化博弈放松了完全理性假设，为纳什均衡及均衡选择提供了基础，以动态的框架分析系统均衡及达到均衡的过程，更准确地描述行为策略选择的变化。

演化博弈模型有其基本的分析结构（黄凯南，2009），主要包括以下四个部分。

1）博弈框架

演化博弈假定在特定技术和制度条件下进行，参与者一般经过某种传递机制而不是经理性选择获得策略。在重复博弈过程中，参与者从大群体中随机选出，参与者相互缺乏了解。

2）适应度函数

演化博弈将经典博弈中的支付函数转化为适应度函数，反映出策略与适应度之间的映射关系。适应度可被理解为采用此策略的参与者数量在每期博弈后的增长率，不仅取决于博弈中获得的收益，还与个体主观评价、学习能力及个体互动模式有关。在简化分析情况下，一般直接将个体的博弈支付视作适应度。

3）演化过程

演化过程依赖于选择机制，主要以适应性模仿传递方式进行。典型的机制是复制者动态，实质上是描述某个策略在周围群体中被采纳的频数的动态微分方程。当一种策略的收益或支付高于群体的平均适应度，则该策略在群体中扩展，表现出策略增长，且增长率大于零。

4）演化稳定策略

演化稳定策略是演化博弈中最基础的均衡概念，它不依赖于演化过程，是纳什均衡的一种精炼。在演化稳定状态下，当存在其他策略侵入时，现存的策略能够比侵入策略获得更高的收益，因而能持续存在。

7.2.2 模型基本假设

在公共租赁住房退出环节，公共租赁住房租户与政府监管部门都是有限理性的，有着不同的利益诉求，在博弈初始难以找到最优策略，会进行多次博弈。在重复博弈过程中，学习、模仿群体内其他个体的行为，调整和修正自己的选择，从而逐渐找到最优策略。两类博弈主体按照生物进化的路径，最初采取低收益策略的个体会改变自己的策略，模仿高收益策略，最终两类博弈主体达到策略均衡。

假设 1：在公共租赁住房退出及监管行为中，存在两类有限理性的博弈群体，即政府监管部门和公共租赁住房租户。博弈双方均有两种随机策略可供独立选择，政府监管部门的策略为严格监管和非严格监管，租户的策略为当退则退和当退不退（隐瞒不退）。政府监管部门与租户对各种选择策略的收益都是清楚的，基于各自策略的价值感知选择行动策略。两者不断根据对方策略的变化调整策略，并不断地模仿、复制对自己有利的策略，指导达到演化稳定策略。

假设 2：在公共租赁住房租户不再具备保障资格时，有两种行为选择，即退出或不退出公共租赁住房。当租户选择退出时，意味着不再享有公共租赁住房与私人租赁住房的租金差（r）和政府租金补贴（r_1）带来的好处，同时还需要承担在私人住房市场上租赁住房的交易成本（m）。根据前景理论的观点，租金差、租金补贴和交易成本对租户而言是一种损失。如果租户选择不退出，采取隐瞒不退策略，则可以继续享有租金差和租金补贴，对己而言是一种客观收益。但租户一旦被政府监管部门查出其违规行为，不仅要承担相应的罚款，还要支付租赁住房交易成本，从公共租赁住房中迁出。

假设 3：政府监管部门的监管成本为 c，若公共租赁住房租户按要求退出，政府可以减少与住房租金相关的支出。如果租户隐瞒不退被查出，政府监管部门还能获得罚款收入 f。

7.3　惩罚机制下的公共租赁住房退出演化博弈分析及仿真

7.3.1　模型构建

根据上述假设，构建公共租赁住房租户和政府监管部门行为策略及收益矩阵，见表 7-1。

表 7-1　公共租赁住房租户和政府监管部门行为策略及收益矩阵

政府监管部门	租户	
	当退则退	当退不退
严格监管	$r-c, -r-r_1-m$	$-r-c+f, r+r_1-f-m$
非严格监管	$r, -r-r_1-m$	$-r, r+r_1$

由表 7-1 可知，公共租赁住房租户选择当退则退和当退不退策略时的期望收益，即适应度分别为

$$U_{T1}=q(-r-r_1-m)+(1-q)(-r-r_1-m)=-r-r_1-m \tag{7-1}$$

$$U_{T2}=q(r+r_1-f-m)+(1-q)(r+r_1)=r+r_1-q(f+m) \tag{7-2}$$

租户两种选择的平均收益（平均适应度）为

$$U_T=pU_{T1}+(1-p)U_{T2} \tag{7-3}$$

类似地，政府监管部门选择严格监管和非严格监管时的期望收益及两种选择的平均收益分别为

$$U_{S1}=p(r-c)+(1-p)(-r-c+f)=-r-r_1-m \tag{7-4}$$

$$U_{S2}=pr+(1-p)(-r)=2pr-r \tag{7-5}$$

$$U_S=qU_{S1}+(1-q)U_{S2} \tag{7-6}$$

很显然，公共租赁住房租户、政府监管部门选择不同的策略时得到的收益也不相同。根据演化博弈的思想，博弈主体基于直觉和经验的判断，获益较差的博弈方或早或迟会发现改变策略对己方有利，并开始模仿另一种类型的博弈策略。对于每一群体中两种类型博弈方的比例随时间变化而变化，比例变化的速度取决于博弈方学习模仿的速度。通常取决于两个因素，一是模仿对象的数量大小（可用各类博弈方的比例表示），二是模仿的成功程度（可用模仿对象策略收益超过平均收益的幅度表示）

由此，可得到公共租赁住房租户选择当退则退时的动态变化速度，用动态微

分方程（也称为复制动态方程）表示为

$$F(p)=\frac{\mathrm{d}p}{\mathrm{d}t}=p(U_{T1}-U_{T})=p(1-p)(U_{T1}-U_{T2})$$
$$=p(1-p)\left[q(f+m)-(2r+2r_1+m)\right] \tag{7-7}$$

政府监管部门选择严格监管的动态变化速度可表示为

$$F(q)=\frac{\mathrm{d}q}{\mathrm{d}t}=q(U_{S1}-U_{\mathrm{S}})=q(1-q)(U_{S1}-U_{S2})=q\left(1-q\right)\left[f-c-pf\right] \tag{7-8}$$

7.3.2　均衡点及稳定性分析

令 $\frac{\mathrm{d}p}{\mathrm{d}t}=0$ 和 $\frac{\mathrm{d}q}{\mathrm{d}t}=0$，可求解公共租赁住房租户和政府监管部门所选策略的复制动态方程，得到系统的 5 个局部均衡点，即（0,0）、（0,1）、（1,0）、（1,1）和 (p^*,q^*)，其中 $p^*=\frac{f-c}{f}$，$q^*=\frac{2r+2r_1+m}{f+m}$。

上述所求均衡点并不一定是系统的演化稳定策略，其稳定状况可以从该系统的 Jacobian 矩阵（记为 J）的局部稳定性分析得出（Friedman，1998）。

$$J=\begin{bmatrix} a_{11} & a_{12} \\ a_{21} & a_{22} \end{bmatrix}=\begin{bmatrix} \frac{\partial F(p)}{\partial p} & \frac{\partial F(p)}{\partial q} \\ \frac{\partial F(q)}{\partial p} & \frac{\partial F(q)}{\partial q} \end{bmatrix}$$
$$=\begin{bmatrix} (1-2p)\left[q(f+m)-(2r+2r_1+m)\right] & p(1-p)(f+m) \\ -q(1-q)f & (1-2q)(f-c-pf) \end{bmatrix} \tag{7-9}$$

可以得到系统 5 个均衡点处 Jacobin 矩阵各元素的取值，见表 7-2。

表 7-2　Jacobin 矩阵各元素取值

均衡点	a_{11}	a_{12}	a_{21}	a_{22}
（0,0）	$-(2r+2r_1+m)$	0	0	$f-c$
（0,1）	$f-(2r+2r_1)$	0	0	$-(f-c)$
（1,0）	$2r+2r_1+m$	0	0	$-c$
（1,1）	$-f+(2r+2r_1)$	0	0	c
(p^*,q^*)	0	M	N	0

其中，M 和 N 的取值为

$$M=\frac{c(f-c)(f+m)}{f^2} \tag{7-10}$$

$$N = -\frac{(2r + 2r_1 + m)\left[f - (2r + 2r_1)\right]}{(f + m)^2} \tag{7-11}$$

表 7-2 中，只有均衡点满足 $\det J>0$ 且 $\operatorname{tr} J<0$ 时才是稳定的，该策略才是演化稳定策略（ESS）。很显然，均衡点（p^*,q^*）存在 $\operatorname{tr} J=0$，不符合稳定性条件，因此该局部均衡点不是演化稳定策略。

7.3.3　演化博弈结果分析

局部均衡点的稳定性与表 7-2 中各元素的取值有关，讨论不同条件下各局部均衡点是否是演化稳定策略的可能性，结果见表 7-3。各条件下，公共租赁住房租户和政府监管部门演化博弈的复制动态相位图见图 7-1。

表 7-3　局部均衡点稳定性分析

条件	均衡点	$\det J$	$\operatorname{tr} J$	稳定性
$f>2r+2r_1$ 且 $f>c$	（0,0）	−	不确定	不稳定
	（0,1）	−	不确定	不稳定
	（1,0）	−	不确定	不稳定
	（1,1）	−	不确定	不稳定
$f>2r+2r_1$ 且 $f<c$	（0,0）	+	−	ESS
	（0,1）	+	+	不稳定
	（1,0）	−	不确定	鞍点
	（1,1）	−	不确定	鞍点
$f<2r+2r_1$ 且 $f>c$	（0,0）	−	不确定	鞍点
	（0,1）	+	−	ESS
	（1,0）	−	不确定	鞍点
	（1,1）	+	+	不稳定
$f<2r+2r_1$ 且 $f<c$	（0,0）	+	−	ESS
	（0,1）	−	不确定	鞍点
	（1,0）	−	不确定	鞍点
	（1,1）	+	+	不稳定

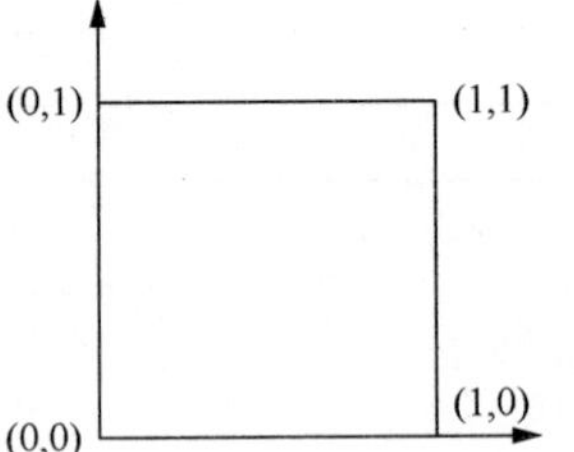

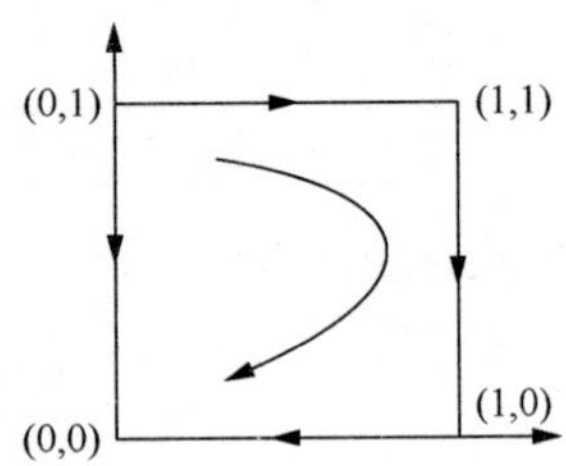

图 7-1　系统演化复制动态相位图

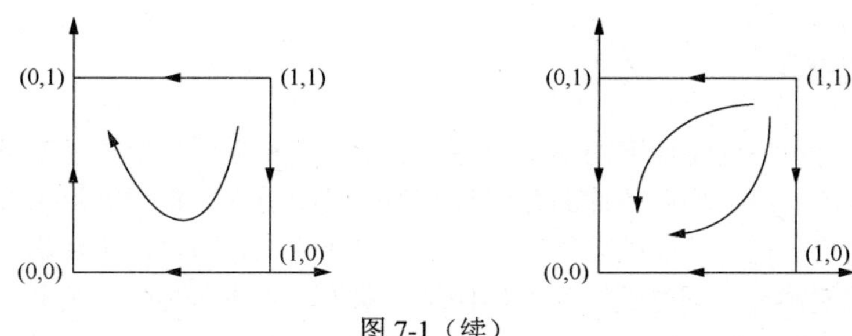

图 7-1（续）

从局部均衡点稳定性分析结果及复制动态相位图可以发现博弈主体的演化策略。

（1）当 $f>2r+2r_1$ 且 $f>c$ 时，所有局部均衡点都不能满足稳定性条件，不存在演化稳定策略。

（2）当 $f>2r+2r_1$ 且 $f<c$ 时，由表 7-3 中可以看出，（0,0）满足稳定性条件，因此该点是演化稳定策略。当政府监管部门对公共租赁住房租户违规行为的惩罚高于租金补贴和租金差之和的 2 倍，但低于政府严格监管的执行成本时，政府监管部门将全部趋于非严格监管，租户也全部趋向于当退不退策略。这意味着，当租户在政府监管部门疏于违规行为的监管时，会选择不退出公共租赁住房。

（3）当 $f<2r+2r_1$ 且 $f>c$ 时，均衡点（0,1）满足稳定性条件，是演化稳定策略。当政府监管部门的惩罚低于租金补贴和租金差之和的 2 倍，但高于政府严格监管的执行成本时，政府监管部门虽然会趋于严格监管，但租户仍然会趋于当退不退策略。政府监管部门采取严格监管时，能取得监管收益，但租户采取当退不退策略也能取得相应的收入，因而采取隐瞒不退的策略。

（4）当 $f<2r+2r_1$ 且 $f<c$ 时，（0,0）满足稳定性条件，是演化稳定策略。当政府监管部门的惩罚低于租金补贴和租金差之和的 2 倍，且低于政府严格监管的执行成本时，政府监管部门将全部趋于非严格监管，租户也全部趋向于当退不退策略。在该情形下，政府监管部门虽然采取了惩罚措施，但惩罚偏低，低于公共租赁住房租户的获益，甚至还不能弥补监管部门的执法成本，因此出现租户隐瞒不退、监管部门疏于执法的状况。

上述两种演化稳定策略，是博弈主体在各自策略中选择占有策略的结果。对公共租赁住房租户而言，多个租户构成一个租户群体。根据群体行为理论，在群体行动中，个体的心智容易降到较低的水平，会毫不怀疑地被动接受和模仿群体中其他人的行为和态度，并被整个群体所接受（戴维·波普诺，2007）。因而，当某个租户当退则退或当退不退策略被认为有利可图时，也会采取同样的策略，最终演化为全部租户均选择该策略，成为租户群体的演化稳定策略。对某一个政府监管部门，其行为策略选择的演化也是如此，达到监管群体的演化稳定策略。

7.3.4　模拟仿真

为真实再现不同条件下的均衡状态，展示公共租赁住房退出及监管行为演化趋势，选取满足演化均衡条件的算例数值进行模拟仿真。根据武汉市经济发展水平和住房困难家庭的承受能力等因素，公共租赁住房租金以同类住房平均市场租金的30%比例确定。同时武汉市根据保障对象人均月收入标准对公共租赁住房租户给予一定比例的租金补贴，但比例不高于应缴租金的90%。租户退出公共租赁住房时，假设能够承受的最大搬迁成本以不超过市场租金30%的比例确定。按照上述参数取定原则，运用Matlab进行模拟仿真。

1）$f > 2r + 2r_1$ 且 $f > c$

在此条件下，4 个局部均衡点均不满足稳定性条件，不存在演化稳定策略。假定武汉市公共租赁住房租金为 10 单位，取 r=3，r_1=1，f=9，c=6，m=2，系统演化趋势模拟仿真见图 7-2。

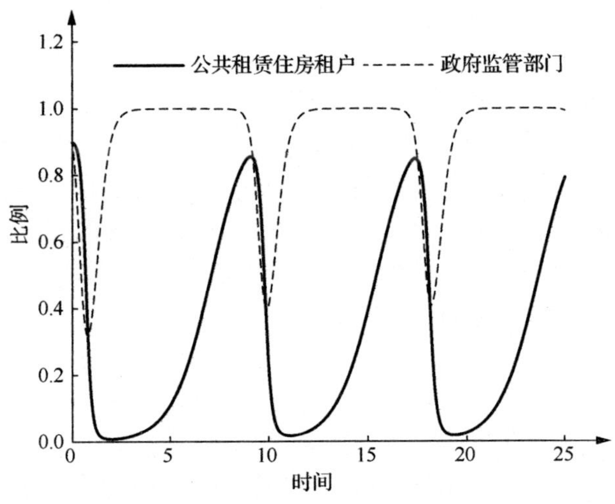

图 7-2　f>2r+2r_1 且 f>c 时演化仿真图

在系统演化初期，租户和政府监管部门分别采取当退则退和严格监管策略。在租户发现隐瞒不退时有利可图，监管部门也开始疏于监管，租户群体会趋于采取隐瞒不退的策略。当承租人群体隐瞒不退的规模达到一定比例后，监管部门试图扭转该趋势，逐渐强化严格执法。在严格执法背景下，租户群体隐瞒不退的策略获益受限，选择当退则退策略的比例又开始回升，但上升比例滞后监管部门严格执法的上升比例。经过一段时间的演化后，监管部门又开始放松监管，租户选择隐瞒不退的比例再次开始回升，监管部门选择严格执法的比例经过一段时间的下降后也重新上升，租户又趋于当退则退的选择。在此过程中，租户和政府监管部门的群体选择都无法趋向一个稳定点，呈现出周期性振荡的演化趋势。公共租赁住房退出行为出现"当退不退-监管趋严-当退则退-疏于监管-当退不退"的恶性循环。

2） $f > 2r + 2r_1$ 且 $f < c$

局部均衡点（0,0）为演化稳定策略，取 $r = 3$，$r_1 = 1$，$f = 9$，$c = 10$，$m = 2$，系统演化趋势模拟仿真见图 7-3。

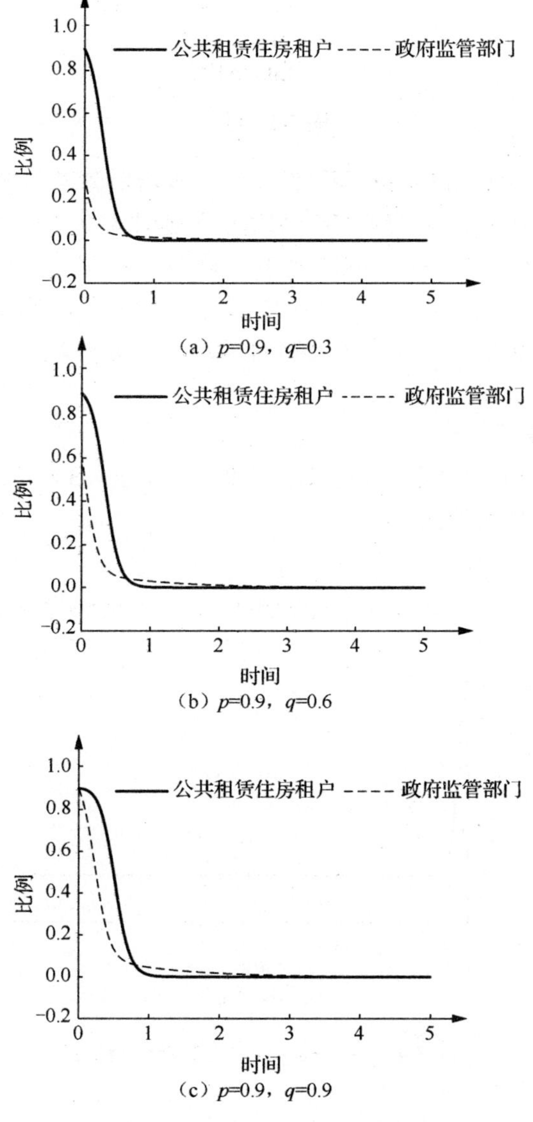

（a）p=0.9，q=0.3

（b）p=0.9，q=0.6

（c）p=0.9，q=0.9

图 7-3　f>2r+2r_1 且 f<c 时演化仿真图

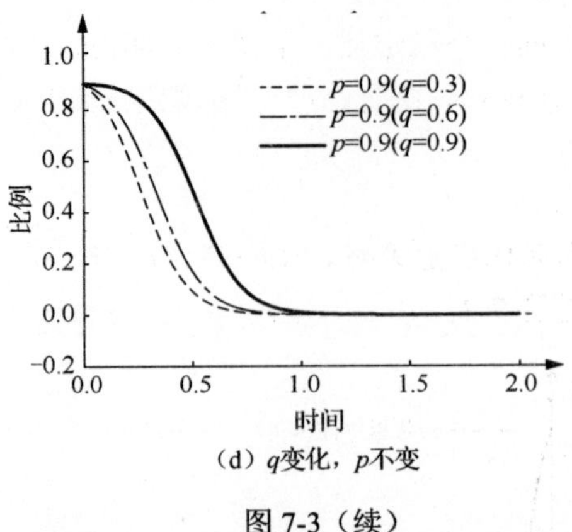

（d）q变化，p不变

图 7-3（续）

由图 7-3（a）、（b）和（c）可以发现，当政府监管部门严格监管的初始比例分别取 0.3、0.6 和 0.9，租户选择当退则退的初始比例为 0.9 时，租户最终会趋于隐瞒不退选择，监管部门也最终疏于监管。从图 7-3（d）可看出，随着严格监管的初始比例由 0.3 逐渐提高到 0.9，租户向隐瞒不退变化的速度趋缓，即随着监管力度加大，可以延缓租户向隐瞒不退趋向运动，说明严格监管对隐瞒不退行为仍有一定程度的制约作用。

3）$f < 2r + 2r_1$ 且 $f > c$

局部均衡点（0,1）为演化稳定策略，取 $r = 2$，$r_1 = 3$，$f = 8$，$c = 7$，$m = 2$，系统演化趋势模拟仿真见图 7-4。

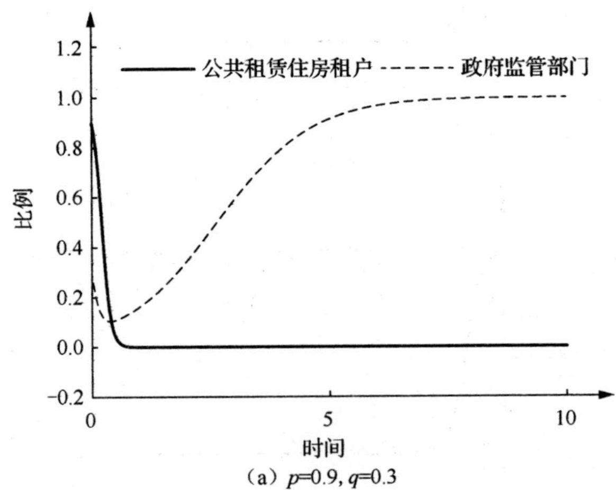

（a）p=0.9, q=0.3

图 7-4　$f<2r+2r_1$ 且 $f>c$ 时演化仿真图

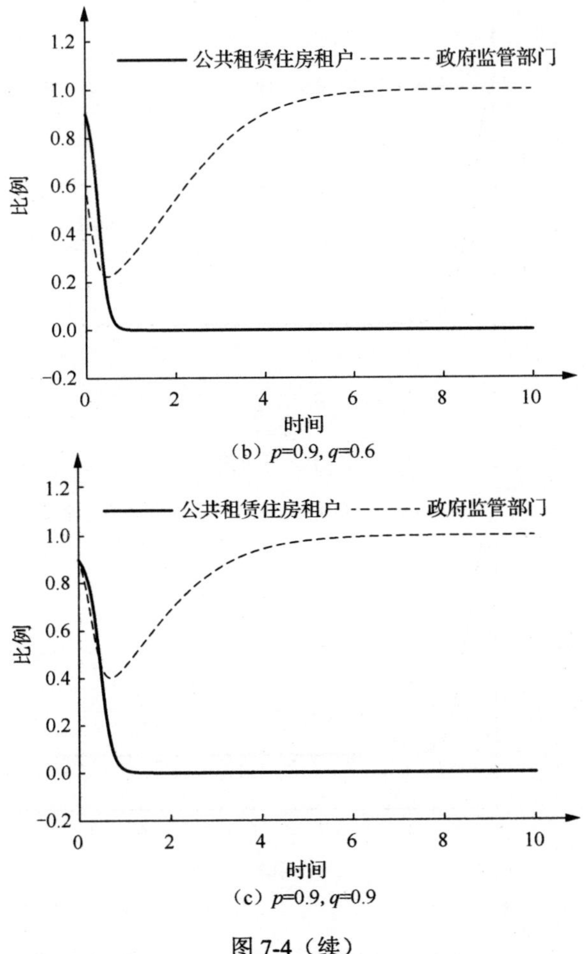

（b）p=0.9, q=0.6

（c）p=0.9, q=0.9

图 7-4（续）

当租户当退则退的初始比例为 0.9，政府严格监管取不同比例时，虽然政府监管部门最终趋于严格监管，但租户仍趋向隐瞒不退选择。当租户由当退则退比例占主导，趋向隐瞒不退策略演化时，政府监管部门监管逐渐放松。当隐瞒不退比例达到一定规模后，政府监管又逐渐增强，直至严格监管。但此时租户受利益驱使，群体均向隐瞒不退策略演化，导致公共租赁住房当退不退的局面积重难返。

4）$f < 2r + 2r_1$ 且 $f < c$

局部均衡点（0,0）为演化稳定策略，取 $r = 3$，$r_1 = 1$，$f = 7$，$c = 9$，$m = 2$，系统演化趋势模拟仿真见图 7-5。

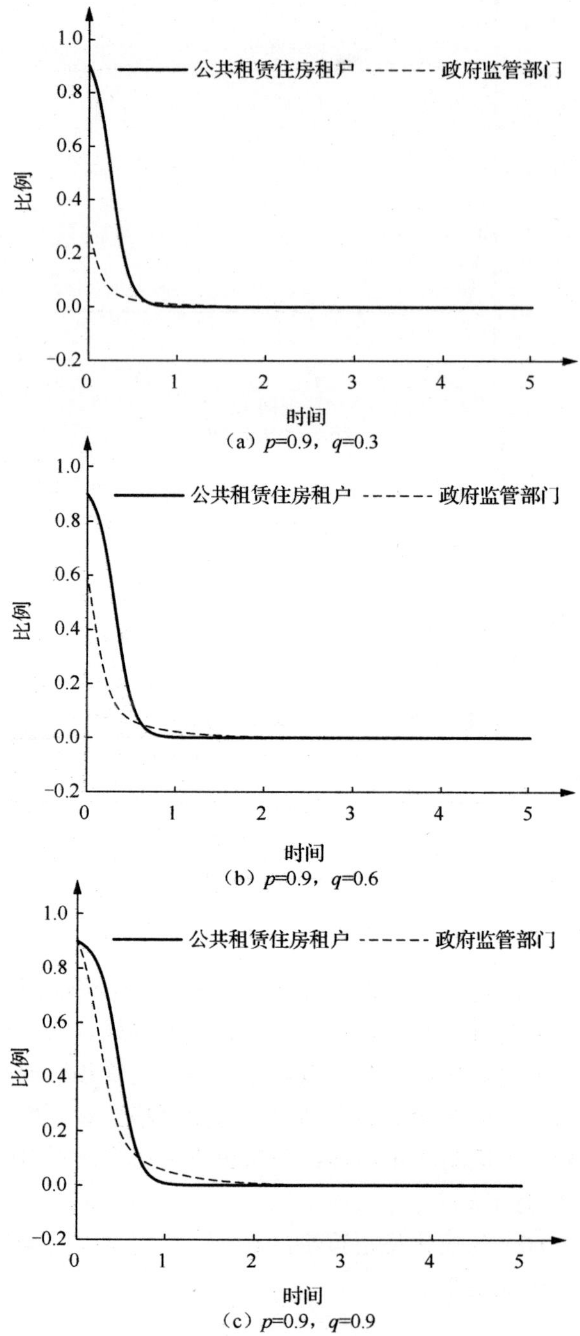

图 7-5　$f<2r+2r_1$ 且 $f<c$ 时演化仿真图

此时，演化趋势同条件 2）时的状况，租户群体选择趋向隐瞒不退，政府监管部门的行为选择趋向非严格监管，公共租赁住房隐瞒不退成为普遍现象而又无人监管。

为进一步探讨政府监管部门惩罚机制及住房租赁交易成本对公共租赁住房租户退出行为演化的影响，选取 $f>2r+2r_1$ 且 $f<c$ 条件下的演化稳定策略为模拟基础，分别对政府监管部门的惩罚及住房租赁交易成本参数重新赋值，以揭示不同情形下租户退出行为的演化规律。取 $p=q=0.9$，$r=3$，$r_1=1$，$c=12$，$m=2$，当监管部门惩罚、住房租赁交易成本分别发生变化时，租户的退出策略演化仿真结果见图 7-6、图 7-7。

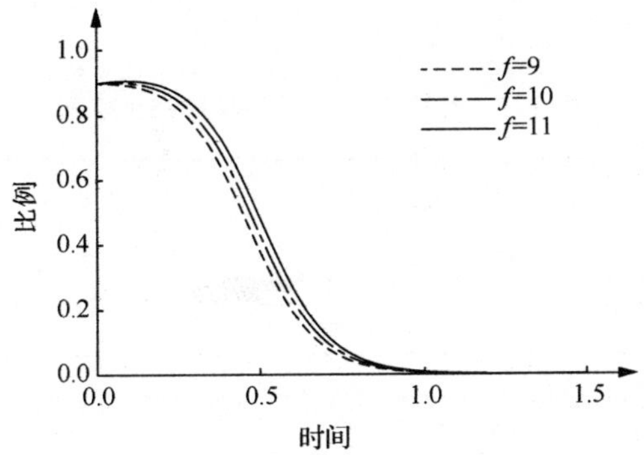

图 7-6　惩罚变化时的租户退出策略演化仿真

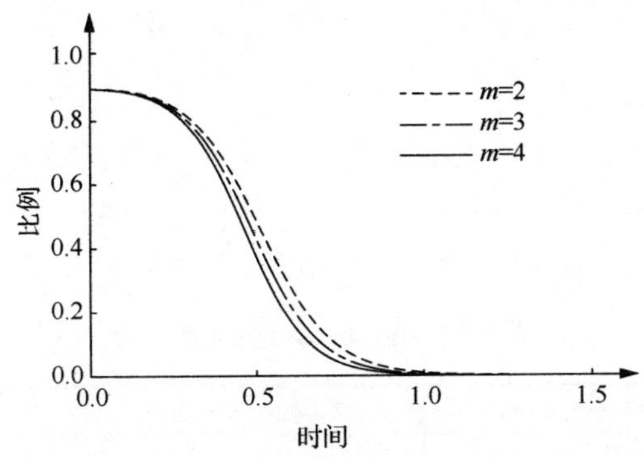

图 7-7　交易成本变化时的租户退出策略演化仿真

从图 7-6 发现，当政府监管部门惩罚租户隐瞒不退的力度逐步加大时，租户向隐瞒不退策略演化的速度趋缓，表明政府监管部门加大惩罚力度，对打击租户隐瞒不退的行为产生了一定的惩戒作用。由图 7-7 可以看出，如果退出公共租赁住房后租户在私人住房市场中租赁住房的交易成本增加时，租户更倾向于选择隐瞒不退策略，向隐瞒不退策略演化的速度加快。交易成本变化时租户退出策略演化仿真过程也从另一角度证明了住房交易成本对公共租赁住房退出的阻滞效应。

7.4 奖惩机制下的公共租赁住房退出演化博弈分析及仿真

7.4.1 演化博弈结果分析

假设对公共租赁住房租户当退则退行为给予相应的奖励，即引入退出激励机制，再讨论政府监管部门和租户的策略演化规律。设对当退则退行为的奖励为 a，演化博弈双方的收益矩阵见表 7-4。

表 7-4 奖惩机制下博弈双方收益矩阵

政府监管部门	租户	
	当退则退	当退不退
严格监管	$r-c-a,\ a-r-r_1-m$	$-r-c+f,\ r+r_1-f-m$
非严格监管	$r-a,\ a-r-r_1-m$	$-r,\ r+r_1$

此时，公共租赁住房租户选择当退则退、政府监管部门选择严格监管的动态变化速度分别为

$$F(p)=p(1-p)\left[a+q(f+m)-(2r+2r_1+m)\right] \tag{7-12}$$

$$F(q)=q(1-q)\left[f-c-pf\right] \tag{7-13}$$

对应的 Jacobian 矩阵为

$$J=\begin{bmatrix}(1-2p)\left[a+q(f+m)-(2r+2r_1+m)\right] & p(1-p)(f+m)\\ -q(1-q)f & (1-2q)(f-c-pf)\end{bmatrix} \tag{7-14}$$

讨论不同条件下各局部均衡点稳定性结果（表 7-5）和复制动态相位图（图 7-8）。

表 7-5 局部均衡点稳定性分析

条件	均衡点	det J	tr J	稳定性
$a>2r+2r_1+m$ $f>c$ $a+f>2(r+r_1)$	(0,0)	+	+	不稳定
	(0,1)	−	不确定	鞍点
	(1,0)	+	−	ESS
	(1,1)	−	不确定	鞍点
$a>2r+2r_1+m$ $f<c$ $a+f>2(r+r_1)$	(0,0)	−	不确定	鞍点
	(0,1)	+	+	不稳定
	(1,0)	+	−	ESS
	(1,1)	−	不确定	鞍点

续表

条件	均衡点	det *J*	tr *J*	稳定性
$a<2r+2r_1+m$ $f>c$ $a+f>2(r+r_1)$	(0,0)	−	不确定	鞍点
	(0,1)	−	不确定	鞍点
	(1,0)	−	不确定	鞍点
	(1,1)	−	不确定	鞍点
$a<2r+2r_1+m$ $f>c$ $a+f<2(r+r_1)$	(0,0)	−	不确定	鞍点
	(0,1)	+	−	ESS
	(1,0)	−	不确定	鞍点
	(1,1)	+	+	不稳定
$a<2r+2r_1+m$ $f<c$ $a+f>2(r+r_1)$	(0,0)	+	−	ESS
	(0,1)	+	+	不稳定
	(1,0)	−	不确定	鞍点
	(1,1)	−	不确定	鞍点
$a<2r+2r_1+m$ $f<c$ $a+f<2(r+r_1)$	(0,0)	+	−	ESS
	(0,1)	−	不确定	鞍点
	(1,0)	−	不确定	鞍点
	(1,1)	+	+	不稳定

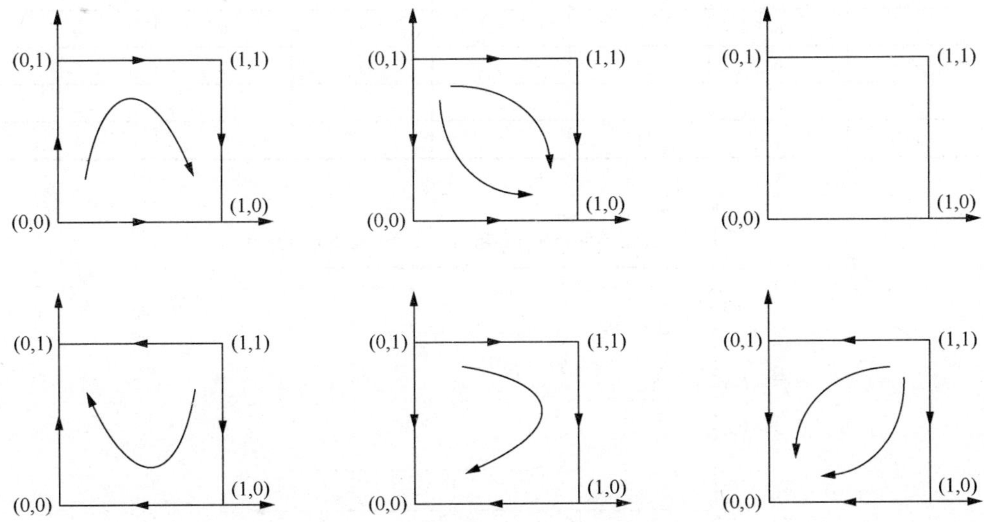

图 7-8　系统演化复制动态相位图

局部均衡点稳定性分析结果及复制动态相位图可以发现，博弈双方的演化稳定策略有 3 个，分别是(0,0)、(0,1)和(1,0)。①当 $a>2r+2r_1+m$ 且 $a+f>2(r+r_1)$ 时，满足稳定性条件的局部均衡点是（1,0）。在此情形下，政府监管部门给予的奖励达到一定力度时，租户选择当退则退策略时有利可图，便趋向选择当退则退策略。②当$a < 2r + 2r_1 + m$，$f > c$且$a + f < 2(r + r_1)$时，满足稳定性条件的局部稳定点是（0,1）。虽然政府监管部门设计了奖励机制，但奖励幅度有限，起不到刺激租户主动选择退出公共租赁住房的作用。尽管政府监管部门仍严格监管租户退出行为，租户仍愿意承担被查出的风险，趋向选择隐瞒不退的策略。③当$a < 2r + 2r_1 + m$且$f < c$时，（0,0）为演化稳定策略。此时政府监管部门制定的激励机制作用有限，租户趋向于隐瞒不退。同时，政府监管部门的惩罚低于执法成本，因而倾向于非严格监管，放任租户隐瞒不退行为的发生。

7.4.2 模拟仿真

根据局部均衡点稳定性分析结果，选取满足各种条件的算例数值进行激励机制下的演化策略模拟仿真。各条件下仿真参数取值按表 7-6 设定，模拟仿真结果见图 7-9。

表 7-6 仿真参数取值

参数	条件 1	条件 2	条件 3	条件 4	条件 5	条件 6
a	11	12	8	4	6	4
r	3	2	3	3	2	3
c	6	9	6	4	9	9
f	9	7	9	5	7	7
m	2	2	2	2	2	2
r_1	1	1	1	2	3	3

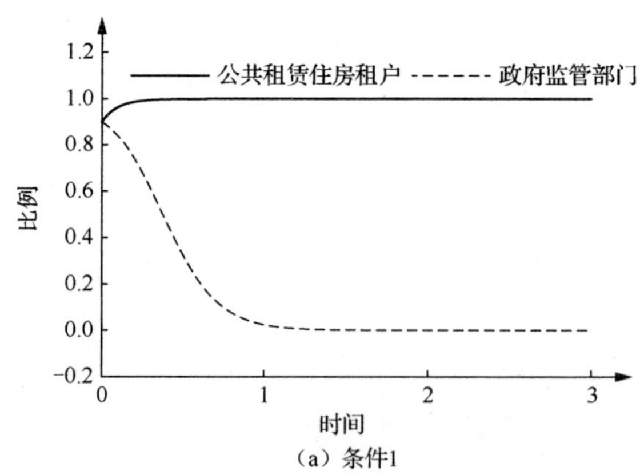

（a）条件1

图 7-9 奖惩机制下的演化仿真图

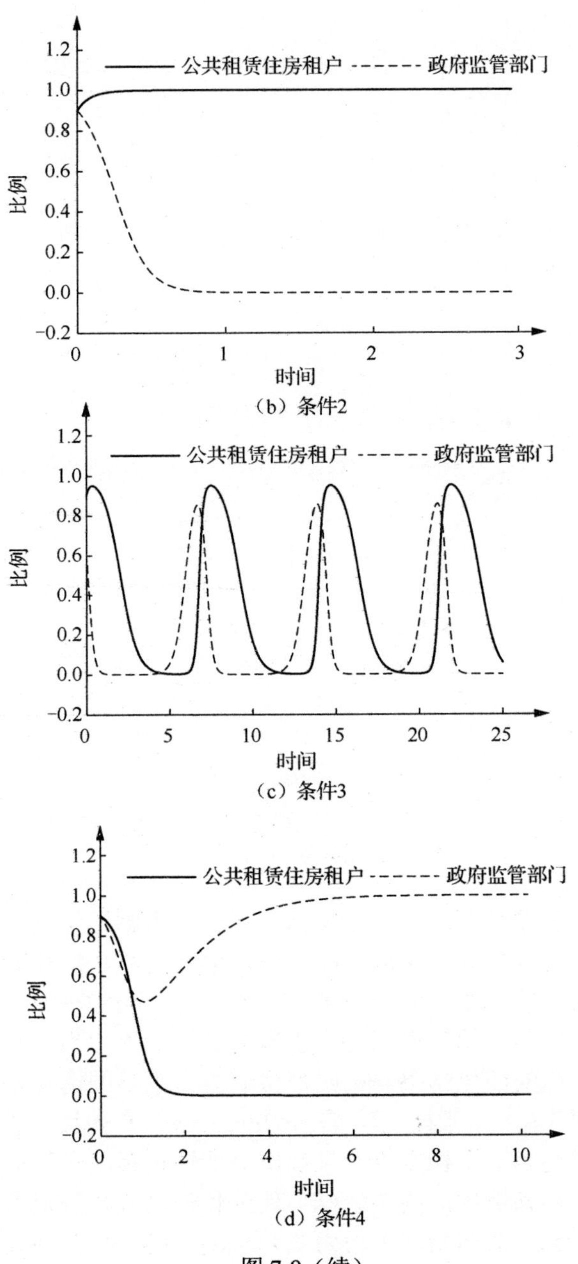

（b）条件2

（c）条件3

（d）条件4

图 7-9（续）

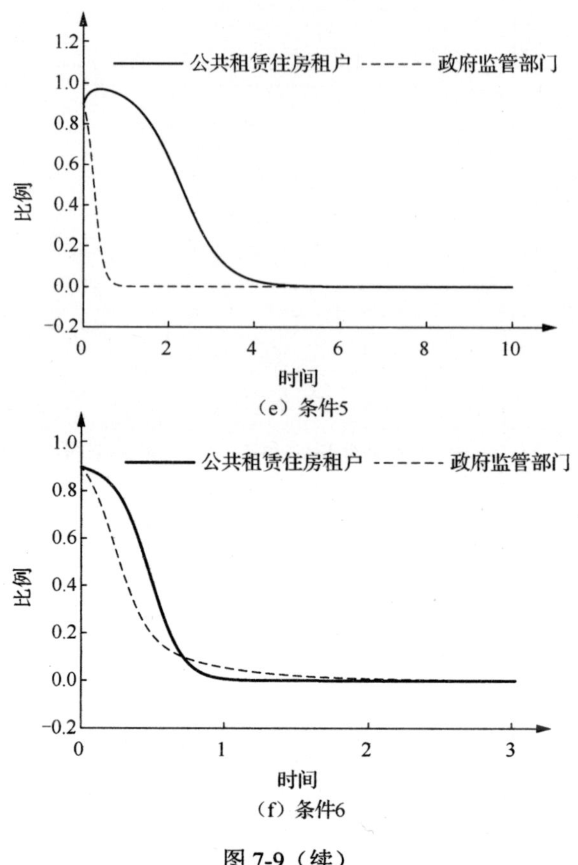

(e) 条件5

(f) 条件6

图 7-9（续）

图 7-9 揭示了各条件下，公共租赁住房租户当退则退策略及政府监管部门严格监管策略的初始比例均为 0.9 时策略演化的动态过程，演化的结果与局部均衡点稳定性分析结果一致。图 7-9（a）和（b）显示，当 $a>2r+2r_1+m$ 且 $a+f>2(r+r_1)$ 时，租户的演化结果与初始当退则退占主导的选择一致，当退则退是其演化稳定策略，政府监管部门的演化结果与初始严格监管占主导的选择相反，最终趋向非严格监管策略。图 7-9（c）则显示，在 $a<2r+2r_1+m$，$f>c$ 且 $a+f>2(r+r_1)$条件下，博弈双方最终难以达到一个稳定点，呈现出周期性振荡演化趋势，租户隐瞒不退行为无法从根本上得到治理。图 7-9（d）的演化仿真过程与仅有惩罚机制下的情形（$c<f<2r+2r_1$）一致。在初始比例均为 0.9 的情况下，租户向隐瞒不退策略演化，政府监管部门起初放松监管，经过一段时间后，政府监管力度又开始趋强，直至严格监管，演化的最终结果是政府严格监管，但租户隐瞒不退行为得不到治理。图 7-9（e）和（f）的演化过程类似，结果一致，博弈双方的演化稳定策略分别是隐瞒不退和非严格监管。

为比较政府监管部门的奖励和惩罚机制下租户退出策略演化路径上的差异，

选择（1,0）演化稳定策略，满足 $a>2r+2r_1+m$，$f>c$ 且 $a+f>2(r+r_1)$条件下的参数取值为基础方案，呈现不同奖励和惩罚水平下租户的策略演化路径。基础方案的初始参数取值为 a=9，r=2，c=8，f=9，m=2，r_1=1。当 a 和 f 分别取 10 和 12 时，租户选择当退则退策略的演化路径仿真结果见图 7-10。

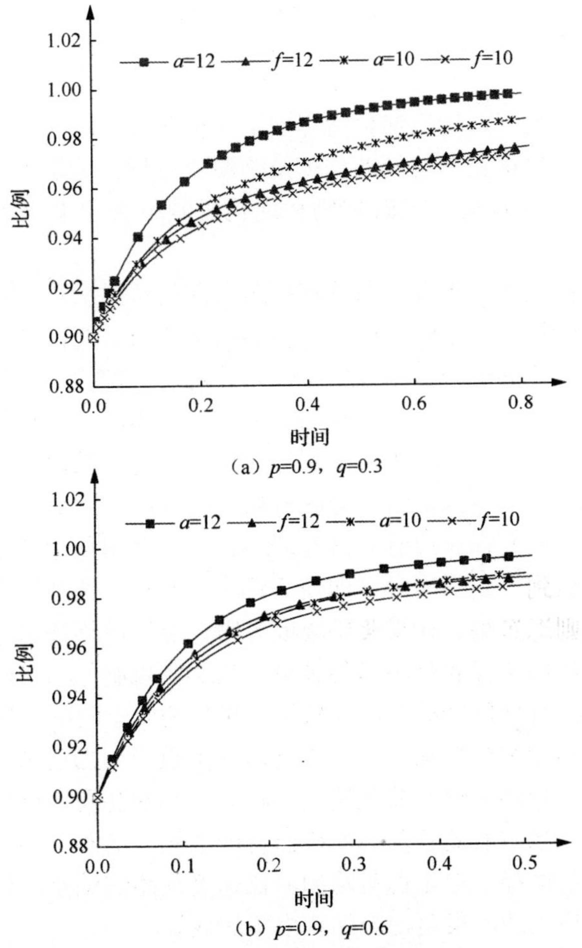

（a）p=0.9，q=0.3

（b）p=0.9，q=0.6

图 7-10　不同奖惩下租户退出策略演化仿真

图 7-10（a）显示，当初始比例为 p=0.9 和 q=0.3 时，在相同奖励和惩罚水平下，租户当退则退的初始比例由 0.9 向 1 演化的速度出现明显差异，显然奖励措施下的演化速度要快于惩罚措施下的演化速度。同时，随着奖励和惩罚力度加大，两者的演化速度差异更明显。说明奖惩力度加大，有利于促进租户对当退则退策略的选择。图 7-10（b）也呈现出类似的特点。当政府监管部门严格监管的比例由 0.3 提高到 0.6 时，相同的奖励和惩罚水平下，租户向全部选择当退则退策略的演

化速度差距在缩小，表明政府监管部门在加大监管力度时，奖励及惩罚的刺激作用的差异会变得不明显。但总的来看，奖励的效果要优于惩罚的效果。

7.5 小　　结

在有限理性框架下，运用演化博弈理论分析公共租赁住房退出过程中政府监管部门和公共租赁住房租户之间的均衡策略演化过程，分别考察在惩罚和奖惩机制下的双方策略选择行为，比较奖励和惩罚机制下租户退出策略演化路径上的差异。

（1）在惩罚机制下，当政府监管部门对公共租赁住房租户违规行为的惩罚低于政府严格监管的执行成本时，演化稳定策略是政府监管部门将全部趋于非严格监管，租户也全部趋向于当退不退策略。当政府监管部门的惩罚低于租金补贴和租金差之和的 2 倍，但高于政府严格监管的执行成本时，演化稳定策略是政府监管部门趋于严格监管，租户趋于当退不退策略。此时，政府监管部门能取得监管收益，但租户采取当退不退策略也能取得相应的收益，因而采取隐瞒不退策略。

（2）当奖惩机制发挥作用时，博弈双方存在多个演化稳定策略。当政府监管部门给予的奖励达到一定力度时，即使监管不严，租户选择退出时仍有利可图，便趋向选择当退则退策略。如果奖励幅度有限，监管严格情况下租户仍愿意承担被查出的风险，趋向选择隐瞒不退的策略。当奖励机制作用有限，惩罚所得低于执法成本，政府监管部门会疏于监管执法，租户趋向于隐瞒不退策略。

（3）在相同奖励和惩罚水平下，奖励措施下租户向当退则退策略的演化速度要快于惩罚措施下相同策略的演化速度，随着奖励和惩罚力度加大，两者的演化速度差异更明显。当政府监管部门严格监管的比例提高时，相同的奖励和惩罚水平下，租户向全部选择当退则退策略的演化速度差距在缩小。但总的来看，奖励措施促进承租人退出的效果要优于惩罚措施的效果。

第 8 章　国外公共住房准入退出管理实践与借鉴

第二次世界大战结束后，一些国家经历了大量公共住房建设的过程，公共住房存量一度达到历史高峰。自 20 世纪 70 年代起，世界主要国家的住房政策发生了深刻的变化，公共住房经历了快速下降、供求失衡加剧的过程，几乎每个国家对公共住房的需求都非常强烈（Fitzpatrick，2011）。能否公平、有效地分配有限的公共住房资源，分配及退出政策至关重要。一些国家纷纷出台了一系列较为完善的公共住房配置准则、退出流程及管理措施。本章运用文献法和归纳法，梳理和归纳国外公共住房配置准则、退出流程及具体做法，发掘有益启示，对推进我国公共租赁住房公平分配、有序退出，促进公共租赁住房效率运营有重要的借鉴意义。

8.1　公共住房准入管理

8.1.1　配置准则类型

在公共住房分配实践中，申请人资格、排序、住房匹配等是影响公共住房公平、效率分配的关键问题。为此，一些国家制定了一系列分配准则保证公共住房科学、合理分配。一般地，公共住房准入准则可以分为四类，即资格准则、选择准则、排序准则和优先准则（Kromhout and Van Ham，2012）。其中，资格准则决定哪些家庭具备申请公共住房的资格；选择准决定申请家庭具有居住哪一类住房的权利；排序准确定各申请家庭的轮候位次；优先准则针对特殊家庭，确定其是否可以优先分配住房。四类准则中，排序准则往往与优先准则一起使用。

8.1.2　配置准则运用流程

上述四类准则在公共住房配置中彼此密切联系、综合运用。四类准则的运用流程如图 8-1 所示。

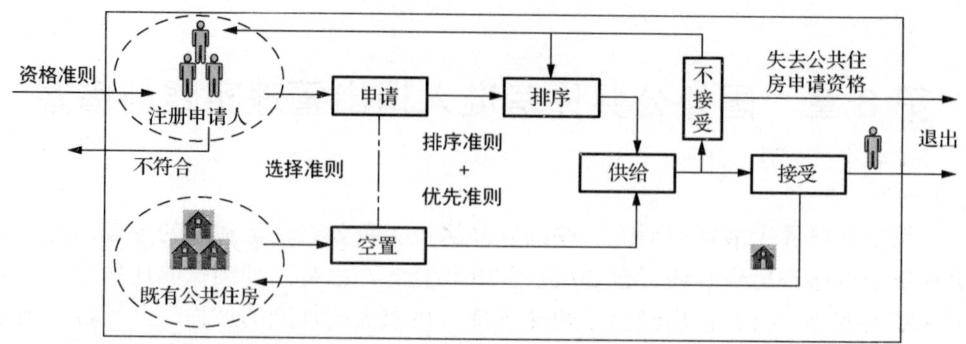

图 8-1　公共住房配置准则的运用流程

第一步，由公共住房申请人提出申请，经公共住房管理机构审核，确定申请人是否符合资格条件，符合则成为公共住房候选人；第二步，公共住房管理机构根据存量住房供给结构、空置情况选择与申请人需求相符的住房；第三步，确定申请人的住房轮候顺序；第四步，将符合申请人需要的住房分配给申请人，若申请人接受，则可在规定的时间内搬入分配住房，否则顺次分配给第二位申请人，原第一位申请人重新进入轮候状态。有些国家规定，住房申请人如果多次不接受分配的住房，则需要重新注册或失去申请资格。

8.1.3　配置准则内容

1）资格准则

资格准则是设定入住公共住房的资格门槛，其主要依据是申请人的家庭收入（Ditch et al.，2001）。除瑞典、丹麦等少数国家所有居民均可申请公共住房外，大多数国家规定公共住房仅限于低收入家庭申请。有些国家的公共住房资格准则分为两个层面，即国家层面和地方层面。其中，国家层面的准则规定较为宽泛，由地方政府或公共住房房东制定的地方准则则较为详细。例如，美国地方公共住房部门在联邦政府指导意见下制定本地区的住房配置政策（Orlebeke，2000），英国地方议会政府和专业住房协会在国家立法和指南的范围内确定自己的分配政策（Stirling and Smith，2003）。国家层面的资格标准主要依据收入确定，按照家庭总收入核算，除工资外还包括各类补贴、津贴、福利、家庭投资利息等。一般大多数国家将收入资格线划定在地方家庭平均（或中位数）收入的 30%或具体的某一收入额。地方层面的资格标准对家庭收入的规定更加细化，还要考虑申请人是否为常居居民，以及考察申请人年龄、犯罪记录、信用记录及租赁经历。在许多国家，一些公共住房申请人如果存在拖欠租金、损毁房屋、滥用毒品、酗酒、暴力犯罪记录、精神健康等行为，也会被排除在申请资格之外。

2）选择准则

选择准则通常根据申请人家庭结构，选择与家庭人口相匹配的住房类型，以充分利用公共住房资源，实现配置效率最大化。从各国实践看，大多数国家和地区住房部门在设计、建造公共住房时也会考虑不同家庭结构、年龄、特殊需要等人群的需求差异，建设不同规格的住房，分配时也做到与申请人需要相匹配。例如，英国伯恩茅斯市根据家庭成员数、年龄结构分别配置 1～4 间卧室的住房（Bournemouth Borough Council，2008）。

3）排序准则

排序准则是确定公共住房申请人在住房分配中先后顺序的规则，据此确定轮候名单。从各国实践看，确定申请人先后顺序的方法主要有两类（Fitzpatrick，2011）。第一类是按照等候时间排序，根据申请人注册时间长短确定位次，该方法简单，但采用的国家不多。例如，在美国等候时间是分配公共住房的主要依据，在荷兰公共住房通常租给轮候时间最长的申请人（Kleinhans and Van der Laan Bouma-Doff，2008）。第二类是按照住房需求和等候时间排序。许多公共住房管理部门将家庭住房需求放在首要位置，同时还考虑等候时间来确定位次。采用此方法时，一些有特殊住房需要的申请人将在排序中占有明显优势。由于在实践操作中很难客观地界定申请人的住房需求状况、确定等候顺序，住房需求评价及排序常用方法有三种，即分类轮候法、优先点数法、考虑申请日期的优先点数法，其中后两类中用到的核心方法是计分制，被英国、澳大利亚、新西兰等国家所采用（Hulse and Burke，2005）。计分制通常对不易比较、权衡的评价要素赋以分值，从住房现状、配套设施、拥挤程度、等候时间、特殊需要等方面评价申请人的实际住房状况，依次确定顺序位次。

4）优先准则

优先准则用于弥补排序准则的不足，针对那些确有迫切住房需求但排序不占优的家庭，根据优先准则确定申请人是否具有优先分配权。例如，英国赋予住房分配优先权的申请人包括无家可归者、处在拥挤或恶劣环境中的人士、有未成年子女的家庭、有特殊住房需要的人士（如患病或残障）；法国则规定无家可归者、居住在临时居所者、健康状况不佳者、有子女家庭且居住拥挤、残疾人等享有优先权。

8.2　公共住房租金与租期管理

8.2.1　公共住房租金管理

在租金设定及调整方面，一些国家的公共住房管理部门一般按照租金与收入相匹配原则制定租金标准，即按照承租家庭收入的一定比例设定应付租金，同时对公共住房租金实行动态调整，如澳大利亚、美国、加拿大、法国、德国等国家（Fitzpatrick，2011）。在租赁期内，公共住房管理部门一般会在每年或在固定租期结束前对租户家庭的经济状况进行复审，复审标准同资格申请时一样。如果租户家庭收入提高，则被要求依据收入复审结果提高租金缴纳水平；若家庭收入超过资格线标准，租户家庭不再具备公共住房资格，则要求按照私人住房市场水平缴纳租金直至搬出公共住房（Fitzpatrick and Stephens，2007）。例如，在美国一些州，实行租户家庭收入、人口变化等报告制度，当租户家庭月收入增加 10%或更多时，或者增加居住人口时，租户必须向当地公共住房管理部门报告，住房管理部门据此调整住房租金；同样地，如果租户收入下降，租户报告后，住房管理部门在报告的下月起调低公共住房租金。

当然，也有一些国家对公共住房租赁期内的住房租金不实行调整。例如，荷兰的一些公共住房部门与租户签订固定条款租约，在租约期内不再复查租户家庭收入，即使租户家庭收入增长也不要求调整租金，因此有许多不符合资格条件的家庭甚至高于平均收入水平的家庭长期居住在公共住房里（Kleinhans and Van der Laan Bouma-Doff，2008）。尽管这种情形在逐步减少，但依然存在。只有当租户搬迁并申请另一处公共住房时，才会被再次审查其家庭收入。

8.2.2　公共住房租期管理

除德国、瑞典等少数国家的公共住房管理部门与租户家庭签订无限期的终生租约外，大多数国家与租户签订的都是灵活或固定期租约，一般租期短的有 0.5～2 年，长的则可达到 5～10 年。典型国家公共住房租期见表 8-1。

表 8-1　典型国家公共住房租期

国家	租期
加拿大	租期比较灵活，房东无义务与租户签订任何特定长度的租约。例如，在多伦多，固定条款公共住房租约中 12 个月的租期较为常见
美国	联邦政府和州政府管理的公共住房规定不同，如联邦政府公共住房租期至少为 1 年，到期可自动转至下一个租期，或到期前重新审定资格、续签租约；州政府公共住房租期则取决于租赁双方的约定
英国	固定租期最少 5 年，最长可达 10 年；如果租户有租金拖欠行为、犯罪记录等，租期可短至 2 年
澳大利亚	租期有延长的趋势。例如，自 2006 年 10 月起，新南威尔士州的公共住房视不同情形可以签订 2 年、5 年或 10 年期的租约，目前 70%以上的租约为 5 年期及以上

由表 8-1 可知，不同国家的公共住房管理部门或房东从住房房源、租户需要等不同情形设定了不同的租期。例如，考虑租户教育、就业、培训等需要的连续

性，英国各地方议会政府、住房协会设定的公共住房租期普遍较长，保证了租户家庭工作、生活的稳定性；对于老年租户，如果搬进救助性住房，则给予终身住房保障。

8.3　公共住房退出管理

公共住房退出是公共住房管理的重要环节，可以让更多低收入家庭获得住房机会，有利于公共住房使用效率的最大化，实现住房政策目标。从各国实践看，公共住房退出的处理方式分为两类。第一类是租约到期后按租约要求退出公共住房。在租约到期前，公共住房管理部门会对租户家庭经济状况进行审查，审查内容同资格申请一样。如果经审查认定租户家庭收入超过资格线，则被要求在租约结束时退出，可在私人市场上租赁或购买住房；如果收入仍符合资格标准，租户可以续签，继续居住在公共住房中。第二类是租约到期后并且租户不再符合资格条件，可以缴纳增补租金，继续承租公共住房。例如，在法国、德国和澳大利亚等国家，当租户家庭的经济状况超出资格标准但未能及时迁出所居住房时，可以在支付除标准租金以外的增补租金后继续居住公共住房。又如，在加拿大，经审核后租户家庭收入若足以支付市场租金，则向租户按照市场水平收取租金。第二类方式无疑是一种渐进式的退出机制，通过不断增加租金，促使租户从公共住房中退出。

大多数国家的公共住房管理部门在租约中约定了清晰的终止公共住房租约、租户退出公共住房的流程，还制定了一些资助政策，帮助租户从公共住房中退出，在私人住房市场租赁或购买住房，实现住房自立。

8.3.1　英国公共住房的退出流程与退出支持政策

英国保障性住房形式以社会住房为主，分别由地方议会政府和专业住房协会负责日常管理与运营。2015～2016 财经年度统计数据显示，英国有 390 万户家庭（占全社会家庭总数的 17%）居住在社会住房中，其中 230 万户住在住房协会提供的社会住房中，160 万户住在地方政府提供的社会住房中。自 2010 年以来，社会住房建设新开工规模持续减少，累计新开工 5 万余套，社会住房房源紧张，每年缺口在 25 万套以上。同时，社会住房租金及住房补贴也持续上升，给政府财政支出造成很大的压力，从 1995～1996 财经年度到 2015～2016 财经年度，用于住房补贴方面的支出增加了 51%（NHF，2017）。

1）退出流程

英国社会住房租约的类型有多种，租约作为法律文件约定的双方的权利和责任也有差别，但在退出管理方面基本相同。租约双方均可以合理的理由提出终止租约。其中，由房东提出终止住房租约的流程如下。

（1）住房收回通知。无论是住房协会还是地方议会政府收回承租社会住房时，必须以书面形式通知租户，并告知租户房东收回住房的流程。如果租户因拖欠租金而被要求收回住房，在进入法庭程序之前，房东必须尽快告知租户拖欠租金事宜，陈明拖欠细节。必要的情况下，可以帮助租户申请住房补贴。如果租户合理地承诺偿还拖欠租金，房东不得启动法庭程序。房东收回住房的通知时限一般是4周～2个月，具体时限取决于租约类型。如果租户违反了某些租赁条款，房东可以立即启动住房收回程序，如租户有毒品交易、家庭暴力等行为。

（2）租户回应。租户应该对房东发出的住房收回通知予以及时回应。如果租户不回应或房东不满意租户的回应，房东可以向法庭申请许可驱离租户。

（3）法庭听证。房东必须得到法庭的许可才能驱离租户。在法庭听证日，租户可以为自己辩护。经过法庭辩论后，如果法庭认为房东收回住房的理由成立，可以立即同意房东请求，签署驱离命令。如果认为房东的理由不充分，则停止驱离程序。法庭也可以签署暂停或推迟驱离，给租户一个避免被驱离的机会。

（4）租户搬离或法庭驱离。听证结束后，如果法庭认为房东收回住房理由成立，则签署收回住房命令，注明租户搬离住房的日期，租户可以自行搬离住房。如果租户未在规定的时间内搬离，房东有权要求法庭派出法警实施驱离行动。当然，在某些情况下，房东有可能会为租户提供临时住房，让租户有机会搜寻其他住房。

2）退出支持政策

英国社会住房管理部门设计了社会住房购买权（right to buy）、现金激励计划（cash incentive schemes）等措施，帮助租户退出社会住房，实现住房自有（Hills，2007；Disney and Luo，2017）。

（1）社会住房购买权。英国社会住房管理部门通过实施社会住房购买权计划后，将大量社会住房转为租户个人占有。例如，2010～2016年，有9万余套社会住房被卖给租户，这也是英国社会住房占社会住房总量比重下降的重要原因之一。

承租社会住房的租户以折扣价格购买社会住房，租户能享受的最大折扣由住房管理部门确定，并且折扣一般会根据物价指数定期进行调整。例如，2015年4月，在伦敦购买社会住房的最大折扣为10.39万英镑，其他地区为7.79万英镑。售卖价格需根据价格评估结果及折扣确定，其中价格折扣通常取决于承租社会住房的时长、是否为独栋住房或公寓、房龄和住房状况及房屋位置等。购买社会住房的租户必须为社会住房唯一承租人、共同承租人，或者与最多已经共同居住12

个月以上的 3 名家庭成员共同购买。如果所购社会住房不是家庭唯一住房，或者购买对象是共享厨房或洗手间的住房及满足特殊人群需要的住房，租户无权购买。另外，如果在购买社会住房后 5 年内出售或在此期间被抵押贷款机构收回住房，购买人需补齐已享受的部分或全部折扣房款。

（2）现金激励计划。英国部分地方议会政府和住房协会提供现金资助，鼓励租户搬出社会住房，但现金激励计划不能与社会住房购买权同时使用。如果租户愿意放弃承租的社会住房，租户可以用房东提供的资金支付购房款，购买私人住房市场上大多数类型的公寓或独栋住房，实现住房自有。能享受现金资助优惠的资格人必须是社会住房租户且无拖欠租金记录，有能力承担抵押贷款和按揭贷款，并且是非经济资助买不起住房的租户。如果租户已有其他房产、欠税或享受高住房福利则不得享受该现金资助。在操作方面，要求租户先完成购房流程，房东才会将现金奖励拨付给第三方（如律师），而不是直接拨付给租户；还要求租户必须搬离原来居住的社会住房，腾空并且保持住房良好状况，不欠房东任何款项。如果租户出售用资金资助购买的社会住房，则现金补助必须偿还给房东。

8.3.2 美国公共住房的退出流程与退出支持政策

美国的保障性住房体系由多种住房项目构成，主要住房项目形式有公共住房、住房券、多户住房及特殊住房等，分别由联邦政府、州政府住房管理局负责日常管理及运营（HUD，2016）。其中，公共住房主要面向符合资格条件的低收入家庭、老年人及残障人士，其配置准则也包括资格准入、轮候、分配等环节。目前，有近 120 万户家庭居住在公共住房中，由近 3300 家住房机构进行日常管理、运营。

1）退出流程

通常，只要租户的行为符合租约规定，就可以一直住在公共住房中。如果住房管理局在资格审查中发现租户的家庭收入足以支付私人市场住房租金，住房管理局有权决定租户是否能继续承租公共住房。租户与住房管理局的租赁合同中必须约定终止租约的程序，任何一方均可提出终止租约，并遵照约定执行。除非存在租户反复违背租约或其他“合理的理由”，住房管理局不得终止租约。租约终止，租户搬出公共住房，具体有以下几个环节。

（1）住房管理局发出租约终止通知。住房管理局提出终止租约时，必须向租户发送终止通知。除租约到期外，提出终止租约的其他理由有多种，如欠付租金、转租、未能维护房屋、不遵守房屋委员会规章制度等严重地或多次违反重要租赁条款，或被发现无承租公共住房资格、住房申请欺诈、存在犯罪行为等合理理由。如果是因租户欠付租金而终止租约（收回住房），解约通知必须在当地法庭签署备案 14 天之前发出；如果是其他原因，解约通知必须在当地法庭签署备案 30 天之前发出。解除租约或收回住房通知必须说明终止租赁的具体理由，并告知租户可以对通知中陈述的理由予以回应，告知租户有权审查与终止原因规定有关的所有住房管理文件（包括整个租赁文件）。

（2）租户提起申诉听证。当租户提出反对终止理由时，有权提出申诉听证，以证明解除合同理由是不正确的。否则，租户只能通过法律程序被驱离。如果租户在通知规定的日期之前没有腾出住房，住房管理局可以向地方法院提起驱离行动。租户可以向住房管理局索取申诉听证程序的副本，以便能及时提出投诉聆讯。当住房管理局在法律上要求向租户提供申诉机会时，住房管理局不得在地方法院提起诉讼。直到租户提出申诉听证的权利过期，或申诉听证程序已经完成，住房管理局才能提起诉讼。如果法律规定住房管理局不需提供申诉听证，则在通知中必须包含此信息。通知中要告诉租户法庭的驱离程序，陈述法庭驱离符合正当程序，并讲明法庭驱离是否因犯罪活动或与毒品有关的活动而引起。在一些城市，如在巴尔的摩市，如果公共住房租约是基于犯罪或与毒品有关的活动而终止的，那么住房管理局在法律上不需要给租户提供非正式和正式申诉的机会。不过，租户仍然有权与住房管理局会面，对拟议的驱逐动议进行辩论。

如果住房管理局在法律上要求租户行使权利进行非正式或正式的申诉听证，租户必须在申诉程序规定的时限内以书面形式提出非正式申诉请求。如果与住房经理会谈后，住房管理局仍然要驱离租户，则租户需要在规定时间内提出正式书面申诉请求。在申诉听证过程中，租户有权查阅和复制租赁文件，可以举证、盘问任何住房管理局的证人。听证结束后，租户有权得到与事实和证据相关的书面决定。

（3）提起诉讼。如果听证结束后，住房管理局仍打算驱离租户，租户可以向地方法院提出民事诉讼。在诉讼审理中，租户可以为自己辩护，有权要求住房管理局陈述驱离的理由。租户也可以聘请律师为自己辩护。

（4）搬出公共住房。如果租户申诉或诉讼不成功，则需按通知要求在规定的时间内搬出公共住房。如果租户拒不搬出，住房管理局可以提请当地法院强制执行。租户搬出公共住房时，需向房东结清住房租金，赔偿房屋设施设备损坏造成的损失。

2）退出支持政策

除了正常的租户公共住房退出外，住房管理局还设有一些激励措施，如公共住房自有计划（Public Housing Homeownership Programs）、住房迁移辅助计划（Housing Mobility Assistance Programs）等，以帮助租户实现住房自有或搬进具有良好居住环境的私人市场住房。

（1）帮助租户实现住房自有。住房管理局可以帮助公共住房租户实现住房自有，将所购公共住房作为家庭主要居住用房（Schwartz，2014）。具体做法是，符合条件的公共或非公共住房租户可以将房租转为住房抵押贷款，购买所居公共住房全部或部分产权，还可以获得住房管理局提供的资金援助，使租户摆脱对公共住房的依赖。

（2）帮助租户享有良好的居住环境。针对领有住房券的低收入家庭，公共住房管理局设计了一项住房迁移辅助计划，由联邦基金出资，帮助低收入家庭获得可支付的私人市场住房，使租户享有便于子女接受良好教育、便于工作、安全健康的居住环境（Cunningham et al.，2010）。住房迁移辅助计划运作流程如图 8-2 所示。

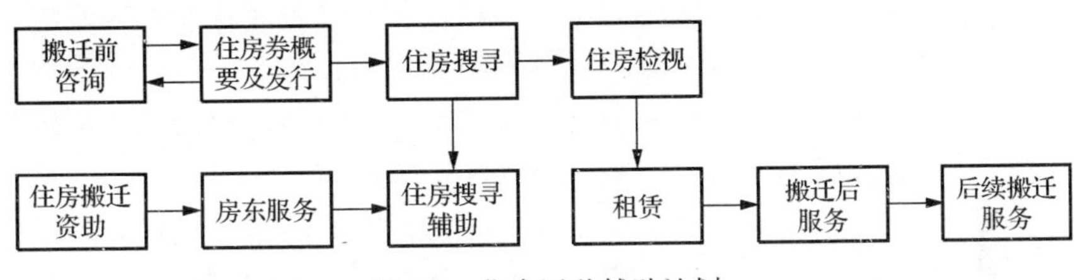

图 8-2　住房迁移辅助计划

由图 8-2 可知，住房迁移辅助计划运行包括六个主要步骤。第一，搬迁前咨询，主要是为租户提供租户的权利和责任教育，以及生活技能、信贷和储蓄、搬迁目的地等方面的咨询服务；第二，住房搜索帮助，包括按照住房单位名单进行搜索、确认、查看，并帮助与房东开展谈判，直到找到合适的住房；第三，面向房东的延伸服务，指在目标街区募集房东（他们一般较少参与住房券计划），并协调好建设方、租户和房东之间的关系，提供一些特殊服务，如检查、直接存款、付款保证等，以及为房东提供财政援助（如税收抵免或租赁奖励）；第四，搬迁资金支持，住房管理局一般根据住房大小提供搬家援助，如资助住房申请费、保证金、搬家费及其他公共支出费用；第五，搬迁后服务，通常包括搬迁后 4～21 个月后的家访，向租户推荐周边学校和社会服务，支持租户维系良好的社会关系；第六，后续搬迁辅助，包括向目标邻里搬迁辅助，同样包含住房搜寻、搬迁资金支持、帮助租户适应新邻里等。

8.3.3　澳大利亚公共住房的退出流程与退出支持政策

澳大利亚的住房救助旨在帮助存在住房困难的人群，救助项目由社会住房、联邦租金援助、私人租金援助、购房援助和首次置业者补助金等组成，由联邦政府、地方政府和社区住房管理机构负责运营和管理。其中，社会住房包括公共租赁住房、国有原居民住房、原居民社区住房、普通社区住房等。2015 年，澳大利亚拥有 42.78 万套社会住房。截至 2016 年，有 84.54 万名租客居住在社会住房中，但社会住房轮候家庭规模也比较大，达到 19.46 万户（AIHW，2017）。

1）退出流程

社会住房租赁双方均可提出终止租赁关系，任一方提出终止租赁时，需要向另一方发出书面声明。租户提出终止租约时，要在搬出前 14 天向房东书面声明。如果房东提出终止租约，其具体流程如下。

（1）房东发出终止租约通知。当租户违反租赁协议规定时，房东可以向租户发出通知，要求租户改正或与租户解除租约。如果租户不纠正或不按规定搬出社会住房，房东可以向州民事及行政法庭申请收回住房指令。在某些情况下，住房管理部门可以提出终止租约，如租赁协议终止、租户死亡、租户违反其租赁协议的条件、州民事及行政法庭发出收回指令、租户收到禁止居住通知而不离开的、住房管理部门收到法院已将财产转给其他人的租赁令。

（2）租户参加法庭听证。租户如果不按照房东要求搬离住房的，有权利参加州民事及行政法庭听证会，与法庭辩论租约终止的理由。

（3）租户搬离社会住房。如果法庭签署收回命令，并指定住房管理部门收回住房的日期，租户必须搬出社会住房。此时，租户应在规定时间内将所有私人物品移走，修复损坏的设施设备，保持房屋整洁，付清维修费、租金和水费，然后将房屋移交给住房管理部门；房东有责任在租户搬离之前组织工作人员对房屋进行检查，并做好记录。

2）退出支持政策

在澳大利亚，一些州政府制订了政策，帮助租户在私人住房市场租房，从而退出社会住房。例如，西澳大利亚州政府制订了一项租赁路径计划（Rental Pathways Scheme，RPS），该计划由住房管理部门支付（部分）房屋租金，帮助租户退出公共住房，转为到私人住房市场租赁住房。RPS 的工作原理见图 8-3。

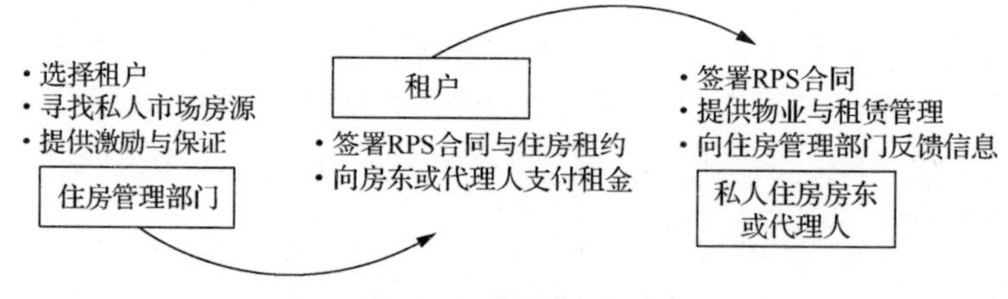

图 8-3　租赁路径计划

图 8-3 中显示，RPS 涉及三个主体，即住房管理部门、租户、私人住房房东或代理人，分别承担不同的职责，以合同或租约制约各方的权利和义务。其中，住房管理部门负责遴选公共住房租户，寻找私人住房市场房源，并承诺向租户、房东提供激励与保证；租户需要签署 RPS 合同，与房东或代理人签署住房租赁合同，并向房东或代理人支付租金；房东或代理人需要签署 RPS 合同，向租户提供物业与租赁服务，并向住房管理部门反馈租赁信息。

在 RPS 合同中，房东或代理人要同意将租户纳入 RPS 框架下。住房管理部门在租赁的第一年应提前支付最多 20%的年租金，第二年则减半支付，还要为租户租金支付提供担保，并且在租赁期内支付最多 5000 澳元的财产损坏赔偿金。在租赁期内，房东需要向住房管理部门提供租赁合同、租赁声明、巡视报告和其他与租赁相关的文件的副本，并在租户违反租赁时通知住房管理部门。

8.3.4　新西兰公共住房的退出流程与退出支持政策

新西兰保障性住房的主要形式是社会住房，新西兰房屋署在与其他政府部门合作下负责社会住房的日常管理和运营。截至 2017 年 3 月，新西兰房屋署拥有或管理 6.6 万余套社会住房，其中包括 1500 余套社区住宅，有超过 18.5 万人居住在房屋署管理的住房中。除了社会住房外，房屋署还提供一些可支付住房产品。

1）退出流程

租赁双方均可提出终止租约。如果租户提出终止租约，需提前 3 周通知房东。如果房东提出终止租约，必须至少提前 90 天通知租户。有些情形下，房东也可以提前 42 天发出终止租约通知。房东提出终止租约，其具体流程如下。

（1）房东发出终止租约通知。一般对于固定租期合同，合同到期时双方可解除租约，也可以重新签订新的租赁合同。如果房东要提前解除固定租期合同，必须提前通知租户。

（2）租户申诉。租户如果认为房东提出的终止理由不充分，可以向当地法庭申诉，由法庭予以裁决。

（3）租户搬离社会住房。如果法庭认为房东终止理由充分，则租户必须搬出社会住房。如果租户不搬出，房东可以向法庭申请强制执行令。

2）退出支持政策

在租赁期内，社会发展部住房评价处每 3 年对租户开展租赁复审，复审期可持续 6 个月，只有租赁特殊改造住房的租户、获得终身居住社会住房的租户及 75 岁以上租户才能免于租赁复审。租赁复审包括三个方面，一是可及性，审查租户进入私人住房市场的难度，审查是个人还是经济方面的障碍；二是可支付性，审查租户是否有能力支付私人住房市场租金或价格；三是可持续性，审查租户是否可以长期地通过私人住房市场解决住房问题。复审结束后，如果租户不认可复查报告，可以将复查结果提交至独立申诉机构裁决。如果复审中发现租户不再具备社会住房资格条件，则租户必须搬出社会住房。此时，社会发展部可以为租户提供多项选择或建议，帮助租户迁入私人市场住房，或帮助租户购房，实现住房自有。

（1）帮助购买自有住房。社会住房管理部门可以帮助租户购买可以售卖的社会住房或在公开市场上置业。例如，首次置业计划（First Home），可以提供房价10%、最多 20 000 新西兰元的资金资助，但购买房屋必须是由新西兰房屋署管理并指定的住房；而 KiwiSaver 项目则可以资助租户在私人住房市场上购买自有住房。

（2）搬迁或租金资助。社会住房管理部门还制定了多项措施帮助租户从社会住房中退出，实现住房自立。一些有代表性的资助项目见表 8-2。

表 8-2　新西兰社会住房管理部门部分资助项目

资助项目	目的	对象	资金支持
搬迁协助	帮助支付一些搬迁过程中不可避免发生的成本，以保证租户能以最经济的方式实现搬迁	单亲家庭（以离工作地距离近为目的的搬迁）、弱势群体	最多 1500 新西兰元
租赁成本补助	给予超过某一额度、与租赁成本相关的资金资助	有小孩的家庭、年轻家庭或大家庭	最多 4 周租金
预付租金	帮助预付租金	获得额外帮助后可搬进私人住房的社会住房租户、社会住房注册者、未获得额外帮助而又需要社会住房的居民	最多 2 周租金，最多 1000 新西兰元

8.4　公共住房准入退出管理的特征

从国外公共住房实践看，通过一系列法律法规、机构、规则、制度、机制等的共同作用，保障了公共住房准入和退出管理环节的各项工作顺利进行，保证了公共住房体系效率运转。公共住房准入退出管理的特征如下。

1）健全的法律法规体系和管理机构

一些发达国家专门制定、颁布了公共住房相关的法律法规，形成比较健全的住房保障法律法规体系，为解决公共住房建设、配置、物业服务、交易等环节中的问题提供强有力的保障，例如，美国的住房法、城市再开发计划、补贴住房建设计划、住房援助（补贴）计划等；英国的社会保险与住房福利法、住房法、住房协会法等；澳大利亚的住房法、住房救助法、住宅租赁法、社区住房供给者法等。为保障公共住房建设、管理的顺利运行，各国均设立了不同层次的住房管理机构。例如，美国的公共住房由住房与城市发展部及地区办公室、州政府住房管理机构等负责运营管理；英国的社会住房由地方议会政府、专业住房协会等负责建设和运营管理；新西兰的社会住房则由社会发展部负责资格申请、房屋署负责租赁管理，其他如地方议会、社区群体和非政府组织也参与社会住房管理。

2）较科学的分配准则体系

将有限的公共住房资源分配给“符合资格条件”的住房困难群体，必须要遵循科学、合理的分配程序，其中，各类准则是保证分配公平、效率的关键。许多发达国家根据各自实际情况，制定了适用于各类住房困难群体的分配准则及方法，以确定住房申请人的顺序位次及优先次序，为申请人匹配符合需要的住房。各类准则密切联系、综合运用，又不失灵活性，运用于公共住房申请、轮候、分配等环节，保证了有限的公共住房资源得到公平、有效地分配。

3）定期的巡视、复审制度

许多公共住房管理部门均建立了定期的租赁巡视、复审制度。通过租赁巡视和复审制度，一方面，公共住房房东可以掌握住房状态及使用情况，及时维护、维修，保证住房处于良好的使用状态，保障租户权益；另一方面，房东可以动态地掌握租户家庭经济变化情况，为租金调整、租约续签、租户搬离提供基础性依据，有利于公共住房资源被充分利用。

4）严谨的退出流程与管理

国外公共住房退出普遍按照住房租约及公共住房相关的法律法规执行，行成了一套严谨的操作流程。在退出环节涉及房东、租户、地方法庭、独立申诉机构等主体，其中，引入法庭、申诉机构，建立纠纷裁决机制，可以保证退出过程公正，保护租赁双方利益不受损。当房东书面提出终止租约且要求租户退出公共住房的理由合理、合法时，租户须对房东提出的解约通知应予以及时响应。如果租户认为解约理由不充分，或租户未在房东通知的时间内退出，租赁的另一方均可向地方法庭或申诉机构申请裁决。如果租户拒不退出，房东无权自行驱离租户，必须向地方法庭申请强制执行，保证退出驱离行为的合法性。

5）完善的退出资助机制

一些国家的公共住房部门制定了租户退出资助政策，帮助租户租赁或购买住房，激励租户从公共住房中退出，实现住房自立。主要资助机制有：第一，租户购买所居住的公共住房，租户居住一段时间公共住房后，符合资格条件的可够买部分或全部公共住房产权；第二，租户购买私人市场住房，公共住房部门可以提供资金资助或按揭帮助；第三，租户租赁私人市场住房，公共住房部门可以提供一段时间的租金资助；第四，帮助租户完成搬迁，公共住房部门可以为租户搜寻住房，提供谈判、签约服务，并承担搬迁相关费用，减轻租户搬迁负担。

8.5 公共住房准入退出管理经验借鉴

从国外公共住房实践看，大多数国家都一套完整的公共住房配置准则体系，制定了详细、操作性强的准则内容，彼此联系、综合运用，对公平、有效地配置公共住房发挥了重要作用。在退出环节，引入地方法庭或独立申诉机构，保证公共住房退出过程的公正性，保护租赁双方利益。虽然许多国家都设计有良好的公共住房准入退出机制，但仍然面临"配置失灵""退出难"的窘境。例如，在准入环节，计分制在实施时容易官僚化，难以反映租户的真实需要和偏好（Ham and Manley，2009）；在退出环节，一些国家的退出驱离政策执行效果并不理想，如澳大利亚新南威尔士州在实行租金与收入挂钩的地区推出的退出政策，在实践中仅有0.8%的复审租约被终止，退出的公共住房数量可以忽略不计。

目前，公共租赁住房已经成为我国住房保障体系的重要组成部分，国外公共住房的实践和经验虽然存在不足，但仍对我国公共租赁住房配置、日常运营、退出管理等方面具有经验借鉴意义。

8.5.1 退出前管理对策

1）健全法律法规体系和管理机构

为解决公共住房建设、配置、物业服务、交易等环节中的问题并提供强有力的保障，一些发达国家专门制定、颁布了公共住房相关的法律法规，形成比较健全的住房保障法律法规体系，并设置了完善公共住房管理机构。借鉴国外做法，我国应抓紧出台《住房法》，从法律上界定公共租赁住房在社会住房体系中的地位和作用，明确公共租赁住房建设、管理的主体及相关权限，包括准入退出管理涉及的机构及其管理、执法权力。同时，设立专门、分层级的公共租赁住房管理机构，负责制定和实施公共租赁住房准入退出管理政策。例如，公共租赁住房申请人资格审查、复审，查处违规租赁行为，以及租户退出管理等。通过设立专门管理机构，为公共租赁住房准入退出管理提供保障，提高公共租赁住房退出管理效率。

2）建立完善的租户家庭经济状况信息系统

在国外，家庭收入是公共住房准入资格的主要依据，一般包括工资、政府津贴或福利、社会保险、奖助金、投资收益等，旨在保障公共住房配置的效率与公平。基于国外实践经验，有必要建立完善的租户家庭经济信息系统，为审核公共租赁住房准入资格、退出条件提供重要支撑，确保有限的公共租赁住房资源得到公平、高效地配置，防止公共租赁住房"搭便车"行为发生。在目前建立由银行、税务、房产、民政、金融等多部门参与的家庭经济状况信息平台尚存在困难的情况下，可以由住房行政管理部门成立专门分支部门，负责采集公共租赁住房租户的家庭收入、住房、职业性质、家庭成员等数据，评估核实其经济状况，并在租户入住公共租赁住房后在一定期限内对其家庭收入和资产状况进行审查、更新，为租赁合同到期后租户资格复审提供依据。

3）拟定公正、合理的公共租赁住房资格申请人排序和优先准则

大多数国家按照申请人的住房状况、居住环境、子女情况、特殊需要等制定了住房排序、优先准则，保证了公共住房能满足申请人的住房需求。目前，我国大多数城市根据申请人收入、住房情况确定资格候选人，采用随机摇号的方式确定公共租赁住房准入排序，较少有配置优先的操作性准则，不利于高效率、公平地分配住房。公共租赁住房管理部门可以根据申请人住房现状、配套设施、人口状况、特殊诉求等方面拟定住房需要计分评价细则、优先准则，依据评分高低结合优先情形确定申请人轮候位次。

4）建立租后巡视、复审及租金动态调整机制

国外大多数国家的公共住房管理机构均建立了定期的租赁巡视、复审制度，掌握住房状态及使用情况，及时维护、维修，保障租户权益，还可以动态地掌握租户家庭经济状况变化情况，为租金调整、租约续签、租户搬离提供基础性依据。国内多数公共租赁住房管理部门、运营企业尚未建立租后巡视、复审及租金动态调整机制。可以借鉴国外相关经验建立定期或不定期租赁巡视、复审制度，其一，可以掌握公共租赁住房使用状况，了解租户住房服务需求，并予以及时维护、维修，提升服务质量，提高租户居住满意度；其二，通过复审可以了解租户家庭经济状况，进一步甄别租户是否具有公共租赁住房资格，对收入增加的租户，可以调高租金标准，直至收取私人住房市场租金标准，租户退出公共租赁住房，对收入降低的租户则调减住房租金；其三，通过巡视、复审也能为公共租赁住房租约续签、租户退出提供基础性资料。

5）建立住房救助与就业关联机制

提高租户收入，特别是青年、中年租户，经济状况好转是促使其顺利退出公共租赁住房的基础条件。可以借鉴国外“福利到工作（welfare to work）”思想，对具备工作能力的租户，将参与就业作为享受住房受助的条件，并予以就业帮助，改善就业质量，助其经济自立，早日脱离住房救助体系。例如，较高水平的教育和培训是公共住房租户提高自身能力、获得工作的重要途径（Hulse and Milligan，2014），可以给予租户指导，帮助其摒弃依赖思想，增强就业信心；为其提供必要的工作技能培训与教育，使其达到岗位技能要求，提升就业竞争能力或改善就业质量，增加家庭收入，减少对公共租赁住房的依赖。同时，要改善、繁荣公共租赁住房周边区域的经济状况，增加就业机会，鼓励各类企业给租户提供适当的就业岗位，帮助其就业，并对供岗企业给予奖励。还可以鼓励一部分有创业潜能的租户选择低成本投入的服务业进行“微创业”，提高其收入水平，促进其住房自立。

8.5.2 退出环节管理对策

1）规范公共租赁住房退出流程，打击拒退、骗退行为

公正、规范的公共住房退出流程能明晰租赁双方的权利和责任，减少退出纠纷，保护租赁双方的利益，促进公共住房退出顺利进行。目前，我国法律法规体系中尚无明确、细化的公共租赁住房退出流程规定，租赁合同中的退出约定可操作性不强，容易产生退出纠纷、退出执行难等不利影响。因此，在公共租赁住房租赁合同中应明确退出环节中租赁双方的权利和责任，清晰地列示退出执行程序，以及退出纠纷的处理方法。针对公共租赁住房管理部门、运营企业缺乏行政执法权的状况，可以在退出环节中引入纠纷仲裁、法院等机构，对退出纠纷予以公正裁决，如果裁决后租户确需退出公共租赁住房而拒不退出的，可申请法院强制执行，提高公共租赁住房退出的效率。

调查显示，许多租户对于在何种情况下需退出公共租赁住房、如何退出、有哪些退出措施等知晓甚少，直接影响租户退与不退的判断。运营机构可以在社区张贴公共租赁住房政策宣传文件，着重对退出政策及执行进行解析，消除租户对公共租赁住房退出政策及执行理解上的偏差和误区，使更多租户尽快了解公共租赁住房退出政策，清楚拒退、骗退等违规行为的后果。对恶意拒退、骗退的租户，在宣传教育、催告、清退等无效的情况下，由住房管理部门诉诸法律，强制其退出公共租赁住房、清缴租金，并将其违规行为记入诚信记录，在规定年限内不得再次申请公共租赁住房。

2）实施租户对象差异化退出策略

公共租赁住房退出政策是为实现住房保障任务和目标而制定的行为准则，在制定退出细则、执行过程中仍要注重差异化、灵活地运用。调查和统计结果显示，不同年龄的租户群体对退出意愿、退出途径持不同的观点。例如，有较多的租户表示，即使达到了退出条件也不愿意退出公共租赁住房，此时可以实施差异化策略，最终实现顺利退出。老年租户占公共租赁住房租户的比例较大，对公共租赁住房邻里满意度较高，依附心理较强，退出意愿很低，并且对变换居所期望不高，住房管理部门可以探索公共租赁住房与养老相结合的新型住房管理模式，实现老年人“就地养老”的愿望。而对于其他有潜力获得稳定收入、实现自我保障的租户，应侧重于“人”（租户）的退出。例如，对于中年租户，他们普遍受教育程度不高，在就业市场中处于劣势，政府部门可以对其开展工作技能培训，帮助其提高就业竞争力，以增加家庭收入，使其顺利搬出公共租赁住房；对于青年租户，公共租赁住房仅是临时性、过渡性住房，他们大多有较强的工作能力，应鼓励他们租约到期时退出公共租赁住房。

3）创新多元化退出策略

（1）提租退出。Thaler（1985）提出，将更大的收益和较小的损失合并，以消除损失厌恶。可以根据该原理设计扩大收益、减少损失的渐进式退出激励机制，减轻公共租赁住房退出者损失厌恶的感受，有利于决策者做出退出公共租赁住房的选择。对于租约到期后，不再具备公共租赁住房保障资格而不愿意搬出的租户，可以根据其家庭收入调整住房租金，当家庭收入达到一定标准后则按照市场水平收取住房租金，甚至收取高于市场水平的租金。租金提高意味着租户获利减少，较少的获利对于及时退出者损失也较小，以经济刺激方式促使租户搬出公共租赁住房。

（2）资助退出。完善的公共住房退出资助体系，能为退出公共住房的租户提供多种选择和帮助，减少住房后顾之忧，激励其顺利搬出公共住房，通过购买和租赁住房，实现住房自立，同时也提高公共住房的周转速度和利用效率。我国目前尚未建立公共租赁住房退出资助体系。改革开放以来，我国住房租赁市场不断发展，但私人住房市场供应主体发育不充分、市场秩序不规范、法规制度不完善等问题仍然突出，市场规模小，房源总量不足，中介市场乱象频出、纠纷多，客观上阻碍了租户进入私人市场住房租房或买房。因此，建立租户退出资助体系，在租户退出公共租赁住房时，对仍然租房居住的租户，可以帮助他们在私人住房市场上搜寻合适的住房，并支付搬迁费用或过渡期（半年到一年）的住房租金，使租户顺利地迁入私人市场住房；对于愿意购买住房的租户，可以给予首付款、贷款利息等资金资助，帮助他们实现住房自有。

（3）公共租赁住房共享产权或私有化退出。在公共租赁住房租户中，老年租户所占比例高，对公共租赁住房满意度高，而退出意愿偏低，可以实行公共租赁住房产权共享或私有化政策，让居住一段时间、符合保障资格的租户购买所居住的公共租赁住房部分或全部产权，既利于其实现“就地养老”的愿望，又利于其实现住房自立。

参考文献

艾建国，陈泓冰，鲁璐，2012．保障房退出机制研究[J]．城市问题，（2）：76-80．

常江，谢涤湘，黄健文，2015．西方国家社区依恋研究：阶段、方法及影响因素[J]．热带地理，35（4）：507-514．

陈宏胜，李志刚，2014．广州住房与保障房的建设与评价[J]．热带地理，34（6）：823-830．

陈杰，2016．过半消费者对房产中介“不满意”[N]．新民晚报，2016-02-23（A6）．

陈俊华，吴莹，2012．公共租赁住房准入与退出的政策匹配：北京例证[J]．改革，（1）：75-80．

陈险峰，刘友平，2012．公共租赁房退出机制及其政策选择[J]．城市问题，（6）：77-80．

戴维·波普诺，2007．社会学[M]．11 版．李强，等译．北京：中国人民大学出版社．

道格拉斯 C．诺思，2014．制度、制度变迁与经济绩效[M]．杭行译．上海：格致出版社，上海人民出版社．

邓宏乾，王昱博，2015．租赁型保障住房退出机制研究：基于进化博弈论的视角[J]．贵州社会科学，（3）：123-127．

方永恒，张瑞，2013．保障房退出机制存在的问题及其解决途径[J]．城市问题，（11）：79-83．

高波，2012．完善保障性住房的分配与退出机制[J]．现代城市研究，（5）：29-31．

黄俊峰，2013．我国保障性住房退出机制研究[J]．江西社会科学，（1）：53-56．

黄凯南，2009．演化博弈与演化经济学[J]．经济研究，（2）：154-158．

兰海笑，张家成，杜震，2017．北京：让“租”居首都舒且安[N]．中国建设报，2017-06-26（01）．

李宝龙，2016．博弈视角下公共租赁住房退出机制研究[J]．建筑经济，（1）：75-78．

李培，2009．房屋租赁的替代效应与福利评价[J]．南方经济，（2）：3-12．

刘宁，焦红超，2014．不完全信息下廉租房退出监管博弈模型研究[J]．沈阳建筑大学学报（社会科学版），（2）：153-157．

刘祖云，吴开泽，2014．住房保障准入与退出的香港模式及其对内地的启示[J]．中南民族大学学报（人文社会科学版），34（2）：83-87．

毛小平，陆佳婕，2017．并轨后公共租赁住房退出管理困境与对策探讨[J]．湖南科技大学学报（社会科学版），20（1）：99-106．

潘雨红，曾艺文，孙起，等，2015．公共租赁房腾退意愿研究及政策建议：以重庆为例[J]．建筑经济，36（1）：103-107．

童华岗，吴同品，2017．退出难！赖着不走者超 20%还有人拒付租金[N]．常州日报，2017-4-11．

汪坤，刘臻，何深静，2015．广州封闭社区居民社区依恋及其影响因素[J]．热带地理，35（3）：354-363．

王林，付维维，2014．公共租赁住房租户全周期租房成本及租房决策研究[J]．重庆大学学报（社会科学版），20（1）：37-44．

魏丽艳，2012．保障性住房公平分配的准入退出机制研究[J]．东南学术，（3）：40-48．

萧和舜，2017．铁腕整治房地产中介市场乱象[J]．上海房地产，（5）：49-51．

谢丽丽，2012．中国保障性住房道德风险的博弈分析[D]．哈尔滨：哈尔滨工业大学．

谢娜，2014．住房市场信息搜寻与隐性交易成本研究[M]．北京：经济科学出版社．

谢庆奎，陶庆，2007．政府执行力探索[J]．中国行政管理，（11）：9-13．

徐琼，2012．重庆市公共租赁住房退出机制的研究[D]．重庆：西南大学．

曾德珩，全利，2014．关于公共租赁住房社区的居住与就业空间匹配问题：以重庆市为例[J]．城市问题，（2）：88-93．

湛东升，孟斌，张文忠，2014．北京市居民居住满意度感知与行为意向研究[J]．地理研究，33（2）：336-348．

张红，张晓光，卢佳平，等，2013．住房市场的信息经济学问题[M]．北京：清华大学出版社．

张津君，韩美贵，2013．城市廉租住房退出机制的博弈分析[J]．工程管理学报，27（1）：73-77．

郑思齐，2007．住房需求的微观经济分析：理论与实证[M]．北京：中国建筑工业出版社．

朱竑，钱俊希，陈晓亮，2010．地方与认同：欧美人文地理学对地方的再认识[J]．人文地理，25（6）：1-6．

朱竑，钱俊希，吕旭萍，2012．城市空间变迁背景下的地方感知与身份认同研究[J]．地理科学，32（1）：18-24．

ADDOI A, 2016. Assessing residential satisfaction among low income households in multi-habited dwellings in selected low income communities in Accra[J]. Urban studies, 53(4): 631-650.

AJZEN I, 1991. The theory of planned behavior [J]. Organizational behavior and human decision processes, 50(2):179-211.

AJZEN I, 2011. The theory of planned behaviour: reactions and reflections[J]. Psychology and health, 26(9):1113-1127.

AMBROSE B W, 2005. A hazard rate analysis of leavers and stayers in assisted housing programs [J]. Cityscape, 8(2):69-93.

AMUNDSEN E S, 1985. Moving costs and the microeconomics of intra-urban mobility[J]. Regional science and urban economics, 15(4): 573-583.

ANDERSEN H S, 2008. Why do residents want to leave deprived neighbourhoods? The importance of residents' subjective evaluations of their neighbourhood and its reputation[J]. Journal of housing and the built environment, 23(2): 79-101.

ARTHURSON K, JACOBS K, 2004. A critique of the concept of social exclusion and its utility for Australian social housing policy[J]. Australian journal of social issues, 39(1): 25-40.

Australian Institute of Health and Welfare (AIHW), 2017. Housing assistance in Australia [EB/OL]. https://www.aihw.gov.au/reports/housing-assistance/housing-assistance-in-australia-2017/contents/housing-assistance-why-do-we-need-it-and-what-supports-exist.

BAHCHIEVA R, HOSIER A, 2001. Determinants of tenure duration in public housing: the case of New York city[J]. Journal of housing research, 12(2): 307-348.

BAKER E, 2002. Public housing tenant relocation: residential mobility, satisfaction, and the development of a tenant's spatial decision support system[D]. Adelaide: The University of Adelaide.

BANE M J, DAVID T E, 1994. Welfare realities: from rethoric to reform[M]. Cambridge, MA: Harvard University Press.

BARRETT A, MOSCA I, 2013. The psychic costs of migration: evidence from Irish return migrants[J]. Journal of population economics, 26(2): 483-506.

BARTIK T J, BUTLER J S, LIU J T, 1992. Maximum score estimates of the determinants of residential mobility: implications for the value of residential attachment and neighborhood amenities [J]. Journal of urban economics, 32(2): 233-256.

BASOLO V, YERENA A, 2017. Residential mobility of low-income, subsidized households: a synthesis of explanatory frameworks [J]. Housing studies, 32(6): 841-862.

BAUERNSCHUSTER S, FALCK O, HEBLICH S, et al., 2014. Why are educated and risk-loving persons more mobile across regions?[J]. Journal of economic behavior and organization, 98: 56-69.

Bournemouth Borough Council, 2008. Housing register and allocations policy[EB/OL]. http://www.homechoice.dorsetforyou.com/DorsetHomeChoice/uploads/BournemouthBCHousingRegisterAllocationsPo- licybkltWEB.pdf.

BUTTON M, 2011. Fraud investigation and the 'flawed architecture' of counter fraud entities in the United Kingdom[J]. International journal of law, crime and justice, 39(4): 249-265.

CALDERA S A, ANDREWS D, 2011. To move or not to move: what drives residential mobility rates in the OECD?[R]. OECD economics department working papers, No. 846, OECD Publishing.

CAMERER C F, FEHR E, 2006. When does "economic man" dominate social behavior?[J]. Science, 311(5757): 47-52.

CAO X, WANG D, 2016. Environmental correlates of residential satisfaction: an exploration of mismatched neighborhood characteristics in the Twin Cities[J]. Landscape and urban planning, 150: 26-35.

CARPENTIER S, 2009. The determinants of the time to leave the social assistance scheme: evidence for Belgium[C]. Urbino: 7th annual espanet conference.

CARR H, COWAN D, 2015. The Social tenant, the law and the UK's politics of austerity[J]. Oñati Socio-legal Series, 5(1): 73-89.

CHEN J, 2006. The dynamics of housing allowance claims in Sweden: a discrete time-hazard analysis[J]. International journal of housing policy, 6(1): 1-29.

CLARK W A V, DEURLOO M, DIELEMAN F, 2006. Residential mobility and neighbourhood outcomes[J]. Housing studies, 21(3): 323-342.

CLARK W A V, LEDWITH V, 2006. Mobility, housing stress, and neighborhood contexts: evidence from Los Angeles[J]. Environment and planning A, 38: 1077-1093.

CLARK W A V, LISOWSKI W, 2017. Decisions to move and decisions to stay: life course events and mobility outcomes[J]. Housing studies, 32(5): 547-565.

CLARK W A V, ONAKA J L, 1983. Life cycle and housing adjustment as explanations of residential mobility[J]. Urban studies, 20(1): 47-57.

CLARK W A V, SMITH T R, 1982. Housing market search behavior and expected utility theory: 2. The process of search[J]. Environment and planning A, 14: 717-737.

COASE R H, 1937. The nature of the firm[J]. Economica, 4(16): 386-405.

CORTES A, LAM K, FEIN D, 2008. Household life cycle and length of stay in housing assistance programs[J]. Cityscape, 10(1): 117-156.

COULTER R, VAN HAM M, FEIJTEN P, 2011. A longitudinal analysis of moving desires, expectations and actual moving behaviour[J]. Environment and planning A, 43(11): 2742-2760.

COULTER R, Van HAM M, FEIJTEN P, 2012. Partner (dis)agreement on moving desires and the subsequent moving behaviour of couples[J]. Population, space and place, 18(1): 16-30.

COULTON C, THEODOS B, TURNER M A, 2012. Residential mobility and neighborhood change real neighborhoods under the microscope[J]. Cityscape, 14(3): 55-89.

CUNNINGHAM M K, SCOTT M M, NARDUCCI C, et al., 2010. Improving neighborhood location outcomes in the housing choice voucher program: a scan of mobility assistance programs[R]. Washington DC: What Works Collaborative.

CZAIKA M, 2015. Migration and economic prospects[J]. Journal of ethnic and migration studies, 41(1):58-82.

CZISCHKE D, PITTINI A, 2007. Housing Europe 2007: review of social, co-operative and public housing in the 27 EU member states[R]. CECODHAS European Social Housing Observatory.

DAWKINS C J, 2006. Are social networks the ties that bind families to neighborhoods?[J]. Housing studies, 21(6): 867-881.

DE GROOT C, 2011. Intentions to move, residential preferences and mobility behaviour a longitudinal perspective [D]. Amsterdam: University of Amsterdam.

DE GROOT C, MULDER C H, MANTING D, 2011. Intentions to move and actual moving behaviour in the Netherlands[J]. Housing studies, 26(3):307-328.

DE GROOT J, STEG L, 2007. General beliefs and the theory of planned behavior: the role of environmental concerns in the TPB[J]. Journal of applied social psychology, 37(8): 1817-1836.

DEANE G D, 1990. Mobility and adjustments: paths to the resolution of residential tress [J]. Demography, 27 (1): 65-79.

DENG Y, GABRIEL S A, NOTHAFT F E, 2003. Duration of residence in the rental housing market[J]. The journal of real estate finance and economics, 26(2-3): 267-285.

Department for Communities and Local Government (DCLG), 2009. Tackling unlawful subletting and occupancy: good practice guidance for social landlords[R]. London: DCLG.

Department for Communities and Local Government (DCLG), 2010. Local Decisions: a fairer future for social housing-consultation[R]. London: DCLG.

DIAZ-SERRANO L, STOYANOVA A P, 2010. Mobility and housing satisfaction: an empirical analysis for 12 EU countries[J]. Journal of economic geography, 10: 661-683.

DISNEY R, LUO G, 2017. The right to buy public housing in Britain: a welfare analysis[J]. Journal of housing economics, 35: 51-68.

DITCH J, LEWIS A, WILCOX S, 2001. Social housing, tenure and housing allowance: an international review[R]. Social policy, University of York.

DOCKERY A M, FEENY S, HULSE K, et al., 2008a. Housing assistance and economic participation[R]. National research venture 1: housing assistance and economic participation, final research paper, Australian Housing and Urban Research Institute.

DOCKERY A M, ONG R, WHELAN S, WOOD G A, 2008b. The relationship between public housing wait lists, public housing tenure and labour market outcomes[R]. National research venture 1 research paper 9, Australian Housing and Urban Research Institute.

DOIG A, JOHNSON S, LEVI M, 2001. New public management, old populism and the policing of fraud[J]. Public policy and administration, 16(1): 91-113.

DUJARDIN C, GOFFETTE-NAGOT F, 2009. Does public housing occupancy increase unemployment?[J]. Journal of economic geography, 9(6): 823-851.

DWELLY T, COWANS J, 2006. Rethinking social housing[R]. The Smith Institute.

DYNARSKI M, 1986. Residential attachment and housing demand[J]. Urban studies, 23(1): 11-20.

EINERHAND M, ERIKSSON I, VAN LEUVENSTEIJN M, 2001. Benefit dependency and the dynamics of the welfare state: comparing Sweden and the Netherlands[J]. International social security review, 54(1): 3-17.

EPPLE D, GEYER J, SIEG H, 2011. Public housing policies and the mobility of low income households: evidence from Pittsburgh[R]. Pittsburgh: Carnegie Mellon University.

FANG Y, 2006. Residential satisfaction, moving intention and moving behaviours: a study of redeveloped neighbourhoods in Inner-City Beijing[J]. Housing studies, 21(5): 671-694.

FEENY S, ONG R, SPONG H, et al., 2012. The impact of housing assistance on the employment outcomes of labour market programme participants in Australia[J]. Urban studies, 49(4): 821-844.

FEIJTEN P, Van HAM M, 2009. Neighbourhood change...reason to leave? [J]. Urban studies, 46(10): 2103-2122.

FITZGERALD J M, 1995. Local labor markets and local area effects on welfare duration[J]. Journal of policy analysis and management, 14(1): 43-67.

FITZPATRICK S, PAWSON H, 2007. Welfare safety net or tenure of choice? The dilemma facing social housing policy in England [J]. Housing studies, 22(2): 163-182.

FITZPATRICK S, PAWSON H, 2011. Security of tenure in social housing: an international review[R]. Edinburgh: Heriot-Watt University.

FITZPATRICK S, PAWSON H, 2014. Ending security of tenure for social renters: transitioning to 'ambulance service' social housing? [J].Housing studies, 29(5): 597-615.

FITZPATRICK S, STEPHENS M, 2007. An international review of homelessness and social housing policy[R]. London: Communities and Local Government.

FLETCHER D R, GORE T, REEVE K, et al., 2008. Social housing and worklessness: key policy messages[R]. Research Report No. 482, Department for Work and Pensions. http://research.dwp.gov.uk/asd/asd5/rports2007-2008/rrep482.pdf.

FORNELL C, LARCKER D F, 1981. Evaluating structural equation models with unobservable variables and measurement error [J]. Journal of marketing research, 18(1): 39-50.

FREEMAN L, 1998. Interpreting the dynamics of public housing: cultural and rational choice explanations[J]. Housing policy debate, 9(2): 323-353.

FREEMAN L, 2005. Does housing assistance lead to dependency? Evidence from HUD administrative data[J]. Cityscape, 8(2):115-133.

FRENETTE M, PICOT G, SCEVIOUR R, 2004. When do they leave? The dynamics of living in low-income neighbourhoods[J]. Journal of urban economics, 56(3): 484-504.

FRIEDMAN D, 1998. On economic applications of evolutionary game theory[J]. Journal of evolutionary economics, 8(1): 15-43.

GIBLER K M, TYVIMAA T, KANANEN J, 2014. The relationship between the determinants of rental housing satisfaction and considering moving in Finland[J]. Property management, 32(2):104-124.

GOODMAN A C, 1990. Modeling and computing transactions costs for purchasers of housing servicess[J]. AREUEA journal, 18(1):1-21.

GOODMAN A C, 1995. A dynamic equilibrium model of housing demand and mobility with transactions costs[J]. Journal of housing economics, 4(4): 307-327.

GOODMAN A C, 2002. Estimating equilibrium housing demand for "stayers" [J]. Journal of urban economics, 51(1): 1-24.

GOODWIN P, 2012. Privately tackling Northern Ireland's public sector fraud[J]. Accountancy Ireland, 44(6): 45-46.

GOUJARD A, 2010. Social housing location and labor market outcomes[R]. London school of economics and political Science.

GREENHALGH S, MOSS J, 2009. Principles for social housing reform[R]. Localis research.

GREENWOOD M J, MUESER P R, PLANE D A, et al., 1991. New directions in migration research: perspectives from some North American regional science disciplines [J]. The annals of regional science, 25(4): 237-270.

HAIR J F, BLACK W C, BABIN B J, et al., 2009. Multivariate data analysis (7th) [M]. NJ: Prentice Hall.

HAM M, MANLEY D, 2009. Social housing allocation, choice and neighbourhood ethnic mix in England[J]. Journal of housing and the built environment, 24(4): 407-422.

HARMON O R, POTEPAN M J, 1988. Housing adjustment costs: their impact on mobility and housing demand elasticities[J]. AREUEA journal, 16(4):459- 478.

HAY R, 1998. Sense of place in developmental context[J]. Journal of environmental psychology, 18(1): 5-29.

HENDERSON J V, IOANNIDES Y M, 1983. A model of housing tenure choice[J]. The American economic review, 73(1): 98-113.

HIDALGO M C, HERNANDEZ B, 2001. Place attachment: conceptual and empirical questions[J]. Journal of environmental psychology, 21(3): 273-281.

HILLS J, 2007. Ends and means: the future roles of social housing in England[R]. London: ESRC Research Centre for Analysis of Social Exclusion.

HOOIMEIJER P, OSKAMP A, 1996. A simulation model of residential mobility and housing choice[J]. Netherlands journal of housing and the built environment, 11(3): 313-336.

HOSMER Jr D W, LEMESHOW S, STURDIVANT R X, 2013. Applied logistic regression[M]. Hoboken: John Wiley and Sons.

HUANG Y, DENG F F, 2006. Residential mobility in Chinese cities: a longitudinal analysis[J]. Housing studies, 21(5): 625-652.

HUANG Z, DU X, 2015. Assessment and determinants of residential satisfaction with public housing in Hangzhou, China[J]. Habitat international, 47: 218-230.

HUI E C M, WONG F K W, CHUNG K W, et al., 2014. Housing affordability, preferences and expectations of elderly with government intervention[J]. Habitat international, 43: 11-21.

HULSE K, BURKE T, 2005. The changing role of allocations systems in social housing[R]. Melbourne: Australian Housing and Urban Research Institute, AHURI final report No.75.

HULSE K, MILLIGAN V, 2014. Secure occupancy: a new framework for analysing security in rental housing[J]. Housing studies, 29(5): 638-656.

HULSE K, RANDOLPH B, 2005. Workforce disincentive effects of housing allowances and public housing for low income households in Australia[J]. European journal of housing policy, 5(2): 147-165.

HULSE K, SAUGERES L, 2008. Home life, work and housing decisions: a qualitative analysis[R]. National Research Venture 1 Research Paper 7, Australian Housing and Urban Research Institute.

HUNGERFORD T L, 1996. The dynamics of housing assistance spells [J]. Journal of urban economics, 39(2): 193-208.

IOANNIDES Y M, KAN K, 1996. Structural estimation of residential mobility and housing tenure choice[J]. Journal of regional science, 36(3): 335-363.

IRWIN J, 2004. Home insecurity: the state of social housing funding in BC[R]. BC Office of the Canadian Centre for Policy Alternatives.

JACOB B A, LUDWIG J, 2012. The effects of housing assistance on labor supply: evidence from a voucher lottery [J]. The American Economic Review, 102(1): 272-304.

JAEGER D A, DOHMEN T, FALK A, et al., 2010. Direct evidence on risk attitudes and migration[J]. The review of economics and statistics, 92(3): 684-689.

JIANG W, FENG T, TIMMERMANS, et al., 2017. A gap-theoretical path model of residential satisfaction and intention to move house applied to renovated historical blocks in two Chinese cities[J]. Cities, 71: 19-29.

KAHNEMAN D, 2011. Thinking, fast and slow[M]. New York: Penguin Group Inc.

KAHNEMAN D, TVERSKY A, 1979. Prospect theory: an analysis of decision under risk[J]. Econometrica, 47(2): 263-291.

KAHNEMAN D, TVERSKY A, 1984. Choices, values, and frames[J]. American psychologist, 39(4): 341-350.

KAN K, 1999. Expected and unexpected residential mobility[J]. Journal of urban economics, 45(1): 72-96.

KAN K, 2007. Residential mobility and social capital[J]. Journal of urban economics, 61(3): 436-457.

KEARNS A, PARKES A, 2003. Living in and leaving poor neighbourhood conditions in England[J]. Housing studies, 18(6):827-851.

KELLY S, ONG R, WOOD G A, 2005. A detailed profiling of housing assistance recipients relative to benchmark groups in the Australian population[R]. National Research Venture 1 Research Paper 4, Australian Housing and Urban Research Institute.

KIM H, WOOSNAM K M, MARCOUILLER D W, et al., 2015. Residential mobility, urban preference, and human settlement: a South Korean case study[J]. Habitat international, 49: 497-507.

KIM J H, PAGLIARA F, PRESTON J, 2005. The intention to move and residential location choice behaviour[J]. Urban studies, 42(9): 1621-1636.

KLEINHANS R, VAN DER LAAN BOUMA-DOFF W, 2008. On priority and progress: forced residential relocation and housing chances in Haaglanden, the Netherlands[J]. Housing studies, 23(4): 565-587.

KLEIT R G, GALVEZ M, 2011. The location choices of public housing residents displaced by redevelopment: market constraints, personal preferences, or social information?[J]. Journal of urban affairs, 33(4): 375-407.

KLEIT R G, KANG S, SCALLY C P, 2016. Why do housing mobility programs fail in moving households to better neighborhoods?[J]. Housing policy debate, 26(1): 188-209.

KROMHOUT S, VAN HAM M, 2012. Social housing: allocation[M]//Smith S J. International encyclopedia of housing and home[M]. Amsterdam: Elsevier Ltd.

KUCHEVA Y, 2009. The determinants of exit from public housing[C]. Paper presented at the annual meeting of the American Sociological Association Annual Meeting, Hilton San Francisco, San Francisco, CA.

KWON H J, BEAMISH J, 2013. Older adults in multifamily housing: residential satisfaction and intention to move[J]. Family and consumer sciences research journal, 42(1): 40-54.

LANCE C E, BUTTS M M, MICHELS L C, 2006. The sources of four commonly reported cutoff criteria what did they really say? [J]. Organizational research methods, 9(2): 202-220.

LANDALE N, GUEST A, 1985. Constraints, satisfaction, and residential mobility: Speare's model reconsidered[J]. Demography, 22(2): 199-222.

LEVI M, BURROWS J, FLEMING M H, et al., 2007. The nature, extent and economic impact of fraud in the UK[R]. Report for the Association of Chief Police Officers' Economic Crime Portfolio.

LEWIS O, 1968. The culture of poverty[M]//Daniel P M. On understanding poverty: perspectives from the social sciences[M]. New York: Basic.

LIAO P, 2004. Emotional attachment, residential satisfaction, and mobility propensity[J]. Journal of population studies, 28: 49-79.

LIN C C, LIN S J, 1999. An estimation of elasticities of consumption demand and investment demand for owner-occupied housing in Taiwan : a two-period model[J]. International real estate review, 2(1): 110-125.

LINDBLOM C E, 2017. Some limitations on rationality: a comment[M]//Friedrich C. Rational decision. New York: Routledge.

LIU Z, WANG Y, TAO R, 2013. Social capital and migrant housing experiences in urban China: a structural equation modeling analysis[J]. Housing studies, 28(8): 1155-1174.

LU M, 1998. Analyzing migration decision making: relationships between residential satisfaction, mobility intentions, and moving behavior[J]. Environment and planning A, 30(8):1473 -1495.

LU M, 1999a. Determinants of residential satisfaction: ordered logit vs. regression models[J]. Growth and change, 30(2): 264-287.

LU M, 1999b. Do people move when they say they will inconsistencies in individual migration behavior[J]. Population and environment, 20(5):467-488.

LUBELL J M, SHRODER M, STEFFEN B, 2003. Work participation and length of stay in HUD-assisted housing [J]. Cityscape, 6(2): 207-223.

LUI H K, SUEN W, 2011. The effects of public housing on internal mobility in Hong Kong[J]. Journal of housing economics, 20(1): 15-29.

MADDEN T J, ELLEN P S, AJZEN I, 1992. A comparison of the theory of planned behavior and the theory of reasoned action [J]. Personality and social psychology bulletin, 18(1): 3-9.

MALPASS P, 2004. Fifty years of British housing policy: leaving or leading the welfare state?[J]. European journal of housing policy, 4(2): 209-227.

MOORE T, MULLINS D, 2013. Scaling-up or going viral? Comparing self-help housing and community land trust facilitation[J]. Voluntary sector review, 4(3): 333-353.

MORGAN P, 2010. Towards a developmental theory of place attachment[J]. Journal of environmental psychology, 30(1): 11-22.

MORRISON P S, CLARK W A V, 2015. Why do they stay? Loss aversion and duration of residence[R]. California Center for Population Research On-Line Working Paper Series.

MULDER C H, 1996. Housing choice: assumptions and approaches[J]. Journal of housing and the built environment, 11(3):209-232.

MURIE A, 1997. The social rented sector, housing and the welfare state in the UK[J]. Housing studies, 12(4):437-461.

NATIONAL AUDIT OFFICE (NAO), 2014. Housing benefit fraud and error[R]. Twenty-seventh report of session 2014-15. London: The Stationery Office Limited.

NATIONAL HOUSING FEDERATION (NHF), 2017. How public money is spent on housing[EB/OL]. http://www.housing.org.uk/how-public-money-is-spent-on-housing/.

NEWMAN S, HOLUPKA C S, HARKNESS J, 2009. The long - term effects of housing assistance on work and welfare[J]. Journal of policy analysis and management, 28(1): 81-101.

NORDVIK V, ÅHRÉN P, 2005. The duration of housing allowance claims and labour market disincentives: the Norwegian case[J]. European journal of housing policy, 5(2): 131-146.

NORTHERN IRELAND AUDIT OFFICE, 2013. Tackling social housing tenancy fraud in Northern Ireland[R]. Report by the comptroller and auditor general.

OH J, 2003.Social bonds and the migration intentions of elderly urban residents: the mediating effect of residential satisfaction[J]. Population research and policy review, 22(2): 127-146.

OLSEN E O, DAVIS S E, CARRILLO P E, 2005. Explaining attrition in the housing voucher program[J]. Cityscape, 8(2):95-113.

ORLEBEKE C J, 2000. The evolution of low income housing policy, 1949 to 1999[J]. Housing policy debate, 11(2): 489-520.

PINNEGAR S, EASTHOPE H, RANDOLPH B, et al., 2009. Innovative financing for home ownership: the potential for shared equity initiatives in Australia[R]. Melbourne: Australian Housing and Urban Research Institute, Final Report No. 137.

POPKIN S J, LEVY D K, HARRIS L E, et al., 2004. The HOPE VI program: what about the residents?[J]. Housing policy debate, 15(2): 385-414.

POSTHUMUS H, KLEINHANS R, 2014. Choice within limits: how the institutional context of forced relocation affects tenants'housing searches and choice strategies[J]. Journal of housing and the built environment, 29(1): 105-122.

QUIGLEY J M, 2002. Transactions costs and housing markets[R]. Berkeley: University of California, Working Papers No. W02-005.

RABE B, TAYLOR M, 2010. Residential mobility, quality of neighbourhood and life course events[J]. Journal of the royal statistical society: Series A (statistics in society), 173(3): 531-555.

RESCHOVSKY J D, 1990. Residential immobility of the elderly: an empirical investigation [J]. Real estate economics, 18(2): 160-183.

ROBINSON D, 2013. Social housing in England: testing the logics of reform [J]. Urban studies, 50(8): 1489-1504.

ROBINSON D, WALSHAW A, 2014. Security of tenure in social housing in England [J]. Social policy and society, 13(1):1-12.

ROSSI P H, 1955. Why families move: a study in the social psychology of urban residential mobility[M]. Glencoe: Free Press.

ROTHENBERG J, GALSTER G C, BUTLER R V, et al., 1991. The maze of urban housing markets: theory, evidence and policy[M]. Chicago: University of Chicago Press.

ROWLEY S, ONG R, 2009. Market demand and supply and the social housing stock: the importance of support services[R]. Report for the Western Australian Council for Social Services, Curtin Business School, Curtin University of Technology.

SCANNELL L, GIFFORD R, 2010. Defining place attachment: a tripartite organizing framework[J]. Journal of environmental psychology, 30(1): 1-10.

SCHWAB R M, 1982. Inflation expectations and the demand for housing[J]. The American economic review, 72(1): 143-153.

SCHWARTZ A F, 2014. Housing policy in the United States[M]. New York: Routledge Taylor and Francis Group.

SEELIG T, O'FLAHERTY M, HAYNES M, et al., 2008. Housing consumption patterns and earnings behaviour of income support recipients over time[R]. Melbourne: Australian Housing and Urban Research Institute, Final Report No. 118.

Select Committee on Social, Public and Affordable Housing, 2014. Social, public and affordable housing[R]. Sydney: Legislative Council.

SHRODER M, 2002. Does housing assistance perversely affect self-sufficiency? A review essay [J]. Journal of housing economics, 11(4): 381-417.

SKOBBA K, GOETZ E G, 2013. Mobility decisions of very low-income households[J]. Cityscape, 15(2): 155-171.

SPEARE A Jr, GOLDSTEIN S, FREY W H, 1975. Residential mobility, migration, and stress[J]. Demography, 27(1): 65-79.

SPEARE A Jr, KOBRIN F, KINGKÅDE W, 1982. The influence of socioeconomic bonds and satisfaction on interstate migration[J]. Social forces, 61(2): 551-574.

SPEARE A, 1974. Residential satisfaction as an intervening variable in residential mobility[J]. Demography, 11(2): 173-188.

STIRLING T, SMITH R, 2003. A matter of choice: policy divergence in access to social housing post-devolution[J]. Housing studies, 18(2):145-58.

STONE W, BURKE T, HULSE K, et al., 2013. Long-term private rental in a changing Australian private rental sector[R]. Melbourne: Australian Housing and Urban Research Institute, Final Report No. 209.

SUSIN S, 1999. Durations in subsidized housing[R].Working Paper 99-5, Center for Real Estate and Urban Policy, New York University.

THALER R, 1985. Mental accounting and consumer choice[J]. Marketing science, 4(3):199-214.

THOMPSON D T, 2007. Evaluating length of stay in assisted housing programs: a methodological note[J]. Cityscape, 9(1): 217-238.

THORNHILL J, 2010. Allocating social housing: opportunities and challenges[R]. Chartered Institute of Housing.

TURNER M A, BRIGGS X D S, 2008. Assisted housing mobility and the success of low-income minority families: lessons for policy, practice and future research[R]. Washington, DC: Urban Institute, Metropolitan Housing and Communities Center, Brief No. 5.

U.S. Department of Housing and Urban Development (HUD), 2016. HUD's public housing program [EB/OL]. https://www.hud.gov/topics/rental_assistance/phprog.

Van OMMEREN J, Van LEUVENSTEIJN M, 2005. New evidence of the effect of transaction costs on residential mobility[J]. Journal of regional science, 45(4): 681-702.

Van RYZIN G G, KAESTNER R, MAIN T J, 2003. The effects of federal and local housing programs on the transition from welfare to work: evidence from New York City[J]. Cityscape, 6(2): 45-72.

Van WISSEN L, DYKSTRA P, 1999. Population issues: an interdisciplinary focus[M]. New York: Plenum Press.

VARIAN H R, 1992. Microeconomic analysis (3rd) [M]. New York: W.W. Norton and Company.

VENTI S F, WISE D A, 1984. Moving and housing expenditure: transaction costs and disequilibrium[J]. Journal of public economics, 23(1-2):207-243.

VERMA N, 2003. Staying or leaving: lessons from Jobs-plus about the mobility of public housing residents and implications for place-based initiatives[R]. Manpower demonstration research corporation, New York.

VERMA N, HENDRA R, 2003. Comparing outcomes for Los Angeles county's HUD-assisted and unassisted welfare leavers[J]. Cityscape, 6(2): 89-122.

VITIKAINEN A, 2008. Transaction costs concerning real property: the case of Finland[M]//ZEVENBERGEN J, et al. Real property transactions. Procedures, transaction costs and models. Amsterdam: IOS Press.

VÖLKER B, MOLLENHORST G, SCHUTJENS V, 2013. Neighbourhood social capital and residential mobility[M]//Van HAM M, et al. Understanding neighbourhood dynamics: new insights for neighbourhood effects research. Netherlands: Springer.

WEINBERG D H, FRIEDMAN J, MAYO S K, 1981. Intraurban residential mobility: the role of transactions costs, market imperfections, and household disequilibrium[J]. Journal of urban economics, 9(3):332-348.

WEINREB L, ROG D J, HENDERSON K A, 2010. Exiting shelter: an epidemiological analysis of barriers and facilitators for families[J]. Social service review, 84(4): 597-614.

WEISBROD G, VIDAL A, 1981. Housing search barriers for low-income renters[J]. Urban affairs quarterly, 16(4): 465-482.

WHELAN S, 2009. The dynamics of public housing tenure in Australia[J]. Australian economic review, 42(2): 155-176.

WIESEL I, EASTHOPE H, LIU E, et al., 2013. What influences pathways into and out of social housing and how can mobility support positive housing outcomes?[R]. Australian Housing and Urban Research Institute.

WIESEL I, PAWSON H, STONE W, et al., 2014. Social housing exits: incidence, motivations and consequences[R]. Australian Housing and Urban Research Institute, Final Report No. 229.

WONG G K M, 2002. A conceptual model of the household's housing decision–making process: the economic perspective[J]. Review of urban and regional development studies, 14(3): 217-234.

WONG Y L I, CULHANE D P, KUHN R, 1997. Predictors of exit and reentry among family shelter users in New York City[J]. The social service review, 71(3): 441-462.

WOOD G A, ONG R, DOCKERY A M, et al., 2007c. Welfare locks, housing stability and tenant exits from public housing[C]. The Conference of the State of Australian Cities.

WOOD G A, ONG R, DOCKERY A M, 2007. Quasi-Experimental approach to the analysis of the employment outcomes of public housing tenants[R]. AHURI-RMIT/NATSEM Research Centre.

WOOD G A, ONG R, DOCKERY A M, 2007a. Transitions into public housing and employment outcomes: a panel analysis[C]. The 2007 Australian Economist Conference, Hobart, Tasmania.

WOOD G A, ONG R, DOCKERY A M, 2007b. What has determined longer run trends in public housing tenants' employment participation 1982-2002?[R]. National Research Venture 1: housing assistance and economic participation, Research Paper 5, Australian Housing and Urban Research Institute.

WOOD G A, ONG R, DOCKERY A M, 2009. The long-run decline in employment participation for Australian public housing tenants: an investigation[J]. Housing studies, 24(1): 103-126.

WU F, 2012. Neighborhood attachment, social participation, and willingness to stay in China's low-income communities[J]. Urban affairs review, 48(4): 547-570.

YANG Z, CHEN J, 2014. Housing affordability and housing policy in urban China[M]. Heidelberg: Springer-Verlag Heidelberg.

YATES J, MACKAY D F, 2006. Discrete choice modelling of urban housing markets: a critical review and an application[R]. Urban Studies, 43(3):559-581.

YELOWITZ A S, 2001. Public housing and labor supply[R]. Department of Economics, University of Kentucky.

YOSHINO N, HELBLE M, AIZAWA T, 2015. Housing policies for Asia: a theoretical analysis by use of a demand and supply model[R]. Asian Development Bank Institute Working Paper Series, No. 526.

ZEVENBERGEN J, FRANK A, STUBKJAR F, 2007. Real property transactions: procedures, transaction costs and models[M]. Amsterdam: IOS Press.

ZHANG C, LU B, 2016. Residential satisfaction in traditional and redeveloped inner city neighborhood: a tale of two neighborhoods in Beijing [J]. Travel behaviour and society, (5): 23-36.

ZHU Y, BREITUNG W, LI S, 2012. The changing meaning of neighbourhood attachment in Chinese commodity housing estates: evidence from Guangzhou[J]. Urban studies, 49(11): 2439-2457.

附录一　公共租赁住房配置效率调查问卷

尊敬的住户朋友：

您好！感谢您在百忙之中帮助我们。我们正在进行一项“公共租赁住房配置效率”课题的研究工作。为了获取研究必需的数据和资料，保证研究工作的科学性，特向您调查了解您对武汉市保障性住房分配、运行工作的满意度和服务质量情况。

本调查不记录您的姓名、地址等信息。恳请您回答您真实的感受和想法，所得的资料仅作分析研究之用。谢谢您的支持、参与和合作！

公共租赁住房研究课题组

2014 年 7 月

【说明】请在相应的选项上打“√”。

第一部分：公共租赁住房分配满意度分项调查

1．您对政府部门制定的公共租赁住房资格中的住房条件要求评价如何？

A．非常满意　　B．较为满意　　C．一般

D．不太满意　　E．非常不满意

2．您对政府部门制定的公共租赁住房资格中的家庭收入要求评价如何？

A．非常满意　　B．较为满意　　C．一般

D．不太满意　　E．非常不满意

3．您对分配给您的住房面积、户型等评价如何？

A．非常满意　　B．较为满意　　C．一般

D．不太满意　　E．非常不满意

4．您对确定公共租赁住房分配排序的方法（如采用电脑摇号）评价如何？

A．非常满意　　B．较为满意　　C．一般

D．不太满意　　E．非常不满意

5．您对确定住房困难家庭优先权的政策、方法评价如何？

A．非常满意　　B．较为满意　　C．一般

D．不太满意　　E．非常不满意

6．您对住房困难家庭优先权政策的执行情况评价如何？

A．非常满意　　B．较为满意　　C．一般

D．不太满意　　E．非常不满意

7．您对住房保障部门能够根据您的需求（如住房地段、周边配套、环境等要求）进行住房分配评价如何？

A．非常满意　　B．较为满意　　C．一般

D．不太满意　　E．非常不满意

8．从您申请开始到住进公共租赁住房所花费的时间，您认为评价如何？

A．非常满意　　B．较为满意　　C．一般

D．不太满意　　E．非常不满意

9．您对您所居住的公共租赁住房的租金水平评价如何？

A．非常满意　　B．较为满意　　C．一般

D．不太满意　　E．非常不满意

10．您对您所居住的公共租赁住房核定的租金补贴水平评价如何？

A．非常满意　　B．较为满意　　C．一般

D．不太满意　　E．非常不满意

11．您对搬进公共租赁住房后的工作、生活等方面的改善或提高程度评价如何？

A．非常满意　　B．较为满意　　C．一般

D．不太满意　　E．非常不满意

12．您对所居住小区的物业管理评价如何？

A．非常满意　　B．较为满意　　C．一般

D．不太满意　　E．非常不满意

13．您对您参与住房保障部门分配政策制定（如资格认定、优先资格、排序方法等）的渠道（或途径）评价如何？

A．非常满意　　B．较为满意　　C．一般

D．不太满意　　E．非常不满意

14．您对市住房保障部门的工作效率评价如何？

A．非常满意　　B．较为满意　　C．一般

D．不太满意　　E．非常不满意

15．您对市、区住房保障部门工作人员的服务意识、态度评价如何？

A．非常满意　　B．较为满意　　C．一般

D．不太满意　　E．非常不满意

16．您对公共租赁住房分配整个过程（如资格认定、排序、分房等）的公平、公正性评价如何？

A．非常满意　B．较为满意　C．一般
D．不太满意　E．非常不满意

17．对于达到了公共租赁住房退出（搬出）的条件，您会如何选择？
A．收入达到退租标准，政府让我退就退
B．收入达到退租标准，我也不想退
C．收入达到退租标准，如果政府提供一些优惠条件（如给予过渡租金补贴、按期退房奖励等）我就退
D．到时再说
E．其他____________________。

第二部分：公共租赁住房分配、运行效率的总体评价

18．就整体而言，您对公共租赁住房的分配、运行效率的总体评价如何？
A．非常满意　B．比较满意　C．一般
D．不太满意　E．非常不满意

第三部分：您的基本信息

19．您的性别
A．男　B．女

20．您的年龄
A．18 岁及以下　B．19～30 岁　C．31～40 岁
D．41～50 岁　E．51～60 岁　F．61 岁及以上

21．您的受教育程度
A．硕士及以上　B．本科/大专
C．高中/中专/技校　D．初中及以下

22．您的职业
A．政府或事业单位职工　B．国有企业职工
C．私有企业职工　D．个体经营者
E．下岗/失业/待业　F．其他

23．您的家庭平均月收入（指全部家庭成员收入之和）
A．1000 元及以下　B．1001～2000 元
C．2001～3000 元　D．3001～4000 元
E．4001 元及以上

24．您在此居住的时间________（请直接填写居住年数）。

附录二　公共租赁住房配置与退出问题调查问卷

尊敬的住户朋友：

您好！感谢您在百忙之中帮助我们。我们正在进行一项武汉市公共租赁住房配置与退出的调研工作。为了获取研究必需的数据和资料，特向您调查了解您对公共租赁住房相关问题的看法。

本调查不记录您的姓名、电话、地址等信息。恳请您回答您真实的感受和想法，所得的资料仅作分析研究之用。谢谢您的支持、参与和合作！

公共租赁住房研究课题组

2015 年 6 月

【说明】请在相应的选项上打“√”。

第一部分：您的基本信息

1．您的性别

A．男　　B．女

2．您的年龄

A．18 岁及以下　　B．19～30 岁　　C．31～40 岁

D．41～50 岁　　E．51～60 岁　　F．61 岁及以上

3．您的受教育程度

A．初中及以下　　B．高中/中专/技校

C．本科/大专　　D．硕士及以上

4．您的职业

A．企事业单位职工　　B．自由职业

C．无业　　D．离退休

5．您的家庭平均月收入（指全部家庭成员收入之和）

A．1000 元及以下　　B．1001～2000 元　　C．2001～3000 元

D．3001～4000 元　　E．4001 元及以上

6．您家庭人口数

A．1 人　　B．2 人　　C．3 人

D．4人　　E．5人及以上

7．您是否接受过工作技能方面的培训？

A．有（请接着回答第8题）　　B．无（请跳过第8题）

8．如您接受过工作技能方面的培训，对提高您的收入有多大帮助？

A．非常大帮助　　B．较大帮助　　C．一般

D．帮助不大　　E．没有帮助

9．您这套住房的建筑面积是________m^2，或使用面积是________m^2。

第二部分：公共租赁住房基本问题

10．您认为公共租赁住房是

A．就是福利房，跟以前单位分配的住房没有什么区别

B．是对住房困难人群的过渡性的住房，合同期满就要搬出来

11．您对政府部门制定的公共租赁住房资格标准（如住房条件、家庭收入等）评价如何？

A．非常满意　　B．较为满意　　C．一般

D．不太满意　　E．非常不满意

12．您对公共租赁住房分配整个过程（如资格认定、排序、分房等）的公平性、公正性评价如何？

A．非常满意　　B．较为满意　　C．一般

D．不太满意　　E．非常不满意

13．您对现在居住的公共租赁住房的满意程度评价如何？

A．非常满意　　B．较为满意　　C．一般

D．不太满意　　E．非常不满意

14．就整体而言，您对公共租赁住房的分配、运行效率的总体评价如何？

A．非常满意　　B．较为满意　　C．一般

D．不太满意　　E．非常不满意

15．您认为公共租赁住房合适的租金应该是周边同类住房租金的

A．30%以下　　B．30%～40%　　C．40%～50%

D．50%～60%　　E．60%以上

16．您认为您居住的公共租赁住房存在的问题是（限选3项）

A．供给少，申请不容易

B．资格审查不严，导致不应享受保障的人住进公共租赁住房

C．位置偏僻（交通、集贸市场、超市、学校、医院等配套不完善）

D．建设质量不符合标准　　E．租金太高

F．没有完善的退出政策　　G．物业管理不尽如人意

H. 社区秩序不佳

第三部分：公共租赁住房退出

17. 您对公共租赁住房退出政策是否了解

A. 不了解　B. 仅听别人说起过

C. 有一点了解　D. 了解　E. 非常清楚，仔细研究过

18. 如果您选择退出，您对解决自己住房问题的信心

A. 非常有信心　B. 较有信心　C. 一般

D. 没有信心　E. 根本就没信心

19. 您认为公共租赁住房退出的障碍是（限选 2 项）

A. 租户觉得福利很好，不想退出，外面房价太高，增加生活成本，不利于提高生活质量

B. 觉得这个房子是分给租户的，租户有权决定是否退出

C. 不退出的租户太多，没有必要做出头鸟首先退出

D. 惩罚制度不严厉，不退出也不会有很大的影响，或者惩罚租户可以承受

E. 没有补贴或补贴不到位，租户不想退出

20. 公共租赁住房管理部门要求及时收回不再符合条件对象租住的公共租赁住房，您对该政策的执行

A. 非常有信心　B. 较有信心　C. 一般

D. 没有信心　E. 根本就没信心

21. 您认为公共租赁住房比较好的退出政策是（限选 3 项）

A. 对到期不搬出者直接给予惩罚，而不予奖励

B. 对到期不搬出者纳入不诚信名单

C. 对到期不搬出者予以公示

D. 到期后不断增加租金直至达到市场租金水平，促使租户搬出

E. 对按期退出公共租赁住房的家庭给予奖励，越早退出，奖励越高

F. 对于按期迁出的租户给予半年或一年的过渡性住房租金资助

22. 您认为退出公共租赁住房后将面临的风险是（限选 3 项）

A. 房租（房价）上涨　B. 收入增长缓慢甚至降低

C. 生活成本增加　D. 工作不方便

E. 找不到合适的住房　F. 住不上公共租赁住房是一种损失

23. 对于达到了公共租赁住房退出（搬出）的条件，您会选择

A. 收入达到退租标准，政府让我退就退

B. 收入达到退租标准，我也不想退

C．收入达到退租标准，如果政府提供一些优惠条件（如给予过渡租金补贴、按期退房奖励等）我就退

D．到时再说

E．其他想法______________________________。

24．对于您的亲戚或同事达到了公共租赁住房退出（搬出）的条件，您是否愿意建议他们退出？

A．非常愿意　B．较为愿意　C．一般

D．不愿意　E．非常不愿意

附录三　公共租赁住房居住满意度调查问卷

尊敬的住户朋友：

您好！感谢您在百忙之中帮助我们。我们正在进行一项“武汉市公租房居住满意度研究”的调研工作。为了获取研究中必需的数据和资料，以保证研究工作的科学性，特向您调查了解您对武汉市公租房各方面满意度的看法。

本调查不记录您的姓名、地址等信息。恳请您回答您在此居住和生活的真实感受和想法，所得的资料仅作分析研究之用。感谢您的支持、参与和合作！

公共租赁住房研究课题组

2016 年 7 月

【说明】请在相应的选项上打“√”。

第一部分：您的基本信息

1．您的性别

A．男　　B．女

2．您的年龄

A．18 岁及以下　　B．19～30 岁　　C．31～40 岁

D．41～50 岁　　E．51～60 岁　　F．61 岁及以上

3．您的受教育程度

A．初中及以下　　B．高中/中专/技校

C．大专/本科　　D．硕士及以上

4．您的职业

A．机关/社会团体/事业单位的工作人员

B．企业工作人员

C．工人、普通勤杂人员、售货员、服务人员

D．科教文卫专业人员

E．自由职业者、个体经营者

F．无业、失业、待业、下岗人员

G．离退休人员

H．其他

5．您的家庭平均月收入（指全部家庭成员收入之和）

A．1000 元及以下　B．1001～2000 元　C．2001～3000 元

D．3001～4000 元　E．4001 元及以上

第二部分：房屋居住情况

6．您这套住房的建筑面积是_______m^2，或使用面积是_______m^2。

7．您这套住房目前居住的人口数

A．1 人　B．2 人　C．3 人

D．4 人　E．5 人及以上

8．您对目前公租房的人均居住面积是否满意？

A．不满意　B．不太满意　C．一般

D．较为满意　E．满意

9．您对公租房的户型结构是否满意？（选择 A、B 请接着答题 10，选择 C、D、E 跳过第 10 题）

A．不满意　B．不太满意　C．一般

D．较为满意　E．满意

10．您对公租房户型结构设计哪些方面不太满意？【多选】

A．卧室、客厅面积小　B．厨房面积小

C．卫生间面积小　D．公摊面积大

E．房屋采光差　F．房屋通风差

G．无阳台或阳台设计不合理　H．其他

11．总的来说，您觉得公租房的建筑质量怎么样？

A．不好　B．不太好　C．一般

D．比较好　E．好

12．您感觉现在居住的房屋建筑哪些质量好一些？（　　）哪些建筑质量不好？（　　）【多选】

A．墙面质量（墙皮是否脱落、裂缝）

B．房屋渗水情况

C．门窗质量

D．地面质量（是否空鼓、裂缝）

E．其他

第三部分：租金满意度

13．未补贴前，您这套房屋的租金是_______元/月。物业费是________元/月。

获得的政府住房租金补贴是________元/月。

14．您所居住的小区内除了物业费是否有其他收费情况？

A．有　B．没有（选择 B 请跳过第 15 题）

15．如果有，有哪些________（举例说明）。大概费用多少________元/月。

16．如果没有补贴租金，您觉得租金水平怎么样？

A．低　B．比较低　C．一般

D．比较高　E．高

17．您目前实际缴纳的月租金占家庭月收入的百分比是多少？（扣除租金补贴的部分）

A．30%以下　B．30%～40%　C．40%～50%

D．50%～60%　E．60%以上

第四部分：政府租赁管理、物业管理满意度

18．您对政府部门的租赁管理服务工作是否满意？

A．不满意　B．不太满意　C．一般

D．较为满意　E．满意

19．您对租赁管理服务的哪些方面满意？（　　）哪些方面不满意？（　　）【多选】

A．服务态度

B．租金收缴

C．合同签订、变更、续租等手续办理

D．房屋及设施维修

E．转租、闲置等违规行为的及时查处

F．其他

20．您对本小区的物业服务是否满意？

A．不满意　B．不太满意　C．一般

D．较为满意　E．满意

21．您对物业服务的哪些方面满意？（　　）哪些方面不满意？（　　）【多选】

A．服务态度　B．共用设施维修、养护

C．安保工作　D．公共秩序维护（交通、邻里秩序）

E．绿化、环保、卫生的管理维护

F．其他

第五部分：社区环境满意度

22．总的来说，您对社区环境、区位特征、配套设施等各方面是否满意？

A．不满意　B．不太满意　C．一般

D．较为满意　E．满意

23．您对哪些方面比较满意？（　　）哪些方面不太满意？（　　）【多选】

A．小区绿化　B．公共设施（电梯、门禁等）

C．停车区（机动车、自行车等）

D．公共服务设施（健身器材、休息设施、垃圾桶等）

E．安全状况（监控、保安巡逻等）

F．医疗设施　G．教育设施　H．商业环境（超市、菜场等）

I．公共交通条件　J．其他

24．您觉得与周边住户之间的相处是否融洽？

A．不融洽　B．不太融洽　C．一般

D．较为融洽　E．融洽

第六部分：整体满意度

25．整体来看，与之前的住房相比，您对现在居住环境？（选择 A、B 请接着答题，选择 C、D、E 请跳过第 26 题）

A．不满意　B．不太满意　C．一般

D．较为满意　E．满意

26．和之前相比，哪些方面更不满意？【多选】

A．经济负担更重了　B．离市区更远了，交通不方便

C．日常生活更不方便　D．读书、就医更不方便

E．居住环境更差了　F．其他

27．租赁合同期满后您的居住意愿？

A．继续承租公租房　B．在外租房

C．购买经济适用住房、商品房　D．其他

28．请问您对于目前居住的房屋情况、租金、政府、物业服务和社区环境还有哪些意见和建议？请举例说明。

附录四　公共租赁住房退出阻滞调查问卷

尊敬的住户朋友：

您好！为了更好地了解公共租赁住房的政策运营及广大居民的生活情况，我们正在进行“公共租赁住房退出阻滞调查”课题的问卷调研工作。为了获取研究过程中所需的数据和资料，特向您调查了解您对北京市公共租赁住房腾退阶段运行状况及退出过程产生阻滞的原因与看法。

本调查仅用于学术研究，对您的信息严格保密，请放心填写您在此居住的真实感受和想法。感谢您的支持、参与和合作！

公共租赁住房研究课题组

2017 年 3 月

【说明】请在相应的选项上打“√”。

第一部分：您的基本信息

1. 您的性别

A. 男　　B. 女

2. 您的年龄

A. 18 岁及以下　　B. 19～30 岁

C. 31～40 岁　　D. 41～50 岁

E. 51～60 岁　　F. 61 岁及以上

3. 您的受教育程度

A. 硕士及以上　　B. 本科/大专

C. 高中/中专/技校　　D. 初中及以下

4. 您的职业

A. 政府或事业单位职工　　B. 国有企业职工

C. 私有企业职工　　D. 个体经营者

E. 下岗、失业、待业　　F. 其他

5. 您的家庭平均月收入（指全部家庭成员收入之和）

A. 1000 元及以下　　B. 1001～2000 元

C. 2001～3000 元　　D. 3001～4000 元

E．4001 元及以上

6．您在该小区已居住的时长＿＿＿＿＿＿（请直接填写居住年数）。

第二部分：居住感受（邻里满意度）

7．您对所居住的公共租赁住房的环境、设施及日常管理的感受如何？（5 分表示非常满意，4 分表示较为满意，3 分表示一般，2 分表示不太满意，1 分表示非常不满意。）

（1）环境、配套设施					
小区良好的地理位置、交通便利	5	4	3	2	1
居住的房屋质量、户型	5	4	3	2	1
小区内有适宜的居住环境	5	4	3	2	1
小区外周围环境宜人宜居	5	4	3	2	1
周边有相应完善的配套设施（如医院、学校、超市、银行等）	5	4	3	2	1
（2）社区管理					
小区内居民之间的关系	5	4	3	2	1
物业服务	5	4	3	2	1
治安等安全管理	5	4	3	2	1
对当前居住环境的适应性和依赖感	5	4	3	2	1

第三部分：退出障碍

8．在另寻租房过程中，您认为下列因素会对您的退出决策产生多大影响？（5 分表示影响很大，4 分表示影响较大，3 分表示影响一般，2 分表示影响不大，1 分表示无影响。）

找房过程耗时耗力，工作繁忙无暇顾及	5	4	3	2	1
租房中介的费用与纠纷等困扰	5	4	3	2	1
当前住房市场的租金过高	5	4	3	2	1
变更住所前后花费总成本较大	5	4	3	2	1
可供选择的房源数量较少	5	4	3	2	1

第四部分：退出影响

9．公共租赁住房退出可能会受到家庭自身方面的影响。您认为下列因素会对您退出公共租赁住房产生多大的影响？（5 分表示影响很大，4 分表示影响较大，

3 分表示影响一般，2 分表示影响不大，1 分表示无影响。）

个人工作就业	5	4	3	2	1
子女就学或就业	5	4	3	2	1
照顾家人（老人、小孩或病人）	5	4	3	2	1

第五部分：退出意愿及难易程度

10. 当前小区租金您或您的家庭是否能够负担？

A. 完全能够　　B. 刚好能够

C. 一般　　D. 较为困难

E. 非常困难

11. 您对公共租赁住房的租金补贴是否感到满意？

A. 非常不满意　　B. 不太满意

C. 一般　　D. 较为满意

E. 非常满意

12. 租赁期满后若依然符合入住标准，您选择（　）。

A. 继续签约续租　　B. 办理过渡期合约同时另行找寻住所

C. 签署期房/现房协议　　D. 直接办理退租

E. 暂时未考虑好

13. 租赁期满后若超出入住标准，您是否自愿腾退公共租赁住房？

A. 非常愿意　　B. 较为愿意

C. 一般　　D. 不太愿意

E. 非常不愿意

14. 如果退出公共租赁住房，您认为总体上搬迁的难易程度有多大？

A. 非常困难　　B. 较为困难

C. 一般　　D. 不太困难

E. 不困难

针对公共租赁住房退出阶段您遇到的主要困难还有哪些？您对该阶段政府及相关部门运营管理有何意见或建议？

____